地方分権と
バス交通

規制緩和後のバス市場

寺田一薫

編著

日本交通政策研究会
研究双書
20

勁草書房

はしがき

　本書は，わが国で2002年に行われた，乗合バス規制緩和後の地方自治体とバス市場の関係を，制度分析の視点から整理したものである。乗合バスの規制緩和により，事業の開始が免許制から許可制へ，運賃が確定額認可から上限認可制へ，そして安全規制については行政処分を明示した事後規制に変更された。このような措置により，地方自治体と住民にとって重要な問題が，財政難のもとで，不採算であるが地域社会にとって必要な生活交通をどのようにして確保していくかということに特定された。本書では，制度環境の変化を念頭におき，各地での現地調査をもとにして，地方自治体，事業者，住民に焦点をあててこの問題を考察した。

　乗合バス規制緩和後，バス市場活性化の起爆剤になると期待された新規参入は，全国で数十社現れている。しかし，新規参入者は当初予想されたよりは少なく，既存事業者と活発な競争を繰り広げたケースは限られている。一方，既存バス会社は，子会社分社化による合理化や運賃値上げ抑制などの対抗措置をとってきた。規制緩和の前後で，全国的なバス会社のネットワークの再編は余り進んでいない。規制緩和が行われたにもかかわらず，外見上は目立った変化が起きていないのが実情である。

　これに対して，地方分権化に向かう地方自治体とバス市場の関係はかなり変化している。財政面で中央集権色が強く残されてきたわが国にあって，地方バス補助については例外的な運用が行われてきた。たとえば，特定のサービスが公的補助の対象となる「生活路線」に該当するかどうかの判断は，都道府県知事に委ねられてきた。さらに国から地方自治体への支援を，特定補助金中心から地方交付税中心に改めるなどの修正が行われた。このような措置により地方自治体の裁量が増したという点で，地方分権化は地域交通の分野でも着実に進んでいる。しかし，財源そのものが増加したわけではない。

　全般的にみて，地域交通政策に関して，やる気のある自治体を支える制度環

境は次第に整えられてきたといえる。2005年3月末までの地方行財政上の支援策のもとに進められてきた市町村合併に関連して，地域交通の問題，とくに行政圏を越える交通（越境交通）の問題がテーマになったケースが少なくない。これを地方自治体間の広域連携により解決することが可能か，その場合の財政負担をどのようにするか，地域のバス政策を支える大枠としての制度環境が整備される中で，表面化する課題を本書で取り上げた。

　外見上大きな変化がないとはいえ，制度変化に対応する地方自治体やバス事業者は，実際には多くの困難に直面している。自治体の横並び意識の中で採用した地元のニーズにあわない政策によって，自治体財政が圧迫されているケースも多い。若干の競争が生じただけとはいえ，既存事業者，新規参入者いずれにも経営難に陥った会社がある。

　このような問題の解決のため，政府当局や関係コンサルタントによって，改善事例集などと称されるガイドラインが提示され，いくつかの有名な事例が生まれつつある。

　ただし，見方を変えると，少数の有名な改善事例に関係者がとらわれすぎているという傾向がある。車両構造など目に見える改善点にとらわれすぎという問題点もある。バスサービス供給のための目に見えない運営組織面での工夫，とくに人事管理手法などについて注意が払われることが少ない。また，関係者が新しいシステムの導入に専心して，サービスの継続や維持のための努力を評価していないという問題もある。

　このような問題意識から，本書は既往文献とは異なったガイドライン提供をめざしている。たとえば，子会社分社化で実際にどのような事柄を解決できるのか，普通の市町村は行政区界を越境するバスを支援するときどのようにしているのか，（取り上げられることが少ないが）第三セクターによるバス運営という道があるのではないかという指針である。また，注目を浴びている住民団体・NPO法人が，公共部門が対応できなかった地域交通の問題についてどのような解決策を見出したのかといった疑問について，事例を挙げて記述する。

　他方，本書で取り上げた事例の中には，青森県の津軽地域路線バス維持協議会や同県鰺ヶ沢町深谷地区の事例，あるいは愛知県小牧市の桃花台バスの事例など，すでに全国的な注目を浴びてきたものも含まれている。しかし，上記の

問題意識に留意して，既往研究とは違う角度からまとめた。このような理由で，先駆的システムの立ち上げに努力された関係の方々からすると，やや厳しい記述になっている箇所もあると思われる。執筆者が可能な限り調べた結果の論評であるので，その点のお許しをいただきたい。

なお，本書の内容は，日本交通政策研究会での「乗合バス地域協議会の動向と自治体の交通政策」(2002年) および「地域交通市場における官民パートナーシップ」(2004年) に関する調査を基にしている。調査活動は執筆者らが中心になり行ったが，中村文彦（横浜国立大学教授），小島克己（慶應義塾大学大学院）の両氏にも参加していただいた。

調査の過程では，全国の地方自治体とバス会社に対しインタビューを行っている。煩を避けるため皆様のお名前を記すことはしないが，ご多忙の中，多くの質問に快く応じていただき，貴重な資料を賜ったたくさんの方々にお礼を申し上げたい。

日本交通政策研究会では，1990年頃まで，地方中小都市と農山村の交通政策について研究会が開かれていた。藤井弥太郎先生と故増井健一先生の指導の下，1980年代半ばの英国におけるバス政策の分析を中心に，地方バスの規制緩和について研究を始めていた。当時，バス事業の規制緩和，あるいは地方分権下でのバス政策に関し研究や討議を行う機会はほとんどなかったと思われる。規制緩和後の地方自治体とバス政策の関係について，比較的早い時期に本書をまとめることができたのは，当時の研究会の成果から多くを学ぶことができ，両先生の教えを受けることができたからである。

最後に，研究上のさまざまな援助をいただき，本書の出版を助成していただいた日本交通政策研究会に厚くお礼を申し上げたい。また，勁草書房の宮本詳三氏には，編集の細部にわたりアドバイスをいただいたことに改めて謝意を表したい。

2005年6月

寺 田 一 薫

目　次

はしがき

序　章　本書の論点 ………………………………………………… 3

第1章　規制緩和後のバス市場の変化 ……………………………… 7

1.1　バス事業の規制緩和と市場変化　7

1.2　新規参入乗合バス会社の経営戦略　24

1.3　既存事業者の経営戦略としての分社化―北陸鉄道の事例―　29

1.4　規制緩和で変わる過疎地域の交通体系―中国地方―　40

第2章　自治体のバス維持策と過疎バスの現状 ……………………51

2.1　自治体財政の危機と生活交通の確保　51

2.2　国と地方によるバス廃止後の足の確保制度　62

2.3　県の補助制度と地域協議会―北陸地方―　75

2.4　群馬・栃木県における路線バスの変遷　82

2.5　島嶼地域の公共交通体系―北海道奥尻島の事例―　92

第3章　広域自治体による越境バスサービスの確保 ……………101

3.1　廃止代替バスと越境対応―岐阜県―　101

3.2　第三セクターによるバス運営―広島県能美島の事例―　114

3.3　広域市町村による単独補助の試み―青森県津軽地方の事例―　137

第4章　住民組織によるバスサービスの確保 ……………………149

4.1　都市近郊での住民組織によるバス運営―愛知県の事例―　149

4.2　過疎地域の交通ニーズと新路線開始
　　　―青森県鰺ヶ沢町の事例を中心に―　170

第5章　自治体コミュニティバスと乗合タクシー ……………………183

5.1　群馬・栃木県の自治体コミュニティバス　183

5.2　中国地方の自治体コミュニティバス　196

5.3　中国地方の乗合タクシー等の新しい交通システム　204

第6章　総括：市場変化と自治体の対応 ……………………215

索　　引 ……………………225

地方分権とバス交通
―― 規制緩和後のバス市場 ――

序　章　本書の論点

　わが国では，2002年2月に乗合バス事業の規制緩和（需給調整規制撤廃）が行われた。バス市場に関しては，従来，社会一般も学界も十分な政策的関心を持ってこなかった。しかし規制緩和は，バス政策への関心を高めるひとつの契機になっている。また，規制緩和に先立って，2001年度から地方バス路線維持費補助制度が改められた。乗合バスの分野では地方自治体を政策の主体とする地方分権化が進み，地方自治体とバス会社の関係が重要な研究課題になっている。

　このような中で著者らは，わが国のバス政策に関して，全国各地で事業者・自治体・地域住民等を対象とした現地調査を実施した。また，それらを踏まえた研究会での検討を通じて，規制緩和までの事前対応を含めた現状の把握と分析に努めてきた。乗合バスの規制緩和から3年余しか経過していない現時点では，今回の規制緩和の政策評価を試みるには時期尚早である。しかし，この点を念頭に置きつつ，規制緩和直後の地方自治体とバス市場の関係について整理することにする。

　乗合バスの規制緩和が実施されたのは2002年であるが，早くも1996年末の段階で，交通市場全般における需給調整規制撤廃が決まっていた。このため，バス事業者や自治体の多くは，規制緩和前にそれに向けた事前対応を進めていた。さらに，地域レベルでは，規制緩和が話題となるはるか以前の1970年代から，ある程度効率的な公共交通の運営を模索し，在来の乗合バス廃止後のバス（廃止路線代替バス）運行方法やその民間委託などについて工夫を行ってきたところも多い。このような事業者や自治体の対応の中には，全国的な注目を浴びる機会は多くなかったとしても，地域交通政策に対する示唆に富んだものも散見される。規制緩和後を先取りしたそのような動向についても，可能な限り扱うことにする。

本書の構成と論点は以下の通りである。

第1章「規制緩和後のバス市場の変化」では，全国的なバス市場とバス政策の動向についてまとめる。まず1.1「バス事業の規制緩和と市場変化」では，規制緩和実施から2年余のわが国の乗合バス市場を概観している。規制緩和実施までの経緯，新規参入・退出の動向，補助政策の修正点，運賃の動向など，規制緩和政策を評価する上で重要と思われる項目について述べる。規制緩和後も，乗合バス市場への新規参入は少ない。またその多くが貸切バス事業からの参入であり，他業態からの参入は非常にまれである。経営上の決定を含めた新規参入者の様相については，1.2「新規参入乗合バス会社の経営戦略」において解説する。

1.3「既存事業者の経営戦略としての分社化―北陸鉄道の事例―」では，北陸地方の代表的な既存事業者である北陸鉄道について，バス部門における分社化の経緯を検討する。北陸鉄道の分社化は計画を終了しており，同社のケースから，他の事業者の分社化戦略の可能性や限界についての情報も得ることができる。1.4「規制緩和で変わる過疎地域の交通体系―中国地方―」では，バスの規制緩和によって地域にどのような問題が起きたか，またそれを地域社会がどのように受け止め対応しているかを，中国地方，とくに中国山地の中山間地域を例に概説する。

第2章「自治体のバス維持策と過疎バスの現状」では，道府県と市町村が単独でどのように地方バス問題に取り組んできたか，また対応すべきかを論じる。議論の前提として，2.1「自治体財政の危機と生活交通の確保」では，自治体がバス関係の支出を行う枠組みとしての地方財政の現状，ならびに特定補助金と地方交付税制度の特色について整理する。

2.2「国と地方による乗合バス廃止後の足の確保制度」では，乗合バス廃止後の代替的交通手段として，これまで考えられてきた以上に可能性のあるスクールバス・福祉バスに注目する。そしてそれらのバスが，本来の輸送目的以外の乗客を「混乗」できるようにし，乗合バスのもつ機能を兼ねられるようにするための条件を，制度と事例の両面から検討する。縦割り行政も混乗を難しく

している原因のひとつである。

第2章2.3〜2.5では，全国各地での個別的なバス市場とバス政策の動向についてまとめる。まず2.3「県の補助制度と地域協議会―北陸地方―」では，北陸3県（富山・石川・福井）における乗合バスの地域協議会と補助制度のしくみを整理する。2.4「群馬・栃木県における路線バスの変遷」では，全国の他地域と比較してもバス路線廃止のスピードが速かった2県をとりあげ，バスネットワーク変化の史的経緯を整理する。2.5「島嶼地域の公共交通体系―北海道奥尻島の事例―」では，ナショナル・ミニマムならびにシビル・ミニマム確保の問題が比較的にはっきりと現れる離島地域の交通問題を，北海道奥尻島を例に挙げて検討する。同島では，島内のバス交通のみならず，本土との間を結ぶコミューター航空やフェリーとの連携が重要な政策課題になっている。

第3章「広域自治体による越境バスサービスの確保」では，地域交通対策を考える上で避けて通れない事柄として，自治体が越境交通や広域交通の問題に対応できるか否かを，バス交通を例に検討する。

3.1「廃止代替バスと越境対応―岐阜県―」では，典型的な過疎山村を多く抱える岐阜県について，県のバス政策の概要や特徴をまとめる。そして，市町村営バスに関する市町村間での調整や費用分担と関係した問題を考察する。

3.2「第三セクターによるバス運営―広島県能美島の事例―」では，広島県の能美バスを取り上げる。同社は，乗合バス分野では珍しい，複数自治体を母体とした第三セクター事業者である。能美バスを取り上げることにより，自治体間の広域連携の経緯と，市町村合併を踏まえた地域交通の展望を示す。

3.3「広域市町村による単独補助の試み―青森県津軽地方の事例―」では，単純な越境交通対策にとどまらず，自治体の連合体が広域的交通政策を実現できるか否かを検討する。取り上げる津軽地方の事例は全国的にも有名なものである。しかし本節では，やや批判的な視点から論点整理を行う。そして，自治体が広域対応に成功するためのカギとなる要因を整理する。

第4章「住民組織によるバスサービスの確保」では，地方公共団体の形式をとらない，自治会などの住民組織によるバスサービスの開始や維持のケースを

検討する。まず4.1「都市近郊での住民組織によるバス運営―愛知県の事例―」では，住民組織（住民協議会）が中心となって運行する会員制バスの最近の動向を，愛知県内の複数の事例から分析する。これらの事例の評価を通じて，他の地域で住民協議会方式による会員制バスが採用されるための条件について考察している。

4.2「過疎地域の交通ニーズと新路線開始―青森県鰺ヶ沢町の事例を中心に―」では，青森県津軽地域の鰺ヶ沢町での住民アンケート調査によって，住民による（実際には使わない）回数券購入行動を分析する。そして，地域住民による自発的な協力によって地方バス問題が解決する可能性があるか否か，理論的な問題整理を行う。

第5章「自治体コミュニティバスと乗合タクシー」では，まだ社会的に評価の固まっていない新しい運行形態として，自治体コミュニティバス，デマンド型乗合タクシーなどを取り上げる。まず5.1「群馬・栃木県の自治体コミュニティバス」において北関東両毛地域，5.2「中国地方の自治体コミュニティバス」において中国地方5県，とくに広島県庄原市における自治体コミュニティバス開始までの経緯と課題を整理する。

また5.3「中国地方の乗合タクシー等の新しい交通システム」では，中国地方山間部で導入された新たな交通システムとして，島根県掛合町（現・雲南市）のデマンド型乗合タクシー，広島県三次市の住民主導によるタクシー共同利用，岡山県備中町（現・高梁市）での福祉移送サービスの利用範囲拡大，鳥取県日南町での車椅子搭載可能な公用車貸出しの事例を紹介する。

第1章　規制緩和後のバス市場の変化

1.1　バス事業の規制緩和と市場変化

1.1.1　はじめに

　わが国の乗合バス市場では，2002年2月に規制緩和が行われた。本節では，その前後の市場変化を概観する。まず，貸切バス市場を通じての段階的参入の実態，数は少ないものの貸切事業者を中心に現れた乗合バス新規参入者についてまとめる。規制緩和により路線廃止手続きが緩和されたことが市場退出に与えた影響についても，それが小さかったという観点から論じる。

　一方，規制緩和前から始まっていた事業者の運賃決定の変化についても，短距離運賃に関する変化を中心に論じる。また，規制緩和と関連して修正された不採算サービスに対する補助政策と，それがネットワークに及ぼした影響についても整理する。そして，これまでのネットワーク変化に関しては，規制緩和自体よりも補助政策の修正による影響が大きいことを述べる。路線廃止などの問題を討議するための地域協議会は，規制緩和政策のひとつの柱であったが，十分に機能しているとはいい難い。この問題点についても整理する。

1.1.2　輸送人員とネットワークの変化

　わが国における乗合バスの輸送人員は，1960年代後半に年間約100億人のピークを経験したあと，現在までに半減した。三大都市圏外の地方部では，より早くピークを迎えた後，現在までにピーク期の3分の1程度に減少している。三大都市圏外では，70年以来，輸送人員でみたバスのシェアは約4分の1に減った。同じ期間に，自家用乗用車は，シェアで約3.5倍，輸送絶対量で約6倍に増加している。

　その一方で，乗合バス路線網の原型は，昭和初期のバス事業への参入規制が

緩やかだった頃から，輸送のピーク期を迎える1960年代終り頃までに決まった。このことは，その後バスサービスの需要と供給のミスマッチを生じさせた。バス会社は，需要の減った支線を整理し，新住宅地への路線を開始する，あるいは幹線で増便するなどの対応を行うべきであった。しかしこのようなネットワーク再編は，適切なタイミングでは行われてこなかった。

1.1.3　乗合バス規制緩和の経緯と内容

　そのような中，わが国の乗合バス市場では，2002年2月1日から規制緩和が実施された。この規制緩和は，他の交通機関のケースと同様に，とりわけ経済審議会行動計画委員会での審議内容が契機となったものである。1996年末の段階で当時の運輸省が発表し，1998年度からの3カ年計画である国の第2次規制緩和推進計画に盛り込まれた。同計画における交通分野のスケジュールでは，すでに段階的規制緩和が行われていて準備を整えやすい交通機関については1999年度中，残された交通機関については2001年度中に規制緩和を行うとされた。このような趣旨で，道路旅客輸送分野では，貸切バスの規制緩和が乗合バスに2年先行して2000年2月に行われた。

　なお，バスと同じ道路運送事業のうちタクシーについては，流し営業のケースで利用者が運賃交渉面などで事業者より不利になること，ならびに歩合制賃金のため供給制度の変化が直接に運転士の待遇に影響するという問題があった。このため，貸切バスより2年遅れ，乗合バスと同時に規制緩和された[1]。ただし，段階的規制緩和により新規参入を促進するという観点からすると，タクシーの規制緩和スケジュールには問題があったかもしれない。また，貸切バスとタクシーの規制緩和時期がずれたことで，バスとタクシーの事業区分を根本的に見直すなどの対応がしにくくなった。このような事情で，両事業の境界型サービスに関するイノベーションが進まなかったおそれもある。

　結局，2002年の乗合バス規制緩和によって，以下の制度上の変更が行われた。

　第1に，事業の開始が免許制から許可制に変更され，公示された安全要件を満たせば参入が可能になった。関連して，事業開始とセットとして規制されて

1）　タクシー事業規制緩和の制度的特徴については，山内（2003）参照。

いた路線計画などの事業計画が認可制となった。ダイヤについては届出制としたうえで，事業計画変更命令（クリームスキミング防止条項）の制度を設けた（寺田（2002）pp. 213-14参照）。休廃止などの市場撤退については，許可制が届出制に緩和された。

第2に，運賃については，確定額認可を原則とするいわゆる強制運賃制が上限認可制に改められた。運賃上限の範囲内での変更は届出制になった。

第3に，安全規制については，運行管理者制度を追加するとともに，ポイント制により行政処分を明示した事後規制に改められた。実際には，国土交通省の組織が整った後，2002年末頃から新たな安全規制に移行している。

1.1.4　貸切バス規制緩和と乗合バスへの影響

バス市場での規制緩和については，1996年末に政策発表が行われ，少なくとも1997年年初の段階では方向付けが行われていた。貸切バス市場では，今回の規制緩和以前から参入・増車枠の拡大が段階的に行われていたところへ，規制緩和実施のアナウンスで新規参入に拍車がかかることになった。

規制緩和がアナウンスされる前の1995年度に，全国の貸切バス事業者は1537社であった。これが規制緩和時点〔1999年度〕ですでに2336社まで，52%増加した。さらに，規制緩和後初年度の2000年度には2872社にまで増加した〔95年度と比較して88%の増〕。さらに2002年度には3521社〔同129%の増〕となった。このような事業者数増加の程度には地域的なばらつきが大きいが，もともと集中度の高かった地域での新規参入が多くなっている。とくに栃木県など関東地方での新規参入が目立つ。

貸切バスの規制緩和が行われた2000年2月から2002年度末までの3年2カ月間に，新規参入者が1141社あった。いずれも2002年度末の集計で，新規参入者の車両台数合計は4055台であり，貸切バス総台数に占めるシェアは9.9%となる。その一方，規制緩和後の撤退も130社，868台に上る。貸切事業から撤退した者には，貸切事業を兼業としている中で本業に回帰することを目的にしたものが多い。

2002年度末現在，規制緩和後の貸切バス新規参入者の平均車両台数は3.5台である。これに対し，規制緩和前から営業を続けている既存事業者の平均車両

台数は15.6台である。新規参入者の平均規模は，既存事業者の約4.5分の1にあたる。

　全国の貸切事業における新規参入者に対し，2001年10〜11月に行った調査では，本業が他にある者が69.4％，うちレンタ・リース業を本業とする者が42.9％であった。過去に違法性のあるサービスを営んでいたケースが含まれているかもしれないが，レンタカー事業の一環として貸切バスに参入した者が多い。貸切事業における，既存事業者と規制緩和後に参入した新規参入者の業務受注先顧客を比較してみると，前者では，旅行代理店，直販，企業，行政の順である。それに対し，後者では，直販，企業，旅行代理店，行政の順である。新規参入者は直販比率が高く，営業能力を持っていることがわかる。実際に，新規参入者の強みを既存事業者に対して尋ねた結果では，回答が多いものから，営業力，サービス水準，料金の安さ，企画力の順となっている（運輸政策研究機構（2002））。

　国土交通省中部運輸局が，新潟，長野，山梨を除く中部地方と三重県における規制緩和後の新規参入貸切バス事業者を対象に，2002年4〜5月に行ったアンケート調査でも，ほぼ同様の結果が出ている。参入前の事業としては，レンタ・リース業についで，タクシー，貨物輸送，ホテル・旅館の順となっている。82％が固定顧客を獲得しており，とくにスクール輸送の受託が多い。また，参入前の予想よりも収入が多くなっているという回答が多く，その理由として，自ら営業活動の浸透をあげている[2]。

　貸切バス規制緩和と乗合バス規制緩和との間に設けられた2年の時間差は，異業種から貸切市場を経由しての乗合市場への参入，あるいは既存貸切事業者が，供給場所やサービス内容の点で乗合事業進出のトレーニングになるサービスを供給した後，乗合市場への参入を促すためのものであった。英国において，急行バス（1980年交通法）と域内バス（1985年交通法）の規制緩和に5年のタイムラグを設けたことなどと比較して，わが国の貸切バスと乗合バスとの間の2年という時間差が，乗合バス市場での競争を促進するに十分であったとはいえない。しかし，後述のように，数少ない乗合市場への新規参入者には貸切出

2） 国土交通省中部運輸局（2002）による。結果は同運輸局ホームページに公表されている。

身企業が多い。貸切バスの規制緩和を乗合バスよりも2年先行させた政策自体は好ましいものであったと考えられる。

　もっとも，EU加盟日を期限として実施されたフィンランドのバス規制緩和においては，参入規制に関する段階措置はとられなかった。しかしそのこと自体の弊害はあまり指摘されていない。ただし，フィンランドのバス事業においては，運賃規制緩和を参入規制緩和よりも2年前倒しして実施している[3]。わが国の乗合バス規制緩和に関しては，運賃規制の緩和が遅すぎたということは指摘できるかもしれない。

1.1.5　乗合バス市場への新規参入

　わが国での規制緩和では，規制緩和後直ちに事業開始を行うための移行措置がない。しかも，乗合バス参入許可（および関係の事業計画認可）に対する処理期間がかなり長い。2002年2月の規制緩和後，直ちに参入の許可申請が行われたケースでも，実際の運行開始は半年以上後になっている。

　ちなみに，英国の1985年交通法では，サービスの新設，変更，廃止のための公示期間を6週間（42日）と定めてきた。しかし，長い間，この公示期間の短さがサービスの不安定につながることが問題にされてきた。このため，イングランドではこの期間が8週間（56日）に変更された。英国における相場観からすると，日本での許可・届出期間が長すぎることがわかる。

　結局，規制緩和から2年2カ月後にあたる2003年度末までに，日本全国の乗合バスで75件の参入許可が行われた。これらのうち，許可切替（21条許可から正式な乗合バスへの切替）や分社化に伴う営業移管を除く実質的参入は25件（社）であった。新規参入者が主に従事するサービスの内訳別には，都市バス11社，過疎バス5社，高速バス5社，その他4社である。また参入地域としては，運輸局の管轄範囲別に，関東11社，東北6社，近畿3社，その他5社である。新規参入者の具体的サービス内容等については表1-1を参照いただきたい。

　乗合バス新規参入者の参入前の業態としては，25社中18社が貸切バスであり，

3）　寺田（2002），pp. 133-154参照。フィンランドでのバス規制緩和の内容には，わが国のそれと共通点が多い。英国のバス規制緩和についても同書参照。

表1-1 乗合バス規制緩和後の変化（申請中サービスを含む）

	事業者〔参入前ないし親会社の事業〕	路線所在地	サービス等の内容	競合事業者の反応等
新規参入	富士交通〔貸切〕	仙台〜福島・郡山	高速バス	共同運賃値下げ〔停留所設置妨害含め公取が口頭注意〕　民事再生法申請後減便
	磐梯東都バス〔タクシー・貸切グループ〕	福島県喜多方市	地方部乗合・観光路線	
	藤田合同タクシーしおや交通〔貸切〕	栃木県矢板市	地方部乗合・スクール路線	
	マイスカイ交通〔トラック〕メートー観光〔貸切〕飯島興業〔貸切〕	埼玉県三郷市	大都市近郊乗合バス〔いわゆるコミュニティバス〕	隣接地域既存事業者の分社化子会社もコミュニティバス受注のため越境参入
	矢島タクシー	熊谷〜太田	新幹線連絡急行バス	
	あおい交通〔貸切〕	愛知県春日井市	大都市近郊ニュータウンアクセス路線〔住民組織委託による貸切運行を経て乗合移行〕	
	大和交通〔貸切〕	福井県小浜市	地方部路線（JRバス廃止代替）	
	エムケイ〔タクシー〕ヤサカバス〔貸切グループ〕	京都市中心部京都府向日市	大都市市内循環路線大都市近郊ニュータウンアクセス路線	新路線開始＋部分運賃値下げ
	はくろタクシー	姫路〜神戸姫路〜加西	深夜急行バス	2年で廃止
	高松エキスプレス〔フェリー〕	大阪ナンバ〜高松	高速バス	若干の運賃値下げ
	北部観光〔貸切〕	沖縄県	那覇空港〜ホテル間路線	既存サービスも正式に許可取得し乗合バスに移行

第1章 規制緩和後のバス市場の変化　13

表1-1　つづき

	事業者	路線所在地	サービス等の内容	競合事業者の反応等
実質事業区域越境等	十勝バス 北海道拓殖バス	北海道帯広市	他社実質事業区域の隙間路線に相互参入	大幅運賃値下げ
	日本中央バス	前橋・桐生〜東京新宿等	規制緩和前後に既存サービスのない高速バス路線多数開始〔一部半夜行便〕	
	国際興業（国際興業大阪）	大阪〜高槻	深夜急行バス〔関東から近畿への飛び地形成〕	
	西肥自動車	長崎県佐世保市	佐世保市交通局の実質事業区域に参入	
	長崎自動車	長崎〜長崎空港	長崎県交通局単独運行路線に参入〔規制緩和前から再三申請の路線〕	運賃値下げ〔利用者増加わずか〕
ネットワーク自体の見直し	広島電鉄	広島市安佐南区周辺	規制緩和前後に軌道系フィーダー路線を都心直通に変更	バス利用者大幅増加
上限認可運賃変更による値下げ	旭川電軌・あさでん 道北バス	北海道旭川市	市内運賃値下げによる均一制導入	
	宇部市交通局	山口県宇部市	100円均一市内循環バス開始	
届出による運賃値下げ	関東自動車・東野交通 JRバス関東	栃木県宇都宮市	市内運賃試行値下げ	
	JRバス関東 JRバス西日本	東京〜大阪・京都	高速バス一部便大幅値下げ	各社運賃値下げにより運賃多様化〔オリオンツアー等の会員制貸切バス運行が契機〕
	広島電鉄 広島交通	広島市北部	大幅な遠距離逓減の本格実施	

（出所）　私鉄総連資料，国土交通省資料，自治体ホームページ，新聞検索により作成。

14

4社がタクシー，その他が3社であった。新規参入者は，大部分が貸切事業出身，ないし他事業から一旦貸切事業での経験を積んだ後の者で占められている。

とくに新規参入は関東地方（山梨県を含む）に集中し，許可切替と分社化による4社を除き，規制緩和から1年間に7社の乗合事業への新規参入があった。しかしその関東地方において，許可切替・分社化による4社を含めても，新規参入者の乗合事業におけるシェアは，系統数で0.8％，営業キロで1.7％，車両数で0.5％である。シェアで見て，1％には到底届かない状況にある[4]。

全国の乗合バス新規参入者25社のうち3社が，東京都に隣接する埼玉県三郷市に集中し，いずれもが自治体からのいわゆるコミュニティバスを受注している。このコミュニティバス受注競争の中，隣接地域の大手私鉄系事業者も参入を行っている。三郷市のこのようなバス（「地域コミュニティバス」あるいは「シャトル」と称している）に対しての支援は運行環境の整備が中心であり，損失補填は行っていない。

三郷市のケースは完全にはあてはまらないが，自治体が単独助成を行う場合に新規参入が促される傾向がある。わが国で一般的に採用されているバス運行委託契約には営業損失の補填に関する条項を含むものが多く，運行受託者は収入リスクの全部ないし大部分を負わない。この場合受託者側は，需要予測のノウハウのいる運行ルートや時刻表の決定を行わなくてよい。またとくに煩雑を要する停留所設置等のための地元折衝を自治体が肩代わりすることも多い。このような慣行は，既存事業者の求めに応じたものであったが，結果として新規参入者をいくらか有利にした。

また，栃木県矢板市では，廃止代替バスなどのサービスに2社の新規参入があった。三郷市と矢板市のケースを含め，関東地方での新規参入の多くは，もともと大手私鉄系バス事業者である東武鉄道の実質事業区域であった場所で起こっている。新規参入者のサービスは，東武がかつて運行していた路線の代替サービスか，あるいは東武による幹線路線の合間を運行する路線である。このため，東武と新規参入者が実際の輸送現場で競争している箇所は少ない。しかし，東武が最近まで維持してきた硬直的な労働協約に対して，異なった労働協

4）　後藤（2003）による集計。

約を有する新規参入者が挑戦したという側面もある（寺田（2002），pp. 178-181，極端に柔軟な労働協約については同書，pp. 162-163参照）。

　また東武鉄道は，乗合バス規制緩和を挟んで，労働協約を更新し鉄道本社から地域別バス運営会社を分社化するまでの3年間にわたり，職員の新規採用を中断していた。この間，新路線の開始や大掛かりなダイヤ改正を伴うような参入阻止行動をとることが難しかった。このことも，既存事業区域内の新規参入を促したと考えられる。

　制度上は乗合バスに含まれるため，一般の乗合バスと同時に規制緩和が行われた高速バス市場でも新規参入があった。むしろ高速バス市場の方が，一般の乗合バス市場よりも規制緩和に対する反応が早かった。

　群馬県を拠点とする日本中央バスは，規制緩和前に貸切バス事業から市町村代替バス事業に参入し，さらに高速バス事業も開始していた。継続して既存サービスの無かった区間での高速バス新設を続け，規制緩和後にも前橋〜新宿（東京）間，桐生〜東京間のサービスを開始した（2005年春から，桐生便を休止し経営資源を前橋便に集中している）。同社は，起点ターミナルでの発着時間を深夜・早朝時間帯に設定した長距離の「半夜行便」，ならびに早朝発の航空便時間に合わせた空港アクセスバスの分野でパイオニアになっている。

　フェリー会社である加藤汽船グループが設立した高松エキスプレスによる大阪ナンバ〜高松間のサービスは，規制緩和と同時に申請され，2002年8月から既存事業者と共同運行する形で運行開始された。同一区間を運行する既存事業者によるコンソーシアムとの間で，ある程度の運賃競争になった。

　宮城県仙台市ベースの貸切事業者である富士交通も，仙台〜福島・郡山間のサービスを申請し，2002年10月から単独で運行を開始した（後に一部路線で，新規参入者同士の共同運行に移行）。既存事業者は，同一区間について比較的低運賃を設定していたものの，富士交通の参入に際して同社と同額まで運賃を引き下げた。2003年5月になり公正取引委員会は，既存事業者3社に対し，福島駅前広場での富士交通の停留所設置に反対したことを参入妨害による取引妨害，共同値下げを私的独占〔カルテル〕の恐れありとして口頭注意を行っている。この公取介入をきっかけに，直ちに運賃競争が起きるとは考えにくい。しかし，一般の乗合バスを含めて事業者の運賃決定に関する横並び慣行が変化し，

運賃の多様化が促進されることが考えられる。既存事業者との運賃競争の結果，資金難に陥った富士交通は2004年8月に民事再生法申請を行い，その後問題の区間で減便，さらに撤退を行っている。

1.1.6　既存事業者の事業区域越境などの対応

規制緩和後，既存乗合バス事業者のいくつかは，規制時代の実質事業区域を越えて隣接事業者の実質事業区域に参入した。実際には，営業所などの事業拠点の新設でなく，既存営業所や車庫から，従来は路線がなかった方向に路線開設する形態がとられている。

長崎県佐世保市においては，西肥自動車が佐世保市交通局の実質事業区域内に路線開設を行った。同じ長崎県の長崎～長崎空港間でも，長崎県交通局の単独運行路線に長崎自動車が低運賃で参入した。この路線は，長崎自動車が規制時代から再三にわたり参入申請を行っていたものであった。同社参入の結果，2社間で運賃引き下げ競争になったが，結果として利用者は余り増加しなかった。

実質事業区域を越えて2社が相互参入を行ったケースもある。北海道帯広市では，規制緩和直後の2002年中に以下の展開があった。まず十勝バスが，北海道拓殖バスの実質事業区域内に新路線の開設を行った。遅れて北海道拓殖バスも十勝バスの実質事業区域内に新路線を開設した。これに対抗して，十勝バスは北海道拓殖バスが開設を行った路線の周辺で大幅な運賃引き下げを行った。

2003年末には，岡山周辺でも帯広での出来事と似たことが起きた。岡山電軌は，中鉄バスが単独運行を行っていた岡山～岡山空港間に経路を若干変える形で参入した。この時点ではすでに，全国の他の場所で低運賃参入によってシェアを確保することが難しいと判明していた。そこで岡山電軌は直接の運賃競争を避け，名目的な運賃を既存の中鉄バスと同一にした。その一方で，岡山電軌が自社で運行する岡山市内バス路線などへの無料乗継乗車券を発行し，宣伝マーケティングにも経営資源をつぎ込んだ。対抗して中鉄バスも岡山電軌のバスネットワークの中に新路線を開設した。岡山周辺において最大のシェアを持つバス事業者は両備バスであるが，本ケースでは2位と3位の中位会社同士が事業区域越境を行う形になった。

広島市安佐南区周辺では，規制緩和直前の2001年頃から地元大手の広島電鉄と系列の広島交通がバス路線の大規模な再編成に着手した。そして郊外の軌道系フィーダー路線数本を都心に直通する長距離路線に変更し，第三セクターの軌道系新交通システムとの競争に挑んだ。広島電鉄等の労働協約の特性から見て，比較的足の長いサービスを開拓することが有利と見たと考えられる。

広島でのこの一連の動きには，2001年秋に都市高速道路（広島都市高速4号線）の1区間が供用開始したことも関係している。その供用に際し，北九州市ベースのタクシー事業大手である第一交通産業がバス運行開始の意向を見せ，実際にもその直前に住宅地開発者委託の無料バス運行を受託した。対抗して広島電鉄は道路供用と同時に高頻度のバス運行を行った。

その一方で広島電鉄は，周辺での短距離軌道系フィーダーバス路線や補助金付き運行路線の大部分から撤退し，それらの路線は第一交通産業や新規参入乗合バス会社に引き継がれた。規制緩和に前後して，広島近郊のバス路線の形状と運行事業者の塗りわけが大きく変化している。

1.1.7　路線休廃止をめぐる動向

乗合バス規制緩和によって新規参入が容易になったことと対応して，路線の休廃止によるサービス退出の手続きも若干緩和された。退出に関しては，従来，地元自治体に対して行わなくてはならない手続きが不明確であった。規制緩和によってこの手続きがある程度明示された。

結果として，規制緩和後，運行系統数で見た全国的な退出は減少している。それにもかかわらず，規制緩和によって状況が悪化したかのような主張や報道も行われている。現在の退出状況を評価するには，以下の問題を考慮する必要があると思われる。

第1に，折返し便を直通便に切り替えたケースでも系統数が減少するなどの問題があり，起終点と経由地の組み合わせで数えた系統数はサービス浸透度の指標にならない。もともとわが国のバス系統数のうち，1割程度は車庫への回送サービスなどでほとんど利用者がいない。また系統の半数程度は，ピーク時逆方向などの運行上の都合による折返し便である。これらは利用者の利便性と関係ないのであるが，それらで系統数は大きく増減してしまう（寺田（2002）

pp. 49–52)。

　第2に，規制緩和後の制度運用に関する公表が遅れたため，既存事業者は，規制緩和後にネットワーク再編が容易になるという確信を得られなかった。規制緩和後，休廃止が困難になると予想した事業者も多く，規制緩和前の1999–2000年度を中心にした駆込み廃止が行われた。利用動向から見て2002年から2003年にかけての廃止が成り行きであった路線について，規制緩和前に前倒しして廃止されたケースが多い。とくに名古屋鉄道などの大手私鉄系事業者の中には，利用者は減少していても当時の国庫補助政策上は有利に位置づけられていた第2種生活路線をまとめて廃止するものもあった。その反動で現在はサービス撤退が少なくなっていると考えることもできる。

　たとえば関東地方（山梨県を含む）において，規制緩和後1年間に廃止された系統は約100である。これに対し，規制緩和がアナウンスされてから実施されるまでの5年間（1996年度–2000年度）の年間平均は約140，この間で廃止が最も多かった1999年度には約170であった[5]。

　第3に，JRバス各社は，地方財政法の解釈により自治体が中心となって交付する地方バス補助を受けられなかった。JR側からの強い求めもありこの運用が改められ，2001年度から民間バス事業者と同等の扱いとなった。ところが補助金受給資格を得たJRバスは，一転して，補助を交付する地元自治体の発言力が強まり，将来の廃止が困難になることを恐れはじめた。そしてJR側は，恒久的に補助金を受給することなく，地方バスサービスから全面的に撤退し，高速バスサービスに特化する方針を決めた。

　西日本JRバスを中心に，この決定が早く行われた会社は，規制緩和とほぼ同時に多くの路線廃止を行った。他方，JR北海道や中国JRバスなどは，その廃止が規制緩和翌年かそれ以後にずれ込んだ。このような経緯にもかかわらず，バス規制緩和に関する地方紙の報道には，JRバスのケースを一般的な規制緩和の弊害として扱ったものが多かったように思われる。

　補助金がネットワークに与える影響は，複雑な形で現れることもある。その理由として，一つに，補助金の交付者と受給者の間でゲーム的な展開が起きる

5）　後藤（2003）による集計。

ことがある。もう一つには，補助金受給者が利潤以外の動機を持つとき，路線
やダイヤが補助金交付方法によって過剰に左右されることがある。これらのた
め，補助の開始や増額が，ネットワーク密度にプラスに影響するとは言い切れ
ない。

たとえば，現在のところバス事業への運営補助が行われていない英国の北ア
イルランドでは，交通持株会社の公有を維持したまま規制緩和と補助金交付を
行うことが予定されている。しかしこのことが路線廃止の呼び水となるとの懸
念もなされている[6]。

1.1.8 補助政策と地方自治体の対応

国の地方バスに対する補助要綱については，これまで5年ごとに見直されて
きた。乗合バス規制緩和の実施に先立ち補助要綱が大幅に見直され，2001年度
から実施されている。

大まかな見直しの方向付けとして，第1に，特定補助金の形であったものを
地方交付税（原則として特別交付税）を主体とする形態に変更した。関連して，
乗合バスの完全な継続運行や廃止後の代替輸送に厚く，そうでない路線新設
（いわゆる自主運行や自治体コミュニティバス）に薄かった助成率の差をなく
した。

第2に，国，都道府県，市町村の責任分担について，利用者の減少を前提に，
平均乗車密度5人になるまで，その後3年間，さらにその後と路線需要のライ
フサイクルの中で定めていたものを，路線の越境パターンや地理的特性に応じ
たものに変更した。そして，従来，人口10万人以上の都市まで直通運転すると
補助金計算上不利になっていたものを逆にし，そのような都市に直通する足の
長い路線を国庫補助対象とした。

学校の学期の関係で，地方において事実上，規制緩和後最初となった2002年
4月のダイヤ改正では，多くの乗合バス事業者が思い切ったネットワークやダ
イヤの変更を行った。とくに，路線途中での折返しを直通運転に変更し，運転

6） 北アイルランドの鉄道・バス改革の基本方針については，Department for Regional Develop-
ment（2002）参照。

間隔をそろえたケースが多かった。これは，規制緩和というよりも，補助金交付面での不要な制限がなくなったことの効果と考えられる。

　もちろん，越境路線に関する補助責任を上位の階梯の政府が負うという新制度では，合併により広域化した市町村が不利になるという問題がおきる。当面，合併によってバスの補助金カットが起きることはない制度運用になっている。しかし，将来的には，地図上の路線越境でなしに，輸送の機能面を考慮して国，都道府県，市町村の責任分担を決めていく必要もあろう。

　都道府県が，国庫補助の対象から外れるサービスを中心に行う単独補助（県単補助制度）には，国の制度に対する上乗せ型と横出し型があり，金額は少ないわりにはネットワーク誘導の効果を持ってきた。しかし，国の補助政策の変更に伴い，ほとんどの単独補助が国の補助対象から外れた路線に穴埋めを行うだけの激変緩和型に移行し，積極的なネットワーク誘導を指向しなくなってしまった。このような移行措置が一段落するであろう時期をめどとして，新たな創意工夫が行われることを期待したい。

　乗合バスの廃止案件を地域協議会という都道府県が設置した会議に諮って処理することは，乗合バス規制緩和政策のひとつの要点になっている。しかし，その運用には，以下のような問題点があると考えられる。

　第1に，参加メンバーの範囲が狭く，約半数の都道府県で自治体とバス事業者という当事者のみの協議の場になっている。他の主体を参加させている残り半数についても，制度策定時点で参加を求めたバス産業の労働団体のみが加わっているケースが多い。利用者の代表が直接参加しているケースが極めて少なく，参加していてもスクールバスとの実務的調整のためにPTA代表のみというケースもある。

　第2に，活動の中心は地域別分科会（あるいは幹事会）であり，都道府県単位での全体協議会が形骸化しているケースが大半である。分科会の数を定めているケースでの1都道府県当たりの平均分科会数は7である。分科会の地域割りについては，都道府県の財務事務所単位，広域市町村圏，交通関係の陳情のための同盟範囲などさまざまであるが，既存バス事業者の事業区域に強く配慮されているケースが多い。企業の組織上の決定に過ぎないはずの分社化子会社の事業区域と分科会を対応させているケースもある。結果として，分科会当た

りのバス事業者数が減り，分科会の地理的範囲を1事業者が独占するケースが多くなっている。これでは，地域協議会のひとつの目的である補助サービスをめぐる効率的事業者の選定ができなくなる可能性がある。

第3に，地方バスと同様の問題をかかえている鉄道ローカル線やフェリーなどを含めた異種モード間の調整がはかれない。最小限，乗合バスとスクールバス，福祉バス，患者輸送車などとの連携について議論する場が必要であるが，上記の参加メンバーの構成などからこうした議論が行いにくい。

第4に，廃止問題を棚上げするだけの場になっていて，廃止も代替も市町村単独補助も行わない事案がたまっていくだけというケースもある。その意味では，従来から存在しながら形骸化していた「地方バス路線維持対策協議会」制度とあまり違わない。現状では，まとまった範囲で代替輸送が行われるケースでしか建設的な議論が行われない傾向もある。

第5に，幹事会を中心に，事実上，市町村間等での事務連絡調整の場になっている。そのような機関は必要かもしれないが，地域協議会とは別な場において事前調整が済まされていることが好ましいと考えられる。

1.1.9 運賃決定をめぐる変化

規制緩和によって，運賃については上限認可制となり，その範囲内での運賃設定が事前届出制となった。交通一般には，総括原価主義によって運賃水準は厳しく統制しても，その下で事業者は運賃体系に関する相当な自由度を持つことが多かった。規制者側としても，初乗り運賃の扱いや遠距離逓減率，とくに定期券の券種別遠距離逓減率などについては統制しきれないのが普通であった。しかし，乗合バスでは，旧運輸省のある種の努力によって，このような運賃体系に対する統制が機能してきた。

旧運輸省は，標準原価制度を通じて，事業者ごとに異なった賃率〔キロ当たり運賃〕を認可する一方，初乗り運賃については，1980年代前半まで，都市部で賃率の6倍程度，その他の場所で賃率の4倍程度の額に統一してきた。その後，運賃値上げ時に短距離利用者の逸走が大きくなったことから運賃政策が変更され，1985～86年に各地で短距離運賃の値下げないし据え置きが行われた。しかし上意下達型の運賃体系柔軟化であったこともあり，事業者が本腰を入れ

て短距離運賃の体系を見直していこうとする動きにつながらなかった（寺田
(1992)）。

　そのような中で，1995年に東京都武蔵野市が補助金付委託運行で開始した自
治体コミュニティバスサービス（「ムーバス」）は，周辺を運行する乗合バスの
半額にあたる100円という運賃設定を行った。このサービスは，予想を上回る
利用者を確保した。この教訓をふまえ，またすでに決まっていた規制緩和に対
する既存事業者の準備という側面も加わって，1998年に群馬県前橋市の事業者
が営利動機から初乗り運賃を100円まで値引きしたのを皮切りに，全国各地で
初乗り運賃の値下げ，あるいは100円などの低運賃バスの運行開始が行われる
ようになる。

　これら100円運賃を設定しているケースの約3分の2では，問題の値引きを
直接に補償する補助が行われていない。割引によって減収になっているケース
が大半であり，事業区域の一等地ないし事業区域外縁など，規制緩和後の新規
参入を抑制したい場所で，既存事業者が参入阻止行動として採用していると考
えられる。それらの結果としての運賃体系は，今のところは運賃水準低下や運
賃体系柔軟化を通じて消費者の利益につながっているように見える。100円運
賃の導入は，規制緩和後の2003年度首には，対応が遅れ気味であった公営や
JRバス各社にも波及し，254地域，214社と増加している。

　京都市では，新規参入を計画したエムケイが100円バス開始の構想を発表し，
既存事業者による反応の内容やスピードを見た。このケースで既存事業者が最
初に開始した100円バスの事業計画は，休日のみに運行するというもので，一
般的な乗務員のシフトを考えると参入阻止行動としては不合理なものであった。
この反応を見て，エムケイは強気の運賃形成（200円）を前提にした大規模な
参入を決めたと見られる。一連の経緯は，動向を見守っていた他社（ヤサカバ
スおよびセレモニー観光）の参入にもつながっている可能性がある。

　運賃をめぐるもうひとつの出来事として，規制緩和実施が発表された後の
1998年に，岡山県の宇野自動車が競合区間で他社にあわせた高い運賃をつける
同調といわれる慣行を拒否し，自社が認可を受けた水準までの運賃値下げを行
った。このことが契機となり，各社は運賃カルテルに参加しないか，少なくと
も普通運賃に関しても単独運賃決定を行う自由を得た。それに伴い当時の運輸

省は，事業者が競合するケースでの運賃調整ができなくなり，都道府県などを単位とした運賃ブロックごとの運賃統制を続けることができなくなった。さらに，前述のように，2003年の公取介入をもって，仮に共同運行などの運行協定が締結されているケースにおいても，運賃カルテル自体は禁じられることになった。

　なお，1997年の大都市での運賃値上げを最後に，わが国の乗合バスでは運賃値上げが行われていない。このため，各事業者は，自社に認可された最後の運賃を維持するか，サービスに応じた値下げを行うかを自社の責任で決定する形になった。1997〜98年時点で，すでに運賃規制はなくなっていたとも考えられる。

　このような事情で，乗合バス運賃については規制緩和前からの部分的値下げの動向が続いている。ただし，現在では短距離運賃の値下げが一巡し，運賃引き下げのパターンが多様化しつつある。たとえば，定期運賃の割引率増加，普通運賃の50円単位などへの端数切捨てなどである。規制緩和直後の運賃値下げは，東日本に比べて西日本で多く行われている。新規参入の中心が東日本にあることと対照をなしている。

1.1.10　本節のまとめ

　規制緩和が行われたものの乗合バス市場での新規参入は活発とはいえない。2年先行して行われた貸切バス市場では参入が多かったものの，そのごく一部しか乗合市場に参入しなかった。規制緩和による退出ルールの明確化が休廃止を増加させた傾向はなく，乗合バスの市場構造は規制緩和後にも余り変化していない。

　これらのため，当初懸念されたようなバス市場での不安定は起きていない。しかしその反面，新規参入の不活発のために自治体などのサービス委託の価格が低下せず，委託サービスを増やすことで段階的な乗合バス市場への参入も促進することができないという悪循環に陥る恐れが出てきた。その意味では，もうひとつの参入の道になりつつある高速バス事業を経た一般の乗合バス事業への参入を育てる必要もある。公正取引委員会によって，新規参入者の行動が阻害されないような市場環境を作り出すべきである。

規制緩和と関連した2001年度からの地方バス補助の修正は，概ね好ましい方向であった。規制緩和後のサービス改善の中には，補助制度の変更がきっかけとなっているものが多いと考えられる。一方，わが国のバス規制緩和政策の目玉として，廃止案件の処理のために設けられた地域協議会に関しては，多くの課題が残されている。とくに，積極的なネットワーク展開について関係者が協議できるようにするとともに，自治体による補助サービスとその委託先について選択肢を広げられるように改める必要がある。

運賃については，すでに規制緩和前から部分的値下げという対応が続いている。既存事業者の参入阻止行動は，運賃体系の柔軟化という面で好ましい結果につながっていると見られる。しかし，今のところ，100円バスに代表される短距離運賃値下げなど，過去の運賃体系の歪みを是正しているだけという傾向が強い。このような運賃変更が一段落した後，産業全体の利用を促進し補助金を減らすような運賃体系に移行できるかどうかが課題である。

1.2 新規参入乗合バス会社の経営戦略

1.2.1 はじめに

乗合バス事業の規制緩和のメリットとして最も期待されたのが，競争の促進による運賃の低下，運行回数の増加による消費者便益の向上であった。しかしながら，市場全体が縮小傾向にある厳しい経営環境を反映してか，一部の中長距離路線を除けば新規参入の動きは顕著とは言えないし，乗合バス事業に新たに参入した企業はそれほど多くない。本節では，数少ない新規参入企業の特徴を簡単に整理した上で，当該企業の参入の動機，そしてその経営戦略について，新規参入企業から得られたアンケート結果や既存の資料を基に，その戦略について若干の説明を与える。

1.2.2 新規参入企業の特徴と参入動機

日本バス協会の調べによると，2004年5月末現在，21条バスの4条切替および貸切子会社への路線移管を除く，乗合バス事業への新規参入企業は25社を数える（表1-2参照）。申請者の主たる業態は貸切バスが全体の3分の2強を占め

第1章　規制緩和後のバス市場の変化　　25

表1-2　乗合バス規制緩和後の新規参入申請の状況

運輸支局	申請者	主たる業態	許可年月日（平成）	備考
香川	高松エキスプレス㈱	海運系	14年6月5日	高速バス
京都	エムケイ㈱	タクシー	15年12月19日	都市内バス
福井	大和交通㈱	貸切	14年3月14日	過疎地バス
栃木	藤田合同タクシー㈱	タクシー	14年11月12日	過疎地バス
栃木	しおや交通㈱	貸切	14年9月4日	過疎地バス
沖縄	㈱北部観光	貸切	14年5月16日	空港リムジン
埼玉	飯島興業㈱	貸切	14年9月17日	都市近郊バス
埼玉	マイスカイ交通㈱	タクシー系	14年9月4日	都市近郊バス
埼玉	メートー観光㈱	貸切	14年9月4日	都市近郊バス
宮城	富士交通㈱	貸切	14年9月25日	高速バス
広島	㈲エンゼルキャブ	貸切	14年9月12日	過疎地バス
群馬	㈱矢島タクシー	タクシー	14年10月30日	新幹線アクセス
埼玉	㈱ジャパンタローズ	特定旅客	14年12月26日	都市近郊バス
京都	㈱ヤサカバス	貸切系	14年11月29日	都市近郊バス
兵庫	㈱はくろタクシー	貸切	15年2月28日	深夜急行バス
福島	磐梯東都バス㈱	貸切系	15年3月4日	過疎地バス（観光）
埼玉	イーグルバス㈱	貸切	15年5月1日	都市近郊バス
埼玉	ライフバス㈱	貸切	15年11月25日	都市近郊バス
東京	㈱新日本観光自動車	貸切	15年7月8日	都市内バス
山形	山形高速バス㈱	新設	15年6月3日	高速バス
富山	海王交通㈱	貸切	16年3月4日	観光
岩手	岩手急行バス㈱	貸切	15年10月6日	高速バス
福島	㈱桜交通	貸切	15年12月17日	高速バス
神奈川	大新東㈱	貸切	16年1月9日	都市近郊バス
宮城	愛子観光バス㈱	貸切	16年4月9日	都市近郊バス

（注）　21条バスの4条切替および貸切子会社への路線移管を除く。
（出所）　2004年5月末，バス協会調べより。

ており，タクシー系の４社と続いている。この区分は便宜的なものであり，例えば大新東はグループでレジャーランドを保有する多角経営企業であるなど多様である。しかし，概して貸切バス会社が新規参入の主な担い手であるといえる。新規参入企業はエムケイのように従業員数2,500人，売上高150億円を誇る大企業から，従業員数が20人程度の小企業までさまざまであるが，中小企業がその多くを占めている。運行路線の性格で分類すると，都市内・近郊バスが11社，高速バスが５社，過疎地域が５社となっている。地域的には関東・東北地区での新規参入が目立っており，埼玉県だけで６社を数える。

　新規事業者の動向を把握するため，参入の契機，参入障壁，経営努力，行政への不満点などを尋ねるアンケートを実施した。表1-2の新規参入事業者に対してアンケート用紙を郵送し，うち７社から有効な回答を得られた。企業の参入は営利目的によるものと推察されるが，本アンケートの回答ではその契機として「規制緩和」と「事業拡大」を挙げた会社が多く，次いで「地域での知名度向上」「運転手・車両の有効活用」と続いた。実際には大手企業と中小企業の狙いには大きな隔たりが感じ取れる。市川（2002）はエムケイが新規参入を計画した京都市内循環バスの狙いを，同社が保有するタクシーの実車率向上だと指摘している。一方，横浜市郊外に参入した大新東は「路線バスの事業許可を得たことで，民間委託が進む公営の路線バスの運行も請け負えるようになり，ビジネスチャンスも広がった」[7]と既存事業との相乗効果を期待している。こうした自発的な参入とは別に「一般貸切で運営していたが地域の自治会長の依頼があった」「地元住民の要望があった」ことが参入のきっかけのひとつとの回答があったことは興味深い。

　次に，本アンケートで新規参入にあたって苦労した点について尋ねたところ，やはり初期投資の負担について言及している企業が多かった。道路運送法では最低車両数として，１営業所ごとに最低５両の常用車および１両の予備車，合計６両の車両の配備が求められている。貸切バス会社のように既存車両を流用できる企業を除けば，新たに６台のバス購入は，とくに企業規模の小さなタク

---

7 ）『朝日新聞』（2004年６月17日）朝刊「路線バス新規参入（果実はどこに「規制緩和」を追う：５）」。

シー会社にとって負担が大きいと思われる。初期投資は車両だけでなく，停留所，自動車車庫や各種施設の整備が必要になる。大新東の場合，バス購入に1億円，発券所，営業所，駐車場，運転手の確保等その他初期投資に数千万円が必要になったと報道されている[8]。これに関連して本アンケートでも「資本金の増資の負担が重かった」との回答や「公共交通なのに優遇制度はなかった」「補助金を初期投資時に立替て欲しい」という不満の声が聞かれた。また新規参入にあたっての書類審査の厳しさ，申請作業の繁雑さ，既存事業者との確執を参入時の障壁として挙げる企業もあった。

利用者動向の把握については，「地元市役所と一緒に考えて時刻表を作成」「乗降調査により把握」との回答が得られた。

1.2.3　新規参入企業の経営努力

⑴　利用者を増やす経営上の工夫

厳しい経営環境の下，新規参入企業はどのような経営努力を行っているのだろうか。まず路線設定については，利用者を増やす経営上の工夫として系統数を増やす，停留所の設置を工夫する，既存路線とは異なった経路を設定する，通勤・通学に重点を置く路線設定等の工夫を行っていることがわかった。また，地域の自治会長の意見を聞き路線を決定していると回答した企業があった。時刻表や運行本数についても同様で，利用状況に合わせて利用者の利便性を高める努力がなされている。便数，とくに利用者の多い時間帯の便数を増加したり，鉄道との接続が考慮されている。

料金設定についても，「市町村と協議し，初乗り150円（3 km）」「補助金により安い運賃」「定期券運賃の見直し，営業割引運賃の活用」等，各社とも工夫に努めている。しかしながら航空業界と同様に，既存他社が運行している路線に参入する場合，料金設定は非常に難しい。料金の安さは，新規参入企業が既存企業に対抗する最大の武器であるが，対抗値下げによって経営が悪化する可能性がある。単純な価格競争では体力勝負となる。新規参入からわずか2年で民事再生法申請に追い込まれた富士交通（仙台）の例が競争の厳しさを物語

8）　同上。

っている[9]。また，競争者もいないような低需要地域では，運賃値下げの効果も限定的といえる。

その他の経営努力としては，地域の自治会長とのコミュニケーションを密にしたり，宣伝活動，乗務員の接客に力を注ぐとの回答が得られた。また，IT技術を利用した興味深い試みが埼玉県川越市のイーグルバスで行われている。バス位置情報システムの導入により，携帯電話でバスの位置確認が可能になり，バス接近通知をリクエストできるようにし，利用者の利便性を向上させている。同時に，乗降センサーによって停留所の乗降状況を把握し，ダイヤ改定に素早く反映しているとの回答が寄せられている。

(2) 費用を減らす経営上の工夫

バス事業の費用の大半は人件費であり，既存事業者との競争に打ち勝つためには安価な賃金契約は不可欠である。この点について本アンケートの結果から，「労使協調で努力」「時間給で説得」「乗務員の給料を下げる」「効率の良いダイヤを組み人件費の効率化を行う」等の方法を採用していることがわかった。車両については「開業当初は全車中古車で対応」している企業がある反面，補助金を利用して安価とはいえないノンステップバスを運行していると答えた企業もあった。

1.2.4 現在の規制や補助金，行政に対する不満

現在の行政サイドに対する不満について問い合わせたところ，「特に不満は無い」という意見もあったが，初期投資の負担を反映してか「新規事業者の場合，5年くらい補助対象に」「単独補助を増やして欲しい」という支援を求める声が目立った。また，「どのような補助金項目があるのか判りづらい」「補助金を利用した独創的なバス車両の製作が困難」という意見もあった。さらには，厳しい競争下にある企業の視点から「助成金確保の為の路線・運行設定がなされている路線が多々存在している点。またそれを見直しできない自治体の存在。

9）『朝日新聞』（2004年9月25日）朝刊「新規業者，半年で立ち往生　仙台への高速バス低料金参入」。

利用者がほとんどいないバス路線に，なぜ多額の補助が必要なのか，税金を使っての補助であるのできちんと精査して頂きたい」との意見が寄せられた。

　補助金関連以外では，「運輸局によっては参入許可から路線などの事業計画認可まで8カ月程度かかるので，早くして欲しい」という。行政手続きの速さに対する不満や，「参入に関して規制は解かれたが，やはりまだ規制は多い」との不満の声も聞かれた。

1.2.5　本節のまとめ

　規制緩和後，2004年5月までに乗合バス市場に新規参入した企業は25社に上り，それらの会社の本業は貸切バスであった。参入の動機は企業によってさまざまであるが，初期投資の負担の重さを反映してか，補助金を希望する企業が目立った。利用者の利便性を高めるサービスや費用を抑えた運行など，さまざまな経営努力を行っているものの，その経営環境は厳しいといえる。地元自治体や地域と連携している企業がある反面，地元自治体からやや懐疑的な目で参入を捉えられている企業もある[10]。国および自治体には，規制緩和したからこれで終わりというのではなく，より多数の優秀な企業が乗合バス市場に参入しやすくするための環境作りが求められている。

1.3　既存事業者の経営戦略としての分社化—北陸鉄道の事例—

1.3.1　はじめに

　道路運送法が改正され，2002年2月より，乗合バス事業においても参入，退出が大幅に緩和された。また補助制度についても変更され，路線維持に関する国の関与が大幅に限定されるようになった。自家用車が普及している地方部においては，従来から乗合バス路線の維持は厳しかったが，規制緩和により，これまで以上に路線存続が難しくなるのではないかとの懸念も存在する。本節では，このような厳しい事業環境に対する事業者側の対応の一例として，分社化

---

10)　『下野新聞』（2003年3月2日）「話題のアングル／矢板－塩谷間に民間バス2社／歓迎と不安　地元に交錯／規制緩和で相次ぎ参入／「不採算なら…」撤退懸念する声」。

を通じて経営効率化と路線維持を図っている石川県の北陸鉄道の事例を取り上げる。バス会社による分社化には，1980年代終りから，西日本鉄道や山形交通など全国的に数多くの事例があり，北陸鉄道の分社化も，そのような一連の動きの中で実施された。同社は，北陸３県では大規模に分社化を行った唯一の事業者であると共に，経営効率化や路線維持に分社化が一定の成果をあげている事例でもある。

1.3.2　北陸鉄道における分社化

　北陸鉄道は石川県を営業エリアとするバス会社であり，1943年10月13日に石川県内の鉄道事業者，バス事業者が合併して誕生した。石川県には，小松バス（旧尾小屋鉄道），能登島交通など，小規模事業者はあるものの，北陸鉄道は石川県内の私鉄（浅野川線，石川線），乗合バス事業をほぼ一手に引き受けてきた。また不動産開発事業，観光事業など周辺分野にも進出している。関連事業を含め，事業エリアはほぼ石川県内に限定されている。2001年度の経常損益をみると，営業収入の総額102億8745万円のうち，75.8％に相当する77億9313万円が自動車事業で生じている。また営業利益５億534万円のうち94.8％にあたる４億7867万円が同様に自動車事業で生じており，バス事業を中心とする企業といえる[11]。同社の筆頭株主は8.26％を所有する名古屋鉄道である。名鉄グループの一翼を構成するが，歴史的経緯もあり，比較的独立色が強い。

　北陸鉄道は，近年，乗合バス利用者が減少傾向にあることや，事業環境の変化等に対処するため，1990年３月に能登中央バスへ乗合８路線を移譲するなど，分社化を積極的に進めてきた。

1.3.3　分社化の経緯

　かつては小松市周辺や能登島など一部地域を除き，ほぼ石川県内全域で乗合バス事業を経営してきた北陸鉄道は，現在，県内各地域を事業エリアとし，北陸鉄道が出資するグループ会社８社に，路線を大幅に移譲している。北陸鉄道の乗合バス事業を担うグループ会社は，北陸鉄道本社を含め９社に上る（図

---

11)　北陸鉄道の事業展開については，青木（1999）を参照のこと。

第1章　規制緩和後のバス市場の変化

図1-1　北鉄グループのバス会社

(出所) 北陸鉄道資料より。

1-1参照）。グループ会社は，大まかに能登半島をエリアとする会社が4社，加賀地方をエリアとする会社が2社，金沢市内をエリアとする会社が4社（北陸鉄道と加賀白山バスの金沢市内路線を含む）である。乗合バス事業を担うグループ会社は，旧来の北陸鉄道の営業所単位でほぼ分社化されており，路線も多くは旧来の営業所単位で移譲されている。収支状況の厳しい路線から分社化の対象になっており，相対的に良好な路線が北陸鉄道本社によって維持される傾向にある。また分社化会社は，すべて北陸鉄道（またはグループ各社）が100％出資した未上場会社であり[12]，事業分野はほぼバス事業に限定されている[13]。

　各社の資本金が4000万円から6000万円と少額であるため，一部会社を除き，バス車両以外の資産は保有しておらず，営業所や車庫用地は北陸鉄道から賃借している。自社で土地を保有しているのは，設立後の年数が長い能登中央バス，七尾バス，加賀温泉バスのみである。このため運転手とバス車両のみを保有する，バス運行に特化したバス専業会社ということができる。各社は，路線免許（4条免許）と共に，市町村代替バスを受託する等の必要性から，貸切免許（21条許可）を保有している。また北陸鉄道では，路線を分社化子会社に完全に移譲する以外に，管理受委託制度を利用し，北陸鉄道本社の乗合路線の運行を分社各社に委ねる形態もとられている。

　グループ子会社への路線移管は，北陸鉄道の中で相対的に経営状態が悪かった奥能登の門前町，輪島市，穴水町，能都町，七尾市をエリアとする乗合8路線[14]を，1989年12月19日設立の能登中央バスに，1990年3月30日に移譲したのが始まりである。その後能登半島内の路線を中心に路線移譲が続き，移譲先のグループ会社として，七尾バス（1991年7月9日設立），能登西部バス（1992年12月8日設立）などが設立され，それぞれ七尾市を中心とする中能登地区東側の5路線と，中能登地区西側の8路線が移譲された。また1994年3月31日には，加賀地区についても，前年12月9日に設立された加賀温泉バスに加賀市，山中

---

12)　ほくてつバスについては，北陸鉄道が100％出資しているが，他社は，原則北陸鉄道の出資は49.9％に抑え，残りをグループ各社で出資している。

13)　北陸鉄道時代に，営業所でレンタカーの取り次ぎ等を行っていたなどの理由で，一部の分社子会社には，ごく小規模な兼業がある。

14)　本節の数値は図1-1による。ほぼ同様のデータを示す表1-5とは，一部数値が異なる。

町，小松市，辰口町，金沢市の乗合7路線が移譲された。1999年11月に輪島市や珠洲市を中心に，従来北陸鉄道が運行してきた4路線を奥能登観光開発に移譲したことで，都市間高速バスを除き，能登半島から北陸鉄道の乗合バスは消滅した。ちなみに奥能登観光開発は，1968年4月に奥能登でドライブインを経営するため北陸鉄道グループが設立した会社であり，ドライブイン閉鎖後は休眠状態であったが，分社化を進める中で，奥能登地域のバス会社としてよみがえったものである。

　金沢市内に関しては，相対的に収支が良好なことから，能登半島や加賀地区で分社化が進められた後も，しばらく北陸鉄道本社による経営が続いていた。しかし2000年3月に，もともと貸切専業会社として設立した北鉄金沢中央バスに乗合2路線が移譲されたのを皮切りに，市内についても路線移譲が進められた。2001年3月4日には，金沢市内の乗合13路線を「ほくてつバス」に移譲する最大規模の分社化が行われ，この時点で北陸鉄道によるバス路線の分社化はほぼ終了した。なお，県内には同じ名鉄グループに属し，小松市周辺をエリアとする小松バスが存在する。これまで同市周辺では，小松バスと北陸鉄道の路線が混在していた。小松バスは，北陸鉄道と同じ名鉄グループに属するが，前身は尾小屋鉱山への貨客輸送を目的とする尾小屋鉄道であり，北鉄グループの会社ではない。しかし北陸鉄道から社長を派遣するなど，現在は北鉄グループと関係が深まっていることもあり，小松市周辺の路線については，小松バスへ移譲されることになった。

　現在北陸鉄道本体の乗合バス事業は，金沢市内を中心とする一部路線（主に東部営業所と南部営業所の担当区域）と，小松空港や県内主要都市（輪島，珠洲など）への特急バスの運行，東京や仙台，名古屋等を結ぶ高速バス路線に限られており，路線の大部分は分社化子会社に移譲または管理委託されている。

1.3.4　分社化の成果

　北陸鉄道による分社化は，ほぼ地域ごとに営業所単位で行われてきた。分社化に当たっては，当初は労働組合との関係等もあり，分社子会社の職員は，北陸鉄道から出向や移籍するのでなく，新規採用で対応することとなった。分社化会社は，北陸鉄道と比べると賃金が安い一方，勤務条件は厳しくなる傾向に

ある。基本的には，地元密着経営を掲げていることもあり，地元の人を新規に雇用した[15]。分社化されたエリアに勤務していた北陸鉄道社員は，原則として従来の北陸鉄道の労働条件と賃金を保証され雇用は継続されるが，金沢市をはじめとする北陸鉄道が路線を維持しているエリアへ移動することになる。地元に残ることを希望する場合は，北陸鉄道をいったん退職し，完全な新規採用として子会社に勤務することになる。分社化子会社での採用に当たり，旧北陸鉄道社員に対する特別な優遇措置や採用上の配慮等はない。

　ただし2001年3月に金沢市内の13路線を「ほくてつバス」に移譲した際には，例外として北陸鉄道から社員が出向した[16]。これ以降，金沢市内の路線を運行する北鉄金沢中央バス，加賀白山バスについては，若干の職員が北陸鉄道から出向するようになった。出向の場合，社員には北陸鉄道の給与が保証されるが[17]，労働条件等は新会社に従うこととなる。分社化子会社の労働条件は，北陸鉄道に比べ多少厳しいため，北陸鉄道からの出向者については，人件費抑制効果はあまり見込めないものの，労働条件改善による生産性向上を期待することができる。

　分社化の成果を以下で見てみよう。まず北陸鉄道グループ全体の輸送人員の推移をみる。北陸地方は，自家用車保有率が高い地域である。石川県の世帯当たり自家用車保有台数は，全国10位の1.49台（2001年）であり，全国平均の1.09台よりかなり高くなっている。自家用車の普及および少子化の影響もあり，乗合バス利用者数は減少傾向にある。北鉄グループの輸送人員は，1994年度以降，毎年5％前後減少しており，1994年度と2001年度を比較すると，1994年度に4880万人を数えた利用者数は，2001年度には3663万人へと4分の3近くまで減少した（表1-3参照）。

　一方，免許キロ（表1-4参照）や系統数（表1-5参照）は，同時期について，ほとんど変化していない。むしろ分社化によって，若干路線の重複が生じたため，

---

15)　例外については後述。
16)　ほくてつバスについては，設立当初は，職員はすべて北陸鉄道からの出向者で占められていた。その後退職者の補充については，ほくてつバスが新規に採用しているが，現在も従業員の多くは北陸鉄道からの出向者である。
17)　給与は分社化子会社の負担である。

第1章　規制緩和後のバス市場の変化　　　35

表1-3　北鉄グループ輸送人員の推移

（単位：1000人）

年度	1994	1995	1996	1997	1998	1999	2000	2001
北陸鉄道	46615	46259	43800	40342	37111	34982	32900	25371
能登中央バス	421	402	390	434	605	538	426	928
七尾バス	451	565	772	719	708	660	642	1003
能登西部バス	619	870	943	908	1126	998	994	1069
加賀温泉バス	694	669	666	1346	1253	1127	993	915
加賀白山バス	2	268	270	297	290	316	435	2104
奥能登観光開発						70	172	375
北鉄金沢中央バス						6	376	1297
ほくてつバス							279	3567
計	48802	49033	46841	44046	41093	38697	37217	36629
前年比（％）		100.47	95.53	94.03	93.30	94.17	96.18	98.42

（出所）　北陸鉄道資料より作成。

表1-4　北鉄グループ免許キロの推移

（単位：km）

年度	1994	1995	1996	1997	1998	1999	2000	2001
北陸鉄道	4329	4209	4149	4120	4168	4304	4051	3542
能登中央バス	86	87	90	208	208	208	138	220
七尾バス	70	94	94	107	107	109	389	389
能登西部バス	202	224	226	243	243	243	334	334
加賀温泉バス	66	66	72	77	77	77	157	142
加賀白山バス	109	126	126	126	141	144	150	153
奥能登観光開発						90	119	119
北鉄金沢中央バス						6	94	119
ほくてつバス							123	157
計	4862	4806	4757	4881	4944	5181	5555	5175
前年比（％）		98.85	98.98	102.61	101.29	104.79	107.22	93.16

（出所）　北陸鉄道資料より作成。

数字上は増加する傾向にある。総走行キロ（表1-6参照）についても同様であり，1994年度から2001年度にかけて，2600万キロ前後を維持している。一方，分社化に伴いグループの従業員数は2割弱減少している（表1-7参照）。総走行キロがほとんど変化していないにもかかわらず，従業員数は減少しているわけで，この分1人当たりの労働生産性は向上している。また北鉄グループ全体に占める北陸鉄道本社社員の比率は，1994年度の93.7％から2001年度には46.9％へと

36

表1-5 北鉄グループ系統数の推移

(単位：系統)

年度	1994	1995	1996	1997	1998	1999	2000	2001
北陸鉄道	530	552	515	452	456	487	502	324
能登中央バス	12	11	15	24	23	35	20	23
七尾バス	6	7	7	8	8	8	19	40
能登西部バス	28	30	31	33	33	33	41	41
加賀温泉バス	23	23	24	41	41	43	45	50
加賀白山バス	12	14	15	16	18	21	49	42
奥能登観光開発						10	15	17
北鉄金沢中央バス						2	32	36
ほくてつバス							59	60
計	611	637	607	574	579	639	782	633
前年比（％）		104.26	95.29	94.56	100.87	110.36	122.38	80.95

(出所)　北陸鉄道資料より作成。

表1-6 北鉄グループ総走行キロの推移

(単位：1000km)

年度	1994	1995	1996	1997	1998	1999	2000	2001
北陸鉄道	21331	25011	24276	22633	21277	21291	20294	15769
能登中央バス	529	527	526	646	895	891	673	1268
七尾バス	395	515	717	704	729	728	731	1488
能登西部バス	677	954	1019	1015	1446	1384	1510	1898
加賀温泉バス	538	542	577	1028	1044	1123	1157	1189
加賀白山バス	3	474	521	500	485	540	650	1671
奥能登観光開発						145	308	675
北鉄金沢中央バス						2	193	862
ほくてつバス							123	1865
計	23473	28023	27636	26526	25876	26104	25639	26685
前年比（％）		119.38	98.62	95.98	97.55	100.88	98.22	104.08

(出所)　北陸鉄道資料より作成。

大幅に低下した。北陸鉄道本社社員の絶対数も，同様に1207人から483人へと
減少している。北陸鉄道の方が，分社化会社より賃金水準が高く，労働条件が
優遇されているため，このことは北鉄グループ全体として効率性向上につなが
っていることを示す。

　グループ全体の経常収支については，詳細なデータは公表されていないが，

第1章　規制緩和後のバス市場の変化　　　37

表1-7　北鉄グループ従業員数の推移

（単位：人）

年度	1994	1995	1996	1997	1998	1999	2000	2001
北陸鉄道	1207	1154	1077	998	918	771	710	483
能登中央バス	20	20	20	24	31	30	26	32
七尾バス	21	24	29	30	35	36	37	47
能登西部バス	22	30	33	36	51	55	54	64
加賀温泉バス	18	19	20	33	38	38	41	47
加賀白山バス		14	21	22	30	32	61	95
奥能登観光開発					18	36	67	117
北鉄金沢中央バス						7	8	13
ほくてつバス							10	131
計	1288	1261	1200	1143	1121	1005	1014	1029
前年比（％）		97.90	95.16	95.25	98.08	89.65	100.90	101.48

（出所）　北陸鉄道資料より作成。

分社化の進展と共に収支状況は大幅に改善しているとされる[18]。経常収支の改善には，北陸鉄道本体の収支改善が大きく貢献している。また分社化会社各社の経常収支は基本的に赤字であるが，自治体から補助金を得て，最終的に収支均衡を図る構造となっている。ただし分社化会社各社の費用そのものは，北陸鉄道と比較して大幅に低下しているため，グループ全体で見ると，補助金を控除しても，収支は改善されているといえよう。北鉄グループの場合，利用者数が減少しているにもかかわらず路線を維持し，グループ全体の収支を改善させた原動力が，分社化による人件費の削減と労働条件の変更による生産性向上であった。

　バス事業は，費用に占める人件費比率が高い労働集約型産業である。2000年度の民間バス会社における営業費に占める人件費の割合は67.9％である[19]。費用削減のためには，人件費負担をいかに抑えるかが，一つのポイントである。

　北陸鉄道の場合，北陸鉄道本体と分社各社では，賃金形態が異なっている。北陸鉄道本社では，基準賃金は，固定給，職能給，勤続給，年齢給などで構成される基準給と，家族給である手当給の2つから成っている。これに職務手当，

---

18)　北陸鉄道本社でのヒアリングによる。以下の記述も同様。
19)　日本バス協会（2002）による。

表1-8 2001年度の北鉄グループのキロ当たり単価

	能登中央	七 尾	能登西部	加賀温泉	加賀白山		金沢中央	奥能登	ほくてつ	北陸鉄道
					乗合	廃止代替				
円/km	202	235	252	267	283	212	301	181	446	539

(注) 加賀白山バスの「乗合」は金沢市内の路線，「廃止代替」は白山地域の路線を指す。
(出所) 北陸鉄道資料より。

初任調整手当，時間外手当，休日労働手当，通勤手当などの基準外賃金が加算される。問題は，基準外賃金のうち時間外手当，休日労働手当，深夜労働手当，日直・宿直手当，仮泊手当の算定が，基準給をもとに決定される点である。年齢が高い職員は，勤続給，年齢給により基準給が高くなるため，結果として基準外賃金も高くなる[20]。

　一方，グループ各社の賃金体系はより簡略化されており，基準給は固定給と職能給のみで構成されている。基準外賃金のうち宿泊手当，職務中断手当，時間外労働手当，休日労働手当，深夜労働手当は基準給をもとに計算されるが，基準給そのものが安い上，基準給に勤続手当等が含まれていないため，勤続年数や年齢が上がると共に賃金が大幅に上昇するのを抑える仕組みになっている。さらに手当の水準そのものも，北陸鉄道に比べ抑えられている。目安として，北陸鉄道と比較すると，分社化会社各社の賃金水準は6割程度といわれる。またグループ全体で見ると，従業員数が減っていることもあり，人件費負担はほぼ従来の半分程度になっているとされる。

　賃金および労働条件について，基本的に従来と変更がない北陸鉄道と，分社化された各社のキロあたり費用を比較すると，これはより明白になる（表1-8参照）。2001年度の数値によると，北陸鉄道のキロ当たり費用が539円であるのに対し，グループ各社の中で最低水準の奥能登観光開発は，181円と半額以下である。また職員の大部分が北陸鉄道からの出向者で占められる「ほくてつバス」と北陸鉄道を比較しても，ほくてつバスは446円と，北陸鉄道と比べ2割程度安くなっている。この分が労働条件変更に伴う生産性向上部分と考えるこ

---

20) 2001年度の北陸鉄道社員の平均年齢は46歳，平均勤続年数は24.4年である。

とができる。分社化会社の多くは，キロ当たり単価は200円台であり，北陸鉄道の半額程度である。

　乗合バスに対する石川県単独の補助制度では，補助対象事業者は経営効率化基準を満たさなければならない。金沢市周辺以外の地域は，キロ当たり単価が300円未満であることが要件であり，北陸鉄道本体ではこの基準をクリアできず，補助を受けるためにも経営効率化が必要であった。また地元密着経営を続ける分社化子会社の方が，金沢市に本社を置き，金沢市内の路線も運行する北陸鉄道よりも，補助金を受けることに関して，地域の納得を得やすいという面もある。

1.3.5　本節のまとめ

　公共交通を取り巻く環境の厳しさを反映し，路線維持に関しては困難さが増している。その中で，分社化により路線維持に一定の成果を上げてきた北陸鉄道の事例は，示唆に富んでいる。

　石川県を営業エリアとする北陸鉄道の分社化は，同社の中で相対的に経営状態が悪かった奥能登地方の乗合8路線を，1990年3月30日に子会社の能登中央バスに移譲したのを嚆矢とする。その後，能登半島内の路線を中心に子会社の七尾バスや能登西部バスへ路線移譲が続き，加賀地区についても，1994年3月31日に加賀温泉バスに乗合7路線が移譲された。金沢市内に関しては，相対的に収支が良好なことから，しばらく北陸鉄道による経営が続いたが，2000年3月に北鉄金沢中央バスに乗合2路線が移譲されたのを皮切りに路線移譲が進められた。現在，北陸鉄道本社による乗合バス事業は，金沢市内を中心とする一部路線と，小松空港や県内主要都市（輪島，珠洲など）への特急バスの運行，東京や仙台，名古屋等を結ぶ高速バス路線に限定されている。

　地域に合わせた人件費水準を採用することが可能となると共に，労働条件変更による生産性向上が見込まれたため，分社化された各社の運行費用は大幅に低下した。分社化の成果は以下のようになろう。北鉄グループの輸送人員は，1994年度以降，毎年5％前後減少している。一方，同期間に免許キロや系統数はほとんど変化していない。また，分社化に伴いグループの従業員数は2割弱減少している。利用者が減少しているにもかかわらず，路線網や運行本数を従

来より少ない従業員数で維持しており，１人当たりの労働生産性は向上しているといえよう。北陸鉄道と分社各社のキロ当たり費用（2001年度）を比較すると，北陸鉄道の費用（539円）に比べ，グループ各社の多くは半額程度の水準に留まる。また職員の大部分が北陸鉄道からの出向者で占められる「ほくてつバス」と北陸鉄道を比較しても，２割程度安くなっている。

　分社化により，すべての問題が無条件に解決するわけではないが，全国的に利用者の減少を受けて路線の休廃止，便数削減が行われていることを考えると，事業者による路線維持の取り組みとして，分社化は１つの解決策を示していよう。

1.4　規制緩和で変わる過疎地域の交通体系—中国地方—

1.4.1　はじめに

　中国地方は，人口約772万人（全国シェア6.1％），域内総生産額約29兆円（同5.7％）で，全国の経済指標に占める比率が次第に低くなり，「６％経済」になっている（ひろぎん経済研究所（2004））。

　規制緩和後の地方バス市場の変化と自治体の対応という点で，中国地方ではとくに過疎・中山間地域[21]への政策対応の必要性という点に関心が集中している。例えば，中国地方中山間地域振興協議会編（1999）では，「中国地方中山間地域集落の現状と対策のあり方」および「中山間地域における高齢者等に対する日常生活支援対策の研究」をテーマとして，交通も含む生活機能について現状把握などが行われている。島根県中山間地域研究センター・地域政策研究センター（2001）は，とくに中山間地域の生活交通維持に対する政策対応を支

---

21)　中山間地域とは，一般的には「平野の周辺部から山間部に至る，まとまった耕地が少ない地域」（『農業白書』）とされている（「島根県中山間地域研究センター」ホームページ）。広島県の定義では「過疎地域活性化特別措置法，特定農山村地域における農林業等の活性化のための基盤整備の促進に関する法律，山村振興法，離島振興法，半島振興法に基づく指定地域並びに山村区域のいずれかが，市町村の総面積の1/2以上含まれる市町村の区域」とされ，1997年２月現在で同県内の全86市町村のうち70市町村がこれに該当する（広島県中山間地域活性化対策推進本部（1997），『中山間地域活性化対策基本方針』広島県中山間地域活性化対策推進本部）。各県によって定義上の差異も見られる。また，過疎・中山間地域にも多様性が見られることに留意が必要となろう。

援することを目指している[22]。さらに，両センターでは，中国地方知事会により設立された中国地方中山間地域振興協議会の共同研究事業として「新たな交通システムのあり方」を取り上げ，2003年9月に開催されたシンポジウムには自治体関係者をはじめ300名を超える参加があった。少子高齢化が依然進行する中国地方の過疎・中山間地域にとって，交通への調査研究や政策対応支援へ目が向くようになったこと，厳しい財政事情の中にあっても自治体を中心とする交通政策への潜在的ニーズが高く，交通問題への関心が高まっていることなどを示すものであろう。

　以下では，乗合バス規制緩和に対する地元社会の対応を，地方紙記事のとり上げを中心にまとめる。

1.4.2　規制緩和直後の既存バス事業者と県・地元の対応

　事業者側の，規制緩和後の過疎地バス路線に対する対応は，運行の現状維持という点で共通している。例えば地元紙記事中でのコメントとして，防長交通（山口県周南市）は「補助金を受けている生活路線は当面は続行する」，中国バス（広島県福山市）は「補助路線で廃止の話はない」，石見交通（島根県益田市）は「一部路線で地元自治体と減便を協議しているが，大幅な廃止は予定していない」，日ノ丸自動車（鳥取市）は「これ以上路線を減らすと経営基盤が弱くなる」と述べている。

　中国地方において2002年1月末の時点で廃止申請が行われている路線は，広島市と島根県浜田圏域を国道186号経由で結ぶ広島電鉄（広島市）の新広浜線と，広島新交通システム「アストラムライン」各駅と団地を結ぶフィーダー路線の一部だけ（『中国新聞』2002年1月31日）であった。

　国土交通省中国運輸局によると，中国地方5県で路線バスを運行する42社のうち，37社が2000年度に経常赤字を計上し，赤字の総額は69億6100万円であるが，前年度より6億3800万円縮小しており，同局は「人件費抑制など経営合理

---

22)　県土の9割を中山間地域が占める島根県では，1999年3月に全国初の「島根県中山間地域活性化基本条例」が制定され，各分野の有機的な連携による中山間地域対策を具体的に展開すべく2001年2月には「島根県中山間地域活性化計画」が策定された。そして，同条例第7条で示されたシンクタンクとして「島根県中山間地域研究センター」が設立された（http://www.chusankan.jp/）。

表1-9 中国地方5県のバス運行対策補助金制度等（2003年度）

県	名称	内容	交付額
鳥取	広域バス路線維持費補助金	国庫補助対象から外れた複数市町村に跨る路線を運行する乗合バス事業者に対する車両購入事業，運行事業の補助	運行費は，系統毎の赤字額を補助対象とし，経常経費の1/2を限度。車両購入費は，1500万円と実費購入額のいずれか低い方の額の2/5。
	中山間地域路線維持支援補助金	単独市町村内を運行するバス路線に市町村単独で補助している市町村に対する補助	路線運行のために市町村が補助負担している運行費及び車両購入費に対して，当該市町村税収額の0.5%を超えた額を補助対象経費とする。1市町村当たり1000万円を限度とする。
	公共交通改善事業補助金	地域の実情に応じた公共交通改善の新たな取り組みに対して補助している市町村に対する補助	補助率は，調査検討費1/2，運行経費の3/10と運行欠損費のいずれか低い額の1/2，車両購入費2/5。限度額は，調査検討費100万円，運行費1000万円，車両購入費1台当たり600万円，運行費と車両購入費を合わせた1市町村の限度額2000万円。
島根	生活交通路線路線維持費補助金	生活交通路線の経常収益の額が補助対象経常費用に達しない路線を運行する乗合バス事業者に対する補助	補助対象経費の1/2に相当する額以内（補助対象経常費用の9/20に相当する額以内）
	生活交通路線車両購入費補助金	乗合バス事業者が生活交通路線の運行の用に供する車両購入に対する補助	補助対象車両費の1/2に相当する額以内 1両につき(1)または(2)のいずれか少ない額を限度 (1)大型車両費800万円，中型及び小型車両費の額950万円，低床型車両1500万円 (2)実費購入額から残存価格として10％を控除した額
	特別指定生活路線路線維持費補助金	特別指定生活路線の収益が補助対象費用に達しない路線を運行する乗合バス事業者及び市町村に対する補助	補助対象経費の1/2に相当する額以内（1路線年間650万円を限度）
	特別指定生活路線車両購入費補助金	乗合バス事業者及び市町村が特別指定生活路線の運行の用に供する車両購入に対する補助	補助対象経費の1/4に相当する額以内 1両につき(1)または(2)のいずれか少ない額を限度 (1)中型及び小型車両費の額950万円，低床型車両1500万円 (2)実費購入額から残存価格として10％を控除した額
岡山	生活交通路線路線維持費補助金	生活交通路線の経常収益の額が補助対象経常費用に達しない路線を運行する乗合バス事業者に対する補助	補助対象経費の1/2に相当する額以内（補助対象経常費用の9/20に相当する額以内）
	生活交通路線車両購入費補助金	乗合バス事業者が生活交通路線の運行の用に供する車両購入に対する補助	補助対象車両費の1/2に相当する額以内 1両につき(1)または(2)のいずれか少ない額を限度 (1)大型車両費800万円，中型及び小型車両費の額950万円，低床型車両1500万円 (2)実費購入額から残存価格として10％を控除した額

第1章　規制緩和後のバス市場の変化　　43

表1-9　つづき

県	名称	内容	交付額
岡山	特別指定生活路線路線運行費補助金	特別指定生活路線の収益が補助対象費用に達しない路線を運行する乗合バス事業者，貸切バス事業者及び市町村に対する補助	補助対象経費の1/4に相当する額以内（1路線年間650万円を限度）
	特別指定生活路線車両購入費補助金	乗合バス事業者，貸切バス事業者及び市町村が特別指定生活路線の運行の用に供する車両購入に対する補助	補助対象経費の1/4に相当する額以内 1両につき(1)または(2)のいずれか少ない額を限度 (1)中型及び小型車両費の額950万円，低床型車両1500万円 (2)実費購入額から残存価格として10％を控除した額
	地域振興特定路線路線維持費補助金	地域振興特定路線の経常収益の額が補助対象経常費用に達しない路線を運行する乗合バス事業者，貸切バス事業者または市町村に対する補助（事業者が補助対象者である場合，市町村が補助対象経費の1/2相当額を補助する路線に限る）	補助対象経費の1/2に相当する額以内（経常費用の3/10相当額を限度）
広島	第2種生活交通路線維持費補助金	乗合バス事業者が運行する複数市町村に跨り，キロ程が10km以上，1日当たり輸送量が5〜150人，1日当たり平日平均運行回数が1回以上の路線の運行費に対する補助	補助対象経費の1/2に相当する額以内（補助対象経常費用の9/20に相当する額以内）
	第3種生活交通路線維持費補助金	80条，21条で運行及び運行委託する市町村自主運行路線で，複数市町村に跨り，収益率20％以上の路線の運行費に対する補助	補助対象経費の1/2に相当する額以内（補助対象経常費用の9/20に相当する額以内）
	第3種生活交通路線車両購入費補助金	第3種生活交通路線の運行の用に供する車両購入に対する補助	補助対象車両費の1/2に相当する額以内 1両につき(1)または(2)のいずれか少ない額を限度 (1)大型車両費，中型及び小型車両費の額500万円，低床型車両1500万円 (2)実費購入額から残存価格として10％を控除した額
	第3種生活交通路線初度開設費補助金	第3種生活交通路線を新設または大規模な再編を行う市町村に対する補助	補助対象経費の1/2に相当する額以内（250万円を限度）
山口	生活交通路線路線維持費補助金	市町村が行う生活バス路線対策事業に対する補助であり，補助対象は広域乗合支援事業（4条）及び広域市町村バス支援事業（21条，80条）	補助対象経費の1/2に相当する額以内（補助対象経常費用の9/20に相当する額以内）
	生活交通路線車両購入費補助金	補助対象路線の運行の用に供する車両購入に対する補助	補助対象経費の1/2に相当する額以内 低床車両1500万円×0.9（基準額と実費購入費×0.9の少ない方の額）
	生活交通路線初度開設費補助金	補助対象路線の運行の用に供する施設及び設備（車庫，停留所施設，旅客待合所等）に対する補助	補助対象経費の1/2に相当する額以内（250万円を限度）

（出所）　中国地方中山間地域振興協議会（2004），pp. 27-28。

化が進んでいる成果」と見ている（『中国新聞』2002年2月1日）。

中国地方5県は，国の補助適用外の路線について，市町村と協調した独自の補助制度創設を打ち出した（表1-9）。

例えば島根県は，乗合バス事業者に市町村が支払う助成額の一部を肩代わりする独自の「生活バス路線確保対策交付金」制度を新設した。乗合バスへの国庫補助制度が2001年4月に変わり，県内の補助対象が120路線から35路線へと減ったためで，県交通対策課は「来年〔＝2002年〕2月にはバス事業の参入・撤退が自由となり，路線廃止への危機感が強い。交通弱者の生活交通確保のため，できるだけ路線を確保する取り組み」と説明している。市町村が助成する赤字路線のうち，平均乗車人数が3人以上・運行回数が5往復以下・複数市町村に路線が跨るものが対象で，県が助成額の2分の1を限度に市町村に助成する。県の概算では，29市町村を走る101路線が対象となる見込みで，2001年4〜9月までの半年分となる1億3000万円余りの制度事業費を盛り込んだ補正予算案を県議会2001年9月定例会に提案している（『中国新聞』2001年10月9日）。

広島市も，1日の輸送人員が150人以下で，市域内完結型路線と，他市町村にまたがる10km未満の路線を対象とする市独自のバス補助制度を新設した。広島市の単独補助に該当するのは39路線の見込みであるが，「事業者に利用者が使いやすいよう路線を整理するなど経営努力を求め，生活交通路線を維持したい」としている（『中国新聞』2002年1月31日）。

既存事業者の「大半は過疎地の路線を維持する」（『中国新聞』2002年1月31日）というアナウンスがあっても，島根県のように規制緩和実施に危機感を強めていた地域もあった。

広島県千代田町を走る中国JRバスの広浜線普通便（広島市～大朝町）は，その廃止計画が2000年5月に浮上し，2001年1月から便数が半減となった。沿線の千代田・大朝両町は同社に対して2001年度計670万円を財政支援した。住民側は，改正道路運送法施行に危機感を強め，利用増による普通便存続を求める運動を2002年1月31日に始めた。中国JRバスが唯一の公共交通機関であり，本地小学校の児童生徒がバス通学している千代田町南部の本地地区で存続運動が始まり，9つの行政区（計570世帯）すべてが加入して「地域バス路線を守る会」が結成された。住民が出し合った15万円で「乗って残そう広浜線」と書

かれた幟60本をバス路線の国道261号沿いに並べて利用促進を呼び掛けた（『中国新聞』2002年2月1日）。

1.4.3 過疎地バス路線の再編ー中国JRバスの撤退と地元既存事業者による継承ー

　前述の広浜線の島根県側区間（浜田市〜瑞穂町）を含め，ローカル路線からの中国JRバスの大幅な撤退方針が打ち出されたのは，2002年4月のことであった。

　中国JRバスは，2002年9月30日，島根県内を走る生活バス4路線を2003年3月末に廃止することを中国運輸局島根運輸支局に届け出た。山陰2県で規制緩和後のバス事業者の路線撤退は初めてであった。これらの路線では，乗客減少に伴い赤字が続いていたため，同社は2000年度実績から2002年度の赤字想定額を算定し，沿線自治体に補塡を求めていた。しかし，金額面で折り合いが付かず，2002年4月の県生活交通確保対策協議会の席上，沿線自治体に対し路線廃止を打ち出していた。同社は「路線は廃止するが，沿線自治体から要請があれば，代替バス用に所有地を貸与するなど，協力したい」とした（『山陰中央新報』2002年10月1日）。しかし，瑞穂町の沢田町長が「営業的な側面だけで一方的に撤退が決まり残念だ。100人近い高校生と通院のお年寄りのため，他のバス会社に運行をお願いする」と話す（「週刊中国新聞メールマガジン」2002年8月23日）ように，関連自治体は補助基準に合う代替運行の方法を模索した。そしてバス購入費補助と運行補助の負担で，川本線は石見交通，雲芸線は備北交通など既存乗合バス事業者による路線継承を行うことが決まった。乗合バス規制緩和から2003年1月末までに中国地方で廃止届が出されたのは，主なもので3社，14路線77系統に上る（表1-10）。中国JRバスは他の事業者に比べて採算ラインが高いため補助額が折り合わず，結局廃止届を行うに至った（『中国新聞』2003年2月16日）。島根県内では同社の生活路線はなくなった。

　このうち，雲芸線を引き継いだ備北交通と沿線自治体との交渉について見ておこう。

　中国JRバスは沿線自治体に赤字補塡（2000年度の実績を基に試算した2002年度の赤字見込額は約1400万円）を求めていたが，交渉がまとまらず，2002年

表1-10 中国地方の主なバス路線廃止状況

事業者名	路線名	廃止予定日	その後の状況
岩国市交通局	大竹線	2002年10月10日	廃止
広島電鉄	黒瀬線	2002年8月31日	7月19日に繰り上げ廃止
	八幡川筋線	2003年2月28日	廃止
	出羽線	2003年3月31日	千代田町などが継承
	大朝線・出羽線	2003年3月31日	2003年9月末まで廃止延期
中国JRバス	雲芸線	2003年3月31日	備北交通などが継承
	大田線	2003年3月31日	石見交通が継承
	川本線	2003年3月31日	石見交通が継承
	広浜線	2003年3月31日	石見交通が継承
	安芸線	2003年3月31日	芸陽バスなどが継承
	雲芸南線	2003年3月31日	広交観光などが継承
	両備線・茶屋町線	2003年3月31日	両備バスなど4社が継承

(出所) 『中国新聞』2003年2月16日。

4月中旬に広島・島根両県に廃止方針を通告している。沿線3市町村と広島・島根両県，地元バス事業者である備北交通の担当者は，6月20日，布野村が備北交通に協議への参加を呼び掛ける形で三次市内に集まり，運行形態や行政支援の方法について意見交換した。備北交通は「運行形態は現段階では白紙。運行の可否は沿線市町村の意向を聞いて判断したい」とした（『中国新聞』2002年6月19日）。結局，沿線3市町村が57人乗り中型低床バス1両を購入し（約1857万円を三次市31.0%，布野村53.3%，赤来町15.7%の割合で負担），運行経費に赤字が生じた場合は距離按分で3市町村が負担することで同社が運行を引き継いだ（布野村資料による）。

地元紙の山本浩司編集委員は，「高齢者など交通弱者のための地域の生活路線の確保は，自治体の自助努力に負うしかない時代に入ったとはいえ，一方で適切な国の財政措置はやはり不可欠だろう」（『中国新聞』2003年2月16日）と，国の支援を求めている。

中国地方では，年間6億円に上る赤字などを理由に1998年4月，JR西日本から鉄道可部線・可部〜三段峡間の廃止計画が表明された。沿線自治体や住民が存続運動を展開したが，2度の試験増便で目標の輸送密度に達せず，2002年

11月，JR側が国に廃止届を提出し，2003年11月末，廃止された。バスへの転換を主張してきたJR側は当初，「中国JRバスによる代替輸送をする。経路や便数は，可部線とほぼ同じ」と説明していたが，2000年3月の改正鉄道事業法の施行直後，「新法では事業者に代替輸送の義務はなく，あくまで『誠意』ということ」と，計画を白紙に戻す意思を示した。代替輸送を話し合う「可部線代替交通確保調整協議会」（広島県の要請を受け中国運輸局が設置）の初会合は2003年2月7日に行われた。その席上で，沿線の一部にバス路線を持つ広島電鉄は，コスト面から代替バスの運行に難色を示した。代替バス2路線の運行計画が決まったのは8月25日の同会合で，運輸当局は「鉄道廃止という特殊事情」に着目し，バス停を現在の駅舎相当数に絞る急行バスにすることで「鉄道廃止代替」という位置付けを明確化し，急行便と普通便の両方を補助対象とする運用上の工夫での決着を図った（『中国新聞』2001年2月16日，2003年2月8日，同年9月1日など）。このように鉄道可部線のケースで，JRと地元自治体との生活交通をめぐる協議のモデルができていたにもかかわらず，そのことはバスのケースに活かされなかった。

1.4.4　規制緩和後の地方バス市場の課題

　島根県は，市町村が運行する生活バス路線に対する県単独の半額補助制度について，2004年10月以降は収益の悪い赤字路線を対象外とする改正案を県議会にかけた。これまで県は，市町村が運行する生活バス全路線にかかる費用の2分の1を無制限に助成していたが，補助路線が増え，助成額が2003年度は2億9000万円になるなど，5年間で約3倍に増加した。このため県，市町村ともにコストを削減し，効率的なバス運行を進めようと，運送収入を運送費で割った収支比率が20％以下の路線は補助の対象外とすることにした。現在市町村が運行する340路線のうち約40％が該当する。県交通対策課によると，助成額は約1億2000万円削減される。ただ，市町村合併で誕生する新市が新規に開設する路線については，収支比率が20％未満でも運行費の4分の1を助成する（『山陰中央新報』2004年9月29日）。

　髙橋（2001）で事例研究されている，一畑バスの路線バス撤退後の安来能義広域行政組合（現・安来市）でも，県単独補助の削減を今後ダイヤに反映させ

ていかなければならないため大幅に増えた系統の見直し・再編成が迫られるという[23]。これも同じ経緯によるものである。

　現在まで過疎地路線を維持している既存バス事業者の中でも，例えば，広島県内で最も広い営業エリア（大部分が過疎地域）を抱える中国バス[24]の濱岡康正社長は，路線の整理をまだ始めていないが，補助の減額があると，「今後は相当思い切って路線を廃止していく必要があると思う。経営を維持するためには，高速バス会社に転換せざるをえないような気がしている」と述べている（濱岡・兵東・平岡（2004））。

　今後，市町村合併と交通の関係が重要なテーマになる[25]。いわゆる市町村合併特例法は2005年3月31日までの時限法であるが，2004年12月現在で全国の市町村数は2932まで減少し，同年11月現在でなお1775市町村が法定協議会（協議会数580）へ参加している状況がある。市町村域が拡大する中で交通体系をいかに充実するかは，合併後の行財政運営やまちづくりの重要な要素である。とくに町村部では，国の補助制度の中でスクールバスや福祉バスなどを単独で運行していることが多い。しかし，多額の財政負担になっているところもある。急場の合併協議で協定項目の現状追認にならざるをえないところが多い。しかし本当は，より良い地域づくりを具体化する契機と捉え，合併後において旧市町村の現行サービスに関する情報を共有し，担当課を一元化する中で，ニーズと財政的要請に応えうる交通システムの整備・移行を行うべきである。現行の福祉バス等の運行では，市町村と事業者の随意契約に基づいているケースが多い。しかし，市町村合併等に伴って入札制に移行することを懸念する貸切バ

---

23)　高橋愛典・加藤博和「安来能義広域行政組合　インタビュー報告書」（2004年6月11日，同組合バス事業課の原田理文課長，石川貢之主事へのヒヤリング調査に基づく）。道路運送法80条に基づくバスで，大新東に運行委託し，2003年初頭に契約更改が行われている。

24)　同社は1985年から，過疎地域を走る自社のバス路線を一旦廃止した上で「廃止路線代替バス」として運行する方式を大幅に採用した。運行経費の圧縮による路線維持を図るものでもある。広島県の現行制度で第3種生活路線に該当するもので，同社は特に再編を行っていない。ちなみに広島電鉄はすべての廃止路線代替バスの自治体移管を完了している。広島県は市町村に対して21条免許による路線を4条路線に切り替えるよう指導している。

25)　例えば，大東町・加茂町・木次町・三刀屋町・吉田村・掛合町合併協議会における公共交通ネットワークプロジェクトの取り組みは，中国地方中山間地域振興協議会（2003），pp. 111-115を参照。

ス・タクシー事業者も少なくない。単に形式的に入札制を導入するだけでなく，トータルとしての地域交通体系のを望ましい形にしていくことが求められている。

1.4.5　本節のまとめ

過疎・中山間地域にあっては，高齢化によって「足の確保」という政策対応がますます必要になっている。地理的な地域的条件不利性と財政の制約が深刻化するということも地域交通体系の再編成を加速している。

地方バス市場の変化として，過疎地バス路線からの撤退は，中国 JR バスのそれが大規模なものであった。自治体のコーディネートで地元の既存乗合バス事業者が交渉のテーブルに着き，車両購入費等に対する市町村の財政負担を得ながら，路線を引き継いでいる。

いわゆる「平成の大合併」は，合併前の各種行政サービスの維持・継続の前提を担保しつつ着実に進展している。交通体系については，市町村合併時に従前のネットワークに大幅な変更が加えられることは少ないが，長期的にはネットワークの再編成を考える必要がある。自治体による委託運行バス路線などで均一・低運賃制を採り，利用者を増加させた事例があるが，自治体の負担も財政逼迫下で重くなっており，政策として地域交通をどう整備していくかという観点からこのような運賃政策を見直す必要もある。

参考文献

[1.1]

Department for Regional Development (Northern Ireland) (2002), *A New Start for Public Transport in Northern Ireland; A Consultation Paper*.

運輸政策研究機構（2002），『「規制緩和後の交通事業者の動向と地域への影響」調査報告書』。

国土交通省中部運輸局（2002），「規制緩和後の貸切バス新規参入事業者の動向―観光需要対応に比べ地域需要対応の増加が特徴―」中部運輸局自動車部旅客第一課。

後藤崇輔（2003），「規制緩和から1年を経過して」バスネット研究会資料。

寺田一薫（1992），「バス・タクシー運賃」山谷修作編著『現代日本の公共料金』電力新報社。

寺田一薫（2002），『バス産業の規制緩和』日本評論社。

山内弘隆（2003），「改正道路運送法施行後のタクシー事業」トラモンド『'03日本のバス・

タクシー』。

[1.2]

市川嘉一 (2002)，「規制緩和時代の地域バス交通(上)系統廃止と新規参入の実態」『日経地域情報』No. 389, 4月15日号。

[1.3]

青木亮 (1999)，「大手私鉄と地方私鉄にみる経営多角化の比較分析」『北陸地方と大都市圏』富山大学環日本海地域研究センター。

運輸省自動車交通局企画課道路交通活性化対策室監修 (1995)，『バスの利便性向上とバス活性化を促進した好事例』運輸経済研究センター。

日本バス協会 (2002)，『2002年版　日本のバス事業』全国バス事業協同組合連合会。

[1.4]

島根県中山間地域研究センター・地域政策研究センター (2001)，『平成12年度生活交通確保調査研究業務報告書「中山間地域　充実・生活交通メニューブック」』島根県中山間地域研究センター。

鈴木文彦 (2001)，『路線バスの現在・未来 PART2』グランプリ出版。

髙橋愛典 (2001)，「地域バス運行の民間委託―規制緩和後における路線網の維持・展開の方策として―」『早稲田商学』第388号。

中国地方中山間地域振興協議会編 (1999)，『平成10年度　調査研究報告書』中国地方中山間地域振興協議会。

中国地方中山間地域振興協議会 (2003)，『「中山間地域における新たな交通システム」シンポジウム報告資料集』中国地方中山間地域振興協議会。

中国地方中山間地域振興協議会 (2004)，『平成14・15年度中国地方知事会共同研究事業報告書　中山間地域における新たな交通システム』中国地方中山間地域振興協議会。

濱岡康正・兵東勇・平岡勝彦 (2004)，「座談会：広島を中心とするバス事業の動向―共存共栄による高速バス市場の開拓」『運輸と経済』第64巻第2号。

ひろぎん経済研究所 (2004)，『カレントひろしま中国地方の経済』ひろぎん経済研究所。

第2章　自治体のバス維持策と過疎バスの現状

2.1　自治体財政の危機と生活交通の確保

2.1.1　はじめに

　1990年代からわが国では財政制度改革の一環として地方分権が重要な課題となり，「三位一体の改革」と呼ばれる国庫補助負担金，地方交付税，および税源の移譲を含む税源配分に関する議論が行われている。地方分権についてもっとも重要な作業は，地方の行財政運営に関する権限と財源を国から地方へ移すことである。

　わが国では中央と地方の行政機能が重複し，歳入に占める税収分割の割合が高い。そのため，地方が中央に対して依存する財源が大きく，特定補助金が地方歳入に大きなシェアを占める行政的分権と呼ばれる状態にある。このような財政制度は，画一的な行政サービスを定め，平等に供給するのに都合がよい。あわせて，標準的な行政サービスを全国で供給するため，税収格差のある地方に対して，地方交付税交付金と国庫補助負担金による財源保障が行われてきた。しかし，財政破綻が懸念されるわが国において，これまでのような財政移転を維持していくことは現実的ではない。そのため，地方分権化をすすめ，地方の行政および財政上の自立性を高めることが求められている。

　一方，地方自治体が生産する行政サービスについては，所得水準の上昇に伴ってより水準の高い，選択できるものへと，人々の要求が高まる傾向にある。国がすべての国民に対して，健康で文化的な生活を送るために必要な行政サービスを保障するという意味のナショナル・ミニマムの水準，および地方が住民に対して保障するシビル・ミニマムの水準は，国民の生活水準が向上するにつれて高度なものへと変わってきた。多様な行政サービスが求められる今日，国から地方への権限と税源の移譲は不可欠となっている。

本節の前半では，地方財政の全般的な動きについて述べた後，近年見られた地方歳入の構造変化について説明する。ここでは，都道府県から市町村に向かって税収の再分配が起こり，一般には豊かだと思われていた大都市において，財源不足が深刻になりつつあることを述べる。本節の後半では，国と地方にとって限られた財源を効果的に使うために，それぞれの自治体内で最低限度，保障すべき行政サービスとしてのシビル・ミニマムの水準をどのように考えるか，ということが重要となることを述べる。とくに，過疎地においては乗合バスサービスがシビル・ミニマムの対象として捉えられることが多い。これを行政サービスとして供給すべきかどうかの判断が自治体に委ねられた場合，今後は税金の使途という意味での効率性を慎重に点検する必要があることを述べる。

2.1.2 地方財政の全体的な動き

わが国の地方財政は，依然として厳しい状態にある。第一に，この様子を2002年度の普通会計について見ると，経常収支比率が2年連続して上昇し，1969年度以来もっとも高い90.3％となった。内訳を見ると，人件費分が37％，公債費分が21.6％等となっている。

経常収支比率は，地方公共団体の財政構造の弾力性を判断するための指標であり，経常経費（人件費，扶助費，公債費のように毎年度，経常的に支出される経費）にあてられた一般財源の額が，地方税，普通交付税を中心とする経常的に収入として計上される一般財源その他の合計額に占める割合である。一般的に，市にあっては75％，町村にあっては70％程度が妥当とされ，これらの水準を5％ポイント以上上回ると財政的な弾力性を失う。2002年度決算において，都道府県では100％，市町村では98％の団体が財政的な弾力性を失った状態にある。

経常収支比率が90％を超えるということは，普通会計において一般財源の中でその地方公共団体の経常余剰として建設事業などにあてることができる部分が，わずか10％しかないということを示す。このように経常収支比率が大幅に上昇した原因は，公債費の増加により指標の分子が増加したこと，および指標の分母にあたる経常一般財源が，地方税の大幅な減収により減少したためと見られている。

第2章　自治体のバス維持策と過疎バスの現状　　53

　第二に，地方公共団体の義務的経費の中でもとくに弾力性の乏しい公債費について，その状況を示す起債制限比率は，過去最高であった2001年度に続き11.6％と高い水準になった。起債制限比率は，地方公共団体における公債費による財政負担の大きさを判断する指標であり，地方債元利償還金および公債費に準じる債務負担行為にかかる支出の合計額が，一般財源の標準財政規模に対してどの程度になっているかを示す。起債制限比率は地方債の許可制限に関する指標として運用され，例えばこれが20％以上30％未満の地方公共団体については，一般単独事業および厚生福祉施設整備事業にかかる地方債の起債は許可されない。2002年度決算では，起債制限比率が20％以上の市町村が6団体（構成比0.2％）となっている。また，この指標が15％以上20％未満となっているのは，都道府県で7団体（同14.9％），市町村で136団体（同4.2％），全体で143団体（同4.4％）であり，地方債元利償還と公債費に準じる債務負担行為に対する支払いが地方財政を圧迫していることがわかる。

　第三に，地方税収入が大幅に減少する中で，地方交付税の原資となる国税収入も減少傾向にある。その一方で公債費の急増により大幅な財源不足が生じたため，これを借入金で補填した結果，借入金残高が2002年度決算で193兆円となった。借入金残高は，普通会計の地方債現在高，交付税特別会計借入金残高のうち地方債負担分，および企業債現在高のうち普通会計の負担分の合計であり，2004年度末には204兆円に達すると見込まれている。

　以上から，わが国の地方財政はきわめて厳しい状態にあり，その運用面において経済的な環境変化に対応する余裕をなくしていることがわかる。

2.1.3　地方歳入の構造的な変化

　大都市圏に属する都府県を中心として，近年は財政状況が急速に悪化する傾向が見られる。図2-1は，都道府県と市町村に分けて，1970年代前半から2002年度までの経常収支比率の推移を比べている。両方ともこの指標は緩やかに上昇を続けている。2002年度では，市町村に比べ都道府県の方が約6％ポイント高いが，これはおもに都道府県が市町村立義務教育諸学校教員の給与を負担していることなどから，人件費への充当が大きいことによる。

　図2-2は，経常収支比率を大都市，中核都市，都市，町村に分けて，1970年

図2-1 経常収支比率の推移（都道府県と市町村）〈1970年代前半～2002年度〉

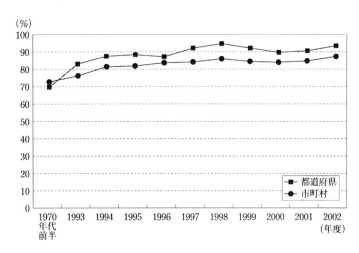

(出所) 総務省編 (2004)，資18 第8表より作成。

代前半から2002年度までの推移を示したものであるが，指標が高い順に大都市，都市，町村，中核都市となっている。この様子から，一般には財政的に豊かであると思われてきた大都市圏は，町村に比べてかなり財政状況が悪いということが推測される。このことから，市町村合併の論拠となってきた地方公共団体の行政規模に関する経済性についてある疑問を生じる。つまり，行政規模が大きいほど住民1人当たりの費用が低く，1人当たりの税収が大きくなるため財政的に豊かになるということは正しくないのかもしれない。

そこで，地方歳入を道府県税収入額と市町村税収入額に税収配分して，その推移を1985年度から2002年度にかけて表したのが図2-3である。これによると，道府県税収入は1994年を底に増加傾向を見せたが，2001年度から減じ始めた。これに対して，市町村税収入は1994年度から1997年度まで増加傾向にあり，ここ数年は20兆円あまりと横ばいだが，2002年度について見ると道府県税収を約5兆7000億円も上回った。このことは，道府県税の法人関係税収の減少を反映していると同時に，市町村における固定資産税収が堅調な増加傾向にあることを反映している。法人所得課税は，経済が成長しているときには大きく伸び，

図2-2 経常収支比率の推移(大都市,中核都市,都市,町村)〈1970年代前半〜2002年度〉

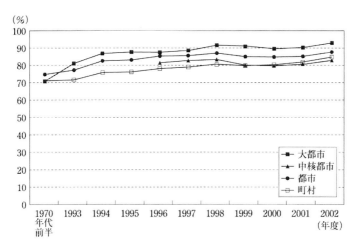

(出所) 総務省編 (2004),資18 第8表より作成。

図2-3 道府県税収入額と市町村税収入額の推移〈1985〜2002年度〉

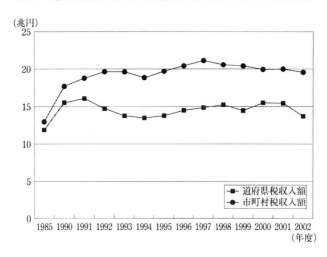

(出所) 総務省編 (2004),pp. 44-45より作成。

大都市における行政ニーズを満たすことができるが，今日のような低成長時代にあっては実質的な税収の増加が見られず，都市財政の運営を不安定にするおそれがある。

このように，過去10年間あまりの間に都道府県から市町村へ，そして大都市から地方部へと税収の再分配が生じているのが，地方歳入に生じた変化の特色の一つである。地方財政が担う重要な役割は，地域の住民が必要とする行政サービスの供給である。そのためには安定的な税収を確保する必要があるが，経済状態の変化と税源の分布とを合わせて地域間の財政調整をはかるには，結局のところ，どの地域でどのような水準の行政サービスが必要とされ，いくらかかるのかという費用負担の問題も同時に考えなければならない。そのために，地方が供給する行政サービスからの受益とそれに対する費用負担（地方から見れば税収）をできる限り対応させるように，地方税制度の再設計を行うことが必要となる。

2.1.4　地方分権の推進による政策選択

財政構造の効率化には，さまざまなアプローチがある。その一つが，わが国で進められている地方分権化である。地方分権についてもっとも重要な作業は，それぞれの地域の行財政運営に関する権限と財源を国から地方へと移すことである。この手続きにより，地方の財政的な自立という新たな責任が生じる。権限の移譲と財政負担を明らかにすることにより，長期的に見れば行財政の効率化につながると期待されている。

しかし，行財政の効率化は，必ずしも行政の役割の縮小，歳出の削減だけを意味するわけではない。地域の負担によって行われる公共部門の活動の成果が，それがどのようにして計られるかという問題はあるものの，現在よりもさらに明らかになれば，それらの行政サービスを維持するための負担を受け入れるか，あるいは受け入れずに削減するかの選択を可能にするという側面もある。

2.1.3で見たように，地方財政が危機的な状況にある中で，今後はそれぞれの地域が本当に必要としている政策群を選別することは避けられない。ここに，より優先度の高い政策を選んで実施するために，他の政策をあきらめるという意味で政策間のトレード・オフが生じる。人々の価値観が多様化する傾向にあ

って，住民の行政に対するニーズを全体的にもっともよく把握しているのが地方自治体である。そのため，国から地方自治体に対してサービス供給に必要な財源を譲れば，住民が望む内容のサービスが供給されるということが地方財政の運営について主張されてきた。

地方分権の推進において重要なことは，政策を選択できるような状況をつくることであり，その結果として行財政の効率化，あるいは財政支出のコントロールを回復する可能性がある。その手続きにおいて，一連の政策群が選ばれた理由とそれらから期待される便益の大きさ，そして事後的な点検について，納税者に説明する責任が地方自治体に課せられる。

地域の交通政策の選択という視点から見ると，本章および第3章の事例研究が現実的な政策を考える上で参考になる。そこでは，例えば過疎地の住民の足を確保するという課題について，民間部門のバスやタクシー事業者に単独補助を出して維持すべきかどうか，補助金を支給するならどのような水準のサービスを確保すべきか，補助金を支給しないならば代替的な方法で住民の足を確保することができないか，他の自治体との広域行政の枠組みで解決ができないか，などの決定を積み上げていくことにより，結果としてその地域の実態に適したサービスが選ばれるプロセスが述べられている。

その一方で，各事例に共通して見られる重要な問題点は，財源投入に値するサービスであったかどうかという事後的な検証が行われていないことである。現在，審議されている地方への補助金削減と税源の移譲が具体化しても，地域にとっての公共の利益が実現されたかどうかを吟味する手続きが整わなければ，行政の財政責任，すなわち住民が負った財政責任を果たすことは難しいといわざるをえない。

2.1.5 国から地方への権限移譲

国の権限移譲の問題は，地方財政あるいは市町村や都道府県が自主的な決定権を持てるかどうかに関わる問題といえる。わが国の財政制度は，税負担の調整や行政サービス水準の標準化に関して，市町村からみれば都道府県，都道府県から見れば国というように，より上位の政府によるコントロールが行われるよう設計されている。そのため，国から地方に向けてさまざまな形でのコント

ロールが細部にまで及ぶ。これに対して，納税者に対する行政サービスの供給に関わることを説明する責任はなおざりとなり，人々の多様な要望に合う行政サービスを供給せよといっても，行政的分権システムのもとでは理想論でしかない。

1998年に発表された地方分権推進委員会の第5次勧告，および2000年に施行された地方分権一括法は，このような国の財政支出に関するコントロールを地方に取り戻すために，国と地方の関係を抜本的に見直すという趣旨を形にした。国から地方へのコントロールとしてもっとも大きなものが機関委任事務の委任であり，府県レベルの仕事の7から8割，市町村では2から3割が国からの機関委任事務にあたるとされた。

地方分権推進委員会は，この問題を重視して機関委任事務を通じた国から地方への関与を廃止する方針を出し，答申においてもこの提言が明確に述べられた。しかし，実施の段階で国から地方に対するコントロールを完全に無くすことは難しい。一般法という形で国と地方の関係のフレームワークをつくり，ルールとして権限の移譲を確立する必要を指摘する論者もある。そのような厳格な手続きを整えないことには，現実に権限を国から地方へ移し，地方が自主的な決定権を持つことは大きな困難を伴うとされている。

2.1.6　地方の財政的な自立

地方財政がかかえる問題として，三位一体の行財政改革において進められているのが税源の配分である。現状では，税収については3分の2を国が徴収し，3分の1を地方が徴収している。しかし，支出の段階ではこの比率が逆転し，国が3分の1，地方が3分の2を使う。このような仕組みを維持することができるのは，地方交付税交付金制度や国庫支出金などの国から地方への大規模な財政移転が，国の予算配分のプロセスで行われるためである。このようなシステムは，地方に財源を保障し，さまざまな条件による地域の財政格差を調整し，標準的な行政サービスを地方で供給するための仕組みとして機能してきた。

地方交付税制度によって財政調整を行う場合には，財源保障の対象とすべき行政サービスの水準を基準として調整するため，もし地方に税率の自主決定権を与えてしまうと，自治体間の完全な公平性は実現しないことになる。しかし，

地方に課税自主権が何もないというわけではない。現行制度のもとでも，地方は標準税率を超えた超過課税を行うことができる。ところが現実には，超過課税は法人事業税と法人住民税に偏り，住民税所得割について超過課税を行う自治体は見られない。そのため，地方の財政運営が地方法人課税に依存することになり，税収が景気の影響を受けやすくなっている。

　地方交付税交付金の問題点として指摘されてきたことは，この仕組みのもとでは地方自治体の政策決定の歪みをもたらすということである。その決定の方法は，常に自治体をして財政需要を膨らませるように導く。手続きとしては，基準財政需要額と基準財政収入額との差額を交付するというルールに基づき，各自治体の財政需要である基準財政需要額を積み上げ，その地域全体としての財源不足額を決定している。そのため，市町村としては財源獲得のために，その地域の特殊性を中央官庁にアピールするという行動をとる。

　また，行政サービスの供給にかかる費用に比べ，自前の財源が少なすぎるために，補助金の獲得という形でも自治体は中央官庁に依存してきた。毎年度の予算の中で重点施策とされているものをいかに獲得するかということに自治体は腐心し，結果として補助金を得た自治体はどこも似たような施策を実施することになる。

　地方交付税交付金は，使途を限定されない一般財源であるとされているが，現実には地方債の元利償還用の財源措置として利用されることも問題視されてきた。すなわち，地方のあるプロジェクトを実施するために地方債を起債して財源調達をしなければならないとすると，それの元利償還のための財源として，その自治体の地方交付税交付金への算定により，実質的には地方交付税が補助金のように使われる場合がある[1]。この場合，地方にとってより資金調達がしやすいプロジェクトへと誘導される可能性があり，その意味では地方の政策選択は国の財政システムによって厳格に規定され，一般財源の運用に影響を与えている[2]。

---

1) 土居・別所（2004）は，地方債の償還に関して中央政府から行われる暗黙的・明示的な元利補給の規模と地方自治体に与える行動を検討している。地方交付税を通じた元利補給については，その規模が近年では地方交付税の30%を超えていること，および元利補給が地方債発行を誘発する傾向にあることを実証分析している。

2.1.7　シビル・ミニマムとしての行政サービス

　行政サービスからの受益とそれに対する費用負担が著しく乖離してしまうと，住民は行政サービスの真の費用を意識することがない。そのため，より多くの，より高い水準のサービスを住民が要求し続けるように仕向けてしまい，全体として財政需要が増大する傾向がある。

　地域の行政サービスの費用を認識し，あるいは必要な行政サービスを選び独自に供給するためには，地方に固有の財源である地方税を充実することが必要となる。自前の財源を投入して行政サービスを供給すべきかどうかを決めるとなれば，それから得られる便益の大きさを慎重に考えざるをえない。われわれが日常の買い物をするのと同じように，行政サービスについても，いくつかの代替的な選択肢を念頭におき，投入した費用以上の便益が得られるのかどうかを，行政と住民が慎重に判断することとなる。それを可能にするためには，地方歳出について事後的な検証の手続きが必要である。

　地域が本当に必要としている行政サービスを選ぶにあたり，判断の一つの拠りどころとなるのはシビル・ミニマムの考え方であろう。わが国では，憲法第25条に規定された基本的人権の保障という理念のもとに，ナショナル・ミニマムとして国民に必要な行政サービスがどの自治体においても供給できるように大規模な財政移転が行われてきた。これを援用すれば，それぞれの地域にはシビル・ミニマムと呼ぶべき，住民の価値規範に基づいた必要最低限の行政サービスを確保する必要があると考えられる。例えば，ここで問題となっている過疎地の住民の足の確保については，どのような水準の公共交通サービスを，どのような供給形態で，誰のために供給すべきか，それは税金を投入して行政サービスとして供給すべきなのか，あるいは自治体が住民の代理人として意見の取りまとめを行い，実際のサービス供給は，利用者が民間事業者に料金を支払って確保すべきものかなど，公共部門と民間部門の役割分担には，本章と第3章の事例研究に見るとおりさまざまなパターンがある。

2）　斎藤（2002）では，旧自治省の調査によれば，1999年度歳出（地方財政計画ベース）89兆円から公債費等を除いた地方一般歳出74兆7000億円のうち約45%が国の関与による部分と述べている。p. 14より引用。

第2章　自治体のバス維持策と過疎バスの現状　　61

　乗合バス市場において需給調整条項が撤廃されてから，参入と退出の規制が
緩和されたこと，また国庫補助制度の変更により，バス路線維持に関する国の
関与がより限定されたことで，交通需要が小さい地域において公共交通サービ
スを確保することは各自治体の重要な課題となった。とくに自家用車が普及し
ている地方部においては，バス路線の維持はいっそう困難となるであろうし，
高齢者や学生を対象とした，地域のセーフティ・ネットとしての交通をいかに
効率的に維持するかが問われる時代に入った。
　今後，財政難のもとで自治体が直面する困難な仕事は，誰を対象として，ど
のような水準の交通サービスを，どのような目的のために供給するのかを判断
しなければならないこと，およびその判断について説明責任を果たすことであ
る。さらに，財政システム全体としては，費用負担を地域の人々が現実のもの
として意識するような，応益原則を踏まえた地方税制度へと変えていくことが
必要となる。その結果，国のナショナル・ミニマムを超える高い水準の行政サー
ビスを供給する自治体と住民には，地方分権の本旨に基づき相応の費用負担
が住民に求められる。

2.1.8　本節のまとめ

　わが国は，地方が中央に対して依存する財源が大きく，特定補助金が地方歳
入に大きなシェアを占める行政的分権と呼ばれる状態にある。このシステムで
は，価値観が多様化した人々の行政ニーズに応えることが難しいため，地方の
行財政運営に関する権限と財源を国から地方へと移す作業が進められている。
　地方歳入については，過去10年間程の間に都道府県から市町村へ，そして大
都市から地方部へと税収の再分配が生じた。都道府県と市町村では，税目の違
いから地方税収に大きな格差が生じ，都道府県よりも市町村の方が有利である。
地方歳出は，経常収支比率を見る限り，ほとんどの自治体が財政的な弾力性を
失った危機的な状態にある。
　国と地方にとって限られた財源を効果的に使うために，国として保障すべき
ナショナル・ミニマムの行政サービスを限定し，どの程度まで国が関与すべき
かについての議論が必要となる。国庫補助制度が改正され，国の関与が次第に
弱められる一方で，地方の責任はいっそう重くなりつつあり，生活交通として

のバスサービスの維持もその典型的な課題である。

　行財政の効率化が推進される中，地域の実情にあったシビル・ミニマムとしての行政サービスを選ぶことは，自治体と住民にとって重要な課題である。地域社会での活動に不可欠なセーフティ・ネットとしてのバスサービスは，自治体が確保する必要がある。そして，それが税金の投入に見合う支出かどうかについては事後的な点検をすべきであろう。

2.2　国と地方によるバス廃止後の足の確保制度

2.2.1　はじめに

　2002年の需給調整規制の撤廃および旧運輸省の国庫補助制度の変更に伴い，過疎地域における乗合バス事業について各市町村は自らの判断で路線を維持する必要性が増加した。今後，より一層厳しい地方財政状況が予想される中で，乏しい財源からいかに地域住民の足を確保していくのかが大きな問題となっている。バスの運行に対する国庫補助制度は，市町村を跨ぐ広域路線が対象となるため，市町村内で完結する赤字のバス路線に対して利用することができない。

　本節では，路線バス廃止後の代替輸送手段確保の有力な選択肢の一つとなりうるスクールバス，福祉バスを中心に，国の補助制度の現状，さらにそれらのバスに一般客を乗車させる混乗の実態について論じていく。最後に，実際に地方自治体で行われている，異種形態のバスの間での混乗や異種輸送統合の事例を紹介し，その運行状況および問題点を明示する。

2.2.2　スクールバス

(1)　制度と補助額

　スクールバスとは，遠距離通学児童・生徒（児童においては4km以上，生徒においては6km以上）の通学に供するため運行される車両である。地方自治体の車両購入に対して，旧文部省の国庫補助制度「へき地児童生徒援助費等補助制度」「学校教育設備整備費等補助金（特殊教育設備整備等）」がある。補助率は2分の1で，補助限度額が1台当たり304万円になっている。へき地児童生徒援助費等補助制度では，2000年度に150台，2001年度に142台のバスに

第2章　自治体のバス維持策と過疎バスの現状　　　63

表2-1　北海道の人口規模別のバス種類別保有状況

人　口	5,000人以下	5,001〜10,000	10,001〜20,000	20,001〜50,000	50,000人以上	合計
全市町村数	75	70	26	25	16	212
市町村バス	24%	21%	31%	16%	6%	22%
スクールバス	77%	87%	62%	76%	75%	78%
福祉バス	71%	76%	65%	76%	81%	73%
その他バス	41%	54%	54%	60%	63%	51%
上記いずれも保有していない	5%	4%	12%	12%	6%	7%

（出所）　北海道運輸局（1999），p. 15より筆者作成。

ついて補助金が交付されている。2001年度国庫補助額（予算額）は3億400万円で，同額が地方公共団体の負担額（都道府県分）として補助されている。各市町村の一般財源から購入したバスを含めると，スクールバスの保有率は決して低いとはいえない。文部科学省の「市町村所有のスクールバス・ボートの維持運営費負担額調」によれば，2002年度にスクールバスを保有する市町村数は1121，全国で保有されるバスは3073台に及び，約8万人の児童生徒が利用している。表2-1は北海道の人口規模別バス種別保有率を示したものであるが，スクールバスは80％近い市町村が保有していることがわかる。市町村合併等により小中学校の統廃合が行われる場合にも，遠距離通学が必要となった特定地域の児童・生徒の通学用にスクールバスを導入することができる。

　国庫補助で購入したスクールバスの運行費については，その費用に見合う金額の普通交付税が交付されている。現在，普通交付税（市町村）・教育費（小学校費・中学校費）の密度補正により，バス1台あたり575万9000円が交付されている。スクールバスは中学生までを対象としており，高校や大学の学生は補助の対象になっていない。とくに過疎地域では，バイクを運転することができない高校生にとって通学用のバスが重要であるにもかかわらず，交付税措置がない。

(2)　混乗について

　スクールバスへの一般住民の混乗は，以前から児童・生徒の通学に支障が生じない範囲内であれば，国の補助金で購入した車両であっても一定の手続きを

取った上で可能となっていた。1996年度に，混乗手続きを簡素化する通知文書が出され，近年，その導入例が増えている。簡素化のポイントは以下の通りである。

① スクールバス・ボートの住民利用について，文部大臣への承認申請が必要となる場合を，有償で住民利用に供する時のみに限定したこと。

② スクールバス・ボートを無償で住民利用に供する場合には，承認用件に該当する限り，自動的に文部大臣の承認があったものとみなす。

③ すでに住民利用の承認を受けているスクールバス・ボートを，へき地児童生徒援助費等補助金により更新する場合には，①，②の定めにかかわらず，当該補助金の交付決定をもって，更新されるスクールバス・ボートの住民利用に関わる文部大臣の承認とみなす。

総務省によれば，スクールバス本来の機能が損なわれておらず，無償で一般住民にもバスサービスを供給する場合には，従来通りの普通交付税措置が行われるが，有償の場合，基本的には交付税措置を打ち切るとの回答を得た。ただし，特例で認められる場合もあり，ケースバイケースで裁量的に決められているようである。

表2-2は北海道の人口規模別バス種別混乗率を示したものであるが，保有率の高いスクールバスでも20％程度の混乗率にとどまっている。若菜・広田（2003）は混乗を実施する上での阻害要因として，需要の空間配置と発生時間を指摘している。スクールバスを利用する児童生徒と一般利用者（高齢者が多い）の居住地と目的地が比較的近い場合，混乗は可能である。空間的条件が一

表2-2　北海道の人口規模別スクールバス・福祉バス等混乗状況

人 口		5,000人以下	5,001〜10,000	10,001〜20,000	20,001〜50,000	50,000人以上	合計
スクールバス	保有率	77%	87%	62%	76%	75%	78%
	混乗率	23%	29%	19%	16%	0%	22%
	有償率	13%	21%	19%	4%	0%	15%
福祉バス等	保有率	71%	76%	65%	76%	81%	73%
	混乗率	7%	4%	0%	0%	0%	4%
	有償率	0%	0%	0%	0%	0%	0%

（出所）　北海道運輸局（1999），p. 16より作成。

致しなくても，登下校以外の時間であれば車両と運転手を共用することができる。一方，民間バス路線業者と競合する場合，通学時間の変更に対する柔軟な対応が必要な場合，児童生徒の保護者の抵抗がある場合，スクールバスの混乗が困難になる。市町村側の問題としては，自治体バスとスクールバスの管轄が違う場合（例えばスクールバスの管轄が教育委員会），あるいはスクールバスに関する普通交付税が打ち切られることで，市町村の持ち出しが多くなる場合の心配がある。筆者のヒアリングでは，スクールバスや後述する患者輸送車の混乗の制度そのものを担当者が知らないケースもあった。

2.2.3 厚生労働省関連のバス

バスの主な利用者は自動車を運転することができない学生と高齢者である。高齢者の主なトリップ目的の一つは通院であり，病院や診療所までの専用バスが以前から運行されている。こうした厚生労働省関連のバスにはさまざまな種類があり，へき地患者輸送車，へき地巡回診療車，障害者福祉バス，老人デイサービス車，老人福祉バスなどがある。以下，その概要について個別に見ていく。

⑴ 厚生労働省が所管する交通サービス
①へき地患者輸送車

へき地患者輸送車は，無医地区等の住民を最寄りの医療機関へ運ぶための車で，「地方バスマニュアル」によれば，車内がストレッチャー（寝台）等の特殊仕様のものが多い。車両購入には，「医療施設等整備費補助金」の医療施設等設備整備費補助金の中の1項目であるへき地患者輸送車（艇）整備の補助が行われ，へき地診療所の設置に代えて最寄りの医療機関に患者を輸送するための患者輸送車等の整備およびへき地診療所医師往診用小型雪上車の整備に対して補助されている。国の補助率は2分の1で，補助限度額は135万円（ワゴン車の場合は70万円）となっている。

補助申請の条件として，整備しようとする場所を中心とするおおむね半径4kmの区域内に医療機関がなく，区域内の人口が原則として50人以上であり，当該場所から最寄りの医療機関まで通常の交通機関を利用して（交通機関を利用

できない地域にあっては徒歩で）15分以上を要する地域であることが求められている。事業の実施主体は，都道府県または市町村などである。

へき地患者輸送車購入の補助実績は，1998年17台（1771万円），1999年16台（1884万3000円），2000年19台（2112万1000円），2001年17台（1881万9000円）となっている。へき地保健医療対策現況調査によれば，2000年3月31日現在，全国で540台（内ワゴン270台，バス252台，その他18台）のへき地患者輸送車が整備されている。国庫補助を受けているへき地患者輸送車を一般の住民が利用する際，無料の場合「届け出」，有料の場合「申請」が必要となる。なお，へき地患者輸送車に対する運営費補助は行われていないが，特別交付税措置により市町村が所有している患者輸送車1台当たり100万円が交付されている（2002年のヒアリング時では638台に対して，6億3800万円が交付されている）。

②へき地巡回診療車

へき地巡回診療車は，無医地区等に医師，看護婦，医療機器を乗せて行き，公民館等で診療をするための車である。車両購入には，「医療施設等整備費補助金」の医療施設等設備整備費補助金の1項目であるへき地巡回診療車（船）整備の補助が行われ，都道府県等が行う巡回診療のための自動車等の整備に対して補助されている。車両の運営費に対しては，「医療施設運営費等補助金」のへき地保健医療対策費補助金中のへき地巡回診療車（船）運営費の補助が行われ，これは先の医療施設等整備費補助金（へき地巡回診療車（船）整備）の交付を受けて整備した巡回診療のための自動車等の運営費に対する補助である。2001年度の国庫補助額（予算額）は4980万4000円，地方公共団体負担額（都道府県分）は4740万円，その他負担額906万4000円となっている。

さらに，へき地巡回診療車（船）の運営費に関しては，2000年度まで普通交付税措置が行われていたが，2001年度から特別交付税措置に変更され，道府県が所有する巡回診療車または巡回診療船に対して1台当たり310万円が交付されている。あくまで赤字に対しての補助であり，診療収入が経費（運営費）より多ければ申請することはできない。

③障害者福祉バス

地方バスマニュアルによれば，障害者福祉バスは社会福祉協議会[3]等が保有または委託し，障害者等のリハビリセンターへの送迎用に使うバスであり，車

内が車椅子用等，特殊仕様のものが多い。車両購入は共同募金や福祉財団等の補助金や寄付金によっている。

厚生労働省によれば，市町村（5万人以上の市，5万人程度の広域圏）において，ノーマライゼーションの理念の実現に向けて，障害者の需要に応じた事業を実施することにより，障害者の自立と社会参加の促進を図る市町村障害者社会参加促進事業を1995年度から実施しており，その中に「リフト付き福祉バス運行事業」が盛り込まれている。人口5万人という制約条件のため，過疎地域ではあまり利用されていない。この補助金によって購入された車の台数は，1999年度22台，2000年度29台，2001年度32台，2002年度35台となっている。

④老人デイサービス車・老人福祉バス

老人デイサービス車とは，老人デイサービス[4]の送迎専用車で介護を必要とする人の家庭を巡回するもので，多くの場合，社会福祉協議会等が運営している。旧厚生省の車両購入補助と運営補助があったが，現在は介護保険の介護報酬の中に組み込まれており，個別の補助金措置はない。老人福祉バスは，自治体が独自で老人会等の移動用に高齢者福祉の観点から導入したバスであり，運行に関しては補助金等がなく，車内も一般仕様となっている。

(2) 混乗について

地方バスマニュアルによれば，混乗が実施されている福祉バスの多くは，耐用年数を過ぎた車両で，車内が特殊仕様に改造されていないものである。へき地患者輸送バスについては，2000年度の通知「医療施設等設備整備費補助金により取得したへき地患者輸送車（挺）の住民利用に関する承認要領」により，交通機関のない地域等の住民のため，患者輸送車を「へき地の患者を最寄医療機関まで輸送する」以外の目的で運行することができる。無償で住民利用に活

3） 民間の社会福祉活動を推進するため，1951年に社会福祉事業法（現：社会福祉法）によって位置づけられた組織。すべての社会福祉協議会は，社会福祉法人格を有し，営利を目的としない民間組織として活動している。

4） デイサービスとは，介護保険等で給付されるサービスの一つ。在宅介護を受けている高齢者や障害者がデイサービスセンターへ通所し，リハビリテーションや日常生活の介護などを受ける（三省堂『デイリー 新語辞典』より）。

用する場合は，届出書類の提出をもって大臣の承認があったものとみなされる。また，へき地患者輸送バスの無償による一般住民への混乗を実施することによる特別交付税措置への影響はない。一方，へき地巡回診療車や障害者福祉バスの混乗は現在のところ認められていない。表2-2を見る限りでは，スクールバスに比べて福祉バス等の混乗が遅れている。

2.2.4　その他の補助制度

(1)　国土交通省の補助制度

　国土交通省の補助金には，地方バス生活路線維持費補助の他に，地域における生活路線確保のための先駆的事例について補助を行う「特別指定生活路線補助」がある。今後の生活交通の確保のあり方を先取りしたモデル的かつ積極的な取り組みを支援するもので，具体的には中・小型バスの導入，スクールバス，福祉バス等の一体的運行，路線の再編などがそれにあたる。運行費補助と車両購入費補助があり，国の負担率は2分の1となっている。この補助は需給調整規制緩和に伴う国庫補助制度改正の一つの目玉であったが，十分活用されているとはいい難い。補助額は2001年度が12億1000万円，2002年度が2億2200万円となっている。

(2)　総務省の交付税措置：「生活交通確保対策」

　乗合バス事業に係る需給調整規制が廃止されることに伴い，地方公共団体が地域協議会における結論等に基づき，地域の足の確保やまちづくりの観点から，地域の実情に応じて，路線バスの維持，行政バスの運行，車両購入等の生活交通確保対策を講じるために要する経費の8割に対し，特別交付税措置が講じられている。2001年度で約460億円，2002年度で約560億円が交付されている。

　具体的には，①地方バス路線維持費補助（国庫補助）に関わるもの：事業者への維持費および車両購入補助に対して，②地方単独事業：国庫補助対象外の路線を運行する事業者への維持費および車両購入費補助，行政バスの運行等に対して，交付税交付が行われている。JRバスへの地方公共団体の補助経費についても対象となる。

　交付税は補助金と性質が異なり，①支出目的が特定化されず自由に利用する

表2-3　利用可能な債券

	車両	運行	設備	補助要件	補助率等
過疎地域対策事業債（過疎債）	○		○	住民の交通の便に供する（要80条許可）	充当率100% 交付税70%
辺地対策事業債（辺地債）	○		○	住民の交通の便に供する（要80条許可）	充当率100% 交付税70%
地域活性事業債（旧地総債）	○			高齢者等すべての人のための公共施設等への移動	充当率75%交付税30%＋残15%交付税50%

（出所）　奈良県生活交通維持確保対策研究会（2003）より，筆者作成。

ことが可能で，②補助金と比べて事務作業が少なくて済むというメリットがある。しかしながら，必要な経費と認められれば自動的に交付税が増額されるので，経営効率化インセンティブが阻害されるのではないかという懸念がある。一方，市町村のバス担当者の立場から考えてみれば，交付税は国から地方自治体に対してすべての項目が一括して移転されるので，実際に国から資金が振り込まれたかどうかはわからない。そのため，むしろ以前の国庫補助制度よりもバス運行に関する資金として運用しにくいとの意見もある。

(3)　起債措置

　バスの運行に対する補助ではないが，表2-3で示すように過疎地域における車両購入や設備整備に対して債券の発行が認められている。表中の充当率とは対象経費のうち地方債を充当できる割合であり，交付税とは後年度に交付税措置される割合を示している。すなわち，こうした起債は資本補助と同じように利用することができる。スクールバス・ボートの国庫補助の地方自治体負担分も上記債券の対象となりうる。

2.2.5　乗合バスとスクールバス・福祉バス等の統合・再編

　先に見たように，文部科学省や厚生労働省の補助金で購入したバスの地域住民への混乗は，従来よりも容易に実施できるようになった。実際には単なる混乗ではなく，乗合バスとスクールバス・福祉バスの統合・再編が同時に行われ，一定の成果を達成している事例も多い。以下では乗合バスとスクールバス・福祉バス等の統合・再編を実施した町村の事例研究を行う（表2-4）。なぜ，統合

表2-4　ケーススタディで取り上げた町村の状況

	面積	可住地面積	人口	65歳以上人口
牧村	61.35 km²	27.68 km²	2,903人	38%
栗山町	203.84	97.2	14,806	27%
大東町	278.71	78.31	17,714	33%
日南町	340.87	37.28	6,794	41%

(注)　2003年現在。

に踏み切ったのか，営業キロ・運行キロや運賃・乗客数は統合前後で変化があったのか，国庫補助制度との兼ね合い等を明らかにする。

(1)　新潟県牧村

新潟県牧村は県南西部に位置する人口約3000人の山村である。スクールバスとの統合前は，民間の路線バス，貸切代替バス，スクールバスが運行されていた。廃止代替バスに対する補助金額が年々増加し，廃止代替バスと村のスクールバスが重複して運行している区間が多く，運行の効率化を早急に検討する必要があった。同時に，補助対象外とならないよう路線バス第2種生活路線（国庫補助）の平均乗車密度を保つ策を講じなければならなかった。加えて，住民に統合条件による通園，通学の支援に対する不公平感もあった。

以上の経緯から，2000年度より，4路線あったスクールバスを2路線に統合し，園児バスの廃止など運行路線の整理を行った。路線バスの営業路線キロ，

表2-5　バス運行事業費の推移（牧村）

(単位：1000円)

	1998年	1999年	2000年	2001年
路線バス運行維持費用	22,892	24,267	15,100	12,659
村営バス（スクールバス）維持費用	22,242	22,553	13,882	15,633
歳出合計	45,134	46,820	28,982	28,292
歳入合計	22,218	22,860	11,599	11,771

(注)　村営バス（スクールバス）の運行経費の内，人件費については100％運転業務に従事したものとみなして算出している。歳入項目は路線バス維持費用（県補助金），スクールバス維持費（普通交付税交付金），村営バス使用料が含まれる。

車両キロ, 便数, 運賃については基本的に同じであるが, 学童の通学のため, スクール輸送時間帯については学校経由にし, 一部地域間を貸切として運行する特別ダイヤを組んでいる。学童の利用により乗車密度, 営業収益とも増加し, 収支も改善した。一方, スクールバス廃止に伴い交付税は減少した。残されたスクールバスは一般住民の有償による混乗を行っているが, 交付税の算定対象となっている。よって路線バス・スクールバスにかかる経費は全体的には減少したが, 実際の村の持ち出し費用は余り変わっていない。見直し後も利用者は年々減少している。

再編成された路線バスの主な利用者は, 学童, 高齢者, 移動制約者といった運転免許を持たない交通弱者が大半であり, スクールバスの混乗により, 今までバスの乗り入れがなかった地域の住民に, ある種の「安心」を与えることに成功している。問題点としては, ①スクールバスを利用する児童・生徒の数の変動に合わせた運行形態の見直し (路線の廃止, 経路の変更) が必要となり, 利用する沿線住民の理解を得る必要がある, ②スクールバス優先のダイヤ (朝の時間が早い) 設定となっているため住民の利用時間帯とずれがあり, 利便性に欠ける, ③スクールバス運行に伴う交付税の算定については, 今後の見通しが不透明であり, いったん廃止したルートの復活などの場合, 算定の対象となるかどうかわからないということがある。

⑵　北海道栗山町

北海道栗山町は, 北海道の道央圏に位置し, 夕張市と接する人口約１万5000人の町である。民間バス会社の路線が町内にあるが, 採算性の問題により一部路線から撤退し, 1994年から町営バスの運行を開始した。町営スクールバスは登下校時のみスクールバスとして活用し, 下校時には低学年, 中学年, 高学年に分けて運行していた。そのため, それぞれの便を利用する生徒は少人数であったので, 有効活用のため一般利用者との混乗とした。混乗による交付税の増減はない。

町営バスの営業キロは, スクールバスと統合前の43.2km (２路線) から, 統合後 (2000年) には143.8km (７路線), 2001年には162.9km (９路線) と増加している。使用車両も統合前の２台 (57, 29人乗り) から, ６台 (スクー

表2-6　バス運行に関わる収支の変化（栗山町）

（単位：1000円）

	バス運行に関わる積算負担 (1997年度見込み)		町営バス運行収支 (2001年度)	
歳出	人件費	20,717	委託料	51,758
	老人無料パス	8,200		
	その他	8,200		
	合計	35,917		
歳入	乗車収入	3,600	運行収入	2,219
	補助金（代替バス）	2,696	道補助金	2,309
	合計	6,296	交付税	38,932
			合計	43,460
差引		△29,621		△8,298

ルバス4台，町営バス2台）に増えている。運行費用は路線の見直し，料金箱等の設置により，統合前より約1000万円高くなった。当初の運賃はキロ制であったが，現在は一乗車200円の均一制となっている。全利用者の68％が70歳以上であるが，福祉対策として70歳以上は無料にしている。路線延長を行っているにもかかわらず運賃値下げしているため，統合以後，収入は減少している。ただしスクールバス1台購入による交付税増，町営バス1台購入による特別交付税増により，町の負担は減っている（表2-6参照）。地域によっては運行時間の見直しや増便を望む地区もあり，制度的問題というよりも，運行経費および乗員人数の関係で要求を満たしきれない点が問題点として指摘されている。

(3)　岩手県大東町

　岩手県大東町は県南部に位置する人口1万7700人あまりの町である。廃止代替バス運行経費の負担金が年々増加し，なお増加の見込みであったため，1994年10月より町直営に変更された（バスの運行は「大東交通サービス」に委託）。また，専用の患者輸送車は廃止し，改造した上で町営バス車両としたため，とくに問題なく町営バスに統合することができた。

　その結果，町営バスの系統数は12系統から24系統（現在29系統）に増え，営業路線キロ，車両キロとも約2倍となっている。運賃は対キロ制で，統合前後で基本的に変わっていない。1996年度の利用者総数は29万9505人で，1993年度

に比べ31.2％増加し，運送収入は約9200万円で800万円程度の黒字となっている。町営にしてから特別交付税措置があるため，町からの持出額は減少している。運行コストは，自前修理や燃料の自社購入等の経営努力により抑制されてきている。

　問題点として，①際限のない住民ニーズと運行経費削減の狭間の中でどちらを優先するのか，②故障等への対応（難しい修理は業者に車を預けて修理するため時間がかかる）が指摘されている。

⑷　鳥取県日南町

　鳥取県日南町は，県の南西部に位置する人口6700人ほどの小さな町である。日南町では，スクールバスと民間の乗合バスの維持経費が年々増加し，維持困難となったため，1999年4月から町と乗合バス事業者が協力して，乗合バスと

表2-7　経費（移行時での試算数字）日南町

（単位：1000円）

現行制度（代替バス導入前）

歳入			歳出		
普通交付税	30,498	スクールバス	2種格上げ	5,119	回数券買い支え
特別交付税	7,648	民間バス会社への補助金	制度負担額	9,447	民間バス会社への補助金
一般財源	20,054		人件費	35,774	スクール運転手
			諸経費	7,860	スクール運行費
計	58,200		計	58,200	

代替バス方式

歳入			歳出		
普通交付税	0	スクールバス	代替バス補助	8,992	民間バス会社への補助金
特別交付税	7,190	民間バス会社への補助金	定期券補助	23,228	中学生
一般財源	25,027		人件費	0	スクール運転手
			諸経費	0	スクール運行費
計	32,220		計	32,220	

スクールバスの運行を一旦廃止した上で，新たなバス路線に再編し，委託方式の町営バスの運行を開始した。候補の一つであった第三セクター方式を選択しなかった理由として，①専門的知識を有する人材および運行を受諾できる人材確保が困難，②事故発生時の行政責任，③一般旅客自動車運送事業の免許取得（赤字経営が必至で計画不適正）という問題点が挙げられていた。

代替バス運行前と路線本数は変わっていないが，路線は延長され，利便性は向上している。今後の課題として，①利用者（とくに中学生）の減少，②貸与車両（旧スクールバス）の更新，③高齢化対策による利便性の向上などが指摘されている。

以上の4町村では，スクールバス・福祉バス等の混乗及び路線の統合により，路線距離は現状維持，もしくは大幅延伸を行っており，利用者の利便性は向上している。一方，特別交付税措置により，町村の自主財源による負担は変わらないか，むしろ減っている。さまざまな問題は抱えつつも，混乗という制度をうまく活用することで，既存資源の有効利用を実現した地方行政の好例といえよう[5]。

2.2.6 本節のまとめ

本節ではバス廃止後の足の確保を担保する補助制度と，スクールバス・福祉バスの混乗について取り上げた。乗合バスや市町村が運行する自治体バス以外にも，スクールバスや福祉バスが貴重な移動手段として利用されており，両者は多くの市町村で保有されている。両者については，従来，特定目的以外の利用が認められていなかったが，近年，一般住民の無償・有償による利用が容易になった。過疎地域では，このような形で稀少な資源を有効活用することが期待されている。また，単に混乗を行うだけでなく，乗合バスとスクールバス・福祉バスの統合・再編を同時に行うことで，市町村の負担を抑えつつ，利用者の利便性の向上に成功した市町村も現れてきている。しかしながら，利用者の減少傾向に歯止めがかかったわけではない。また，特別交付税の財源にも限り

---

5) 今回取り上げた4町村は，先進的な事例としてたびたび報告書等で紹介された市町村である点に注意が必要である。

があると考えられるため，今後，現在のサービス水準を維持すべきなのか，もし維持するのであれば，どのように長期的に維持していくのか，こうした問題は残されたままである。

2.3　県の補助制度と地域協議会—北陸地方—

2.3.1　はじめに

　2002年の道路運送法改正により，乗合バス事業においては参入，退出規制が緩和されると共に，補助制度も変更され，路線維持に関する国の関与が大幅に限定されるようになった。国が路線維持に責任を持つ路線は，幹線的・広域的路線に限定され，それ以外の路線については，自治体に路線維持の責任が課されることになった。また，路線廃止にあたっては，地域協議会の場で，退出後の対応策が話し合われるようになった。自家用車が普及している地方部においては，従来から乗合バス路線の維持は厳しかったが，規制緩和により，これまで以上に路線存続が難しくなるのではないかとの懸念も存在する。これらの懸念を打ち消し，規制緩和が社会的に正の効果をもたらすかどうかは，地域協議会がどれだけ機能するかと，地域の実情に合わせた路線維持に関する県単独の補助制度（県単補助制度）を構築できるかに依存する面がかなり強い。

　本節では，北陸地方における路線維持方策について，各県の制度と現状を比較し，論じることとする。北陸3県は，地理的に連接していると共に，人口，産業規模等に近似性が見られる。また3県とも，全国的に見て高い乗用車保有率を示し，乗合バスの維持が厳しい環境下にある。このような状況下にある3県の地域協議会の現状，県単補助制度を比較検討することで，規制緩和初期段階における地方の乗合バス対策の一面を明らかにしたいと思う。本節の構成は以下の通りである。まず最初に北陸3県における地域協議会の現状に触れ，次に各県の乗合バス維持に関する補助制度を論じる。

2.3.2　北陸3県における地域協議会の現状

　2002年から施行された改正道路運送法により，乗合バス路線の退出にあたっては，都道府県，市町村，バス事業者，国土交通省地方運輸局の代表らで構成

される地域協議会で，退出後の対策が協議されることとなった。規制緩和後の地域交通の維持，住民の足の確保については，この地域協議会の果たす役割が大きい。北陸3県においても，それぞれ富山県で「富山県生活路線バス協議会」，石川県で「石川県生活交通の確保に関する地域協議会」，福井県で「福井県生活バス路線確保対策協議会」と，各県に地域協議会が設立された。各県の地域協議会については，国土交通省が雛形を提示していたこともあり，構成メンバーや協議事項，組織形態など，大きな違いはない。3県とも，具体的な路線に関する協議は，協議会の下に設けられた幹事会（福井県では分科会）で協議する形となっている。

　ただし法改正からまだ日が浅いこともあり，北陸地方の乗合バス路線については，2003年3月末現在では，協議会開催の対象となった事例はほとんどない。富山県で2路線，石川県で能登半島における西日本JRバス（以下JRバス）撤退が，地域協議会での協議に付された事例がある程度である。そのうち富山県の1路線は観光路線的要素の強い路線であり，もう1路線についても事実上コミュニティバスで代替されることが決まっていたため，大きな問題とならなかった。また石川県のJRバス撤退問題については，法改正以前から地元で協議が行われており，それが法改正以後までずれ込んだため協議会の対象になったという経緯がある。JRバス撤退においては，最終的に路線の多くは地元バス会社（奥能登観光開発と能登中央バス；北陸鉄道の子会社）で代替することになった。協議会が有効に機能するかどうかは，しばらく様子を見る必要があり，その有効性を評価するには時期尚早であろう。

2.3.3　北陸3県における県単補助制度

　道路運送法が改正されたことで，国が路線維持に関与する乗合バス路線は，複数市町村をまたぎ，広域行政圏の中心都市にアクセスする路線長10km以上，運行回数3回以上の路線で，1日当たり輸送量が15人以上150人以下の路線に限定されることになった。ここから外れる路線については，路線維持を地元自治体の責任で行わなければならない。これを受け北陸3県でも，県単独の補助制度が設立された。法改正のねらいの一つは，乗合バスの維持という地域性の強い問題に対し，地域社会が必要性に応じた対策を講じる点にある。その意味

図2-4　富山県の補助区分

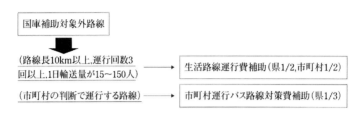

では，各県が独自に設けた県単独の補助制度を比較することは重要であろう。本節では，富山県，石川県，福井県について，それぞれ簡単に論じる。

(1) 富山県（図2-4参照）

富山県の場合，県単独の補助制度として，2001年度に「生活路線運行費補助制度」が創設された。同制度は，補助対象となる生活路線を以下のように規定している（県の補助要綱2条，以下同じ）。

「市町村長が地域住民の生活上必要と認めた路線で，かつ，次に掲げるすべての要件を満たすもの。(a)キロ程が10キロ以上のもの。(b)1日当たりの運行回数が平日又は日曜・休日のいずれかで3回以上のもの。(c)1日当たりの輸送量が15人以上150人以下のもの。(d)国土交通省バス運行対策費補助金交付要綱の適用を受けないもの。」

対象路線に対し市町村が交付する補助金交付額（運行に伴う欠損額[6]）の2分の1以内の額を，県が補助する。旧来の第2種生活路線で，国庫補助の対象から外れる路線は，基本的に同制度で対応された。従来，第3種生活路線に該当した路線（新制度では輸送量が1日15人未満の路線）については，既存の「市町村運行バス路線対策費補助制度」で対応し，経常欠損額（補助対象経常費用－経常収入）と代替車両購入費について，県が3分の1を補助している[7]。

---

6) 地域のキロ当たり標準経常費用または乗合バス事業者のキロ当たり経常費用のいずれか少ない額と，経常収益との差額。
7) 同制度は，2003年度の補助金から基準が若干改正され，より効率的な運用が目指された。具体的には，補助対象市町村の範囲（新たに貸切バス事業者に運行を委託する市町村を含める）や，補助率（通勤路線への支援を重視するため，対象路線を通勤路線とその他路線に細分化し，通勤路線の補助率を2分の1に引き上げ），補助対象経費に上限を設定すること（費用の20分の9を上限とす

図2-5 石川県の補助区分

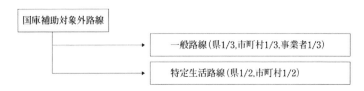

2001年度の補助対象路線は加越能鉄道の12路線であり，従来の2種路線で国庫補助の対象から外れた路線である。翌2002年度については，補助対象路線が25路線へと大幅に増加したが，これは従来補助を申請していなかった富山地方鉄道が方針を転換し，補助金申請を行った結果である。富山県の場合，国庫補助対象路線以外のバス路線維持策は，制度上市町村の判断に任されていることになる。また従来の制度的枠組みを，比較的強く残しているといえる。

(2) 石川県（図2-5参照）

石川県においては，「石川県生活バス路線維持費対策補助金」制度を設け，乗合バス路線への補助を行っている。同制度の設立により，従来あった「過疎地域バス路線運行維持対策費補助金」と「コミュニティバス運行対策費補助金」[8]は廃止された。補助対象路線のうち，広域的・幹線的路線については，国庫補助の対象であるため，これから外れる路線が県単補助の対象になる。補助対象路線は，大きく一般路線と特例生活路線に分けられる。一般路線の対象（23条）は，

イ）県内を運行する路線

ロ）地域住民の生活交通確保のため，沿線市町村が補助を行う路線

である。ただし，(1)特急バス，高速バス，(2)主に観光を目的とするバス，(3)コミュニティバス，については対象外となっている。対象路線に関し，輸送量の規定がなく，富山県と比較し範囲を若干広くしている。一方，特例生活路線と

る）が，改正点である。

8) 石川県では，市町村が商店街や住宅地内をワンコインで運行するいわゆるコミュニティバスに対しては，補助金を支出していない。旧制度の「コミュニティバス運行対策費補助金」は，実態は廃止代替バスの運行に対する補助制度である。

は，2001年度において廃止路線代替バス運行維持事業費補助金の交付を受けていた路線と，奥能登地域のJRバス代替路線である。一般生活路線については，運行に伴う欠損額（補助対象経常費用と経常収益の差額）を，県が3分の1，市町村が3分の1，事業者が3分の1[9]ずつ負担する。また特例生活路線については，欠損額の2分の1を県，残りを市町村で負担するとされており，一般路線より補助率が高くなっている。この他，車両に対する補助制度が設けられている。石川県の場合，特徴は一般生活路線の補助対象事業者（要綱の24条）[10]を，

(1) 県内に本社を有していること

(2) 別に定める経営効率化基準を満たしていること

と規定し，企業を限定していることと，補助金交付に際し経営効率化基準を内包している点である。経営効率化基準としては，国の定める北陸地方のキロ当たり平均費用を下回る事業者が対象である（2001年度398円）。ただし金沢市周辺以外で営業する事業者については，この数値よりも低いキロ当たり300円を限度に費用を査定している。

(3) 福井県（図2-6参照）

福井県については，「福井県生活バス路線維持対策事業補助金」制度が設けられている。補助制度は，福井県が第一義的に路線維持に関与する「広域生活バス路線維持対策事業」と，市町村の責任で維持を行う「市町村生活交通維持支援事業」に分けられる。

県の要綱は「広域生活バス路線維持対策事業補助金」の補助対象路線を以下のように規定している。

（第3条） 補助対象路線は，次に掲げる要件に該当し知事が必要と認めた乗合バス路線等

(1) 国の要綱上，補助対象とならない路線で複数市町村にまたがる路線

---

9) 市町村の負担が全体の3分の1に満たない場合は，市町村の負担額が上限となる。特例生活路線についても同様である。また事業者の負担分については，市町村の判断で，肩代わりすることも可能である。

10) 特例生活路線については，補助対象事業者に市町村が付け加えられる。

図2-6 福井県の補助区分

(2) 住民の生活に必要な路線

具体的には，複数市町村にまたがる路線で国の定める輸送量を下回る路線や，廃止代替路線が対象となる。2002年度には，福井鉄道8路線，京福バス19路線の合計27路線が対象であった。補助額は，経常費用から経常収益を引いた額の2分の1以内を県で補助し（ただし沿線市町村が補助する額の合計が限度額），残額を沿線市町村が補助する。また事業者に経営努力を促すため，補助対象経費は，補助対象経常費用の20分の9を上限としている。すなわち事業者は，補助対象経常費用の20分の11以上の経常収益をあげるか，不足分を沿線市町村で負担する必要がある。

同一市町村内を運行するバス路線については，「市町村生活交通維持支援事業」を設け，市町村を補助対象事業者にして補助を行っている。補助対象路線は

(第12条) 補助対象路線は，次に掲げる要件に該当し知事が必要と認めた乗合バス，廃止代替バス，コミュニティバス，福祉バス，乗合タクシー等の路線とする。
(1) 同一市町村内を運行する路線
(2) 住民の生活に必要な路線

である。市町村内の道路延長をもとに決定された限度額[11]の範囲内で，補助対象経費の2分の1を県が補助している。

なお同制度の成立により，従来あった廃止代替バスや福祉バスに対する県単

---

11) 限度額は，市町村内の道路延長200km未満の自治体でもっとも低く550万円まで。最高額は1000km以上の自治体（福井市）で3025万円である。

補助制度が廃止され，新制度に統合された。また福井県の場合，県の直接的関与を広域的路線に限定しており，それ以外の路線については，沿線市町村の責任で路線維持に取り組む形態である。さらに同一市町村内を運行する路線については，対象となる輸送機関を乗合バスに限定せず，地域のニーズに応じ，幅広く対応できるようにしている点にも特徴がある。

　規制緩和後，地域の乗合バス路線の維持については，地域社会の果たす役割が，これまで以上に強く求められるようになった。乗合バス路線維持に関する県単補助制度を見ると，規制緩和からまだ日が浅いにもかかわらず，北陸地方という限られた地域の中でも，地域社会の判断を生かす仕組みが取り入れられているといえる。規制緩和の趣旨を生かすよう，今後どれだけ地域が独自性を発揮できるかがキーポイントとなろう。

2.3.4　本節のまとめ

　2002年の道路運送法改正により，乗合バスの路線維持に関しては，国の責任が限定されると共に，地方自治体の責任が拡大した。国の補助対象路線からはずれる路線については，地域の実情に応じて地方自治体で対応することになった。また地域協議会を設け，路線廃止後の住民生活への影響が検討されることになった。北陸3県についても，地域協議会，路線バス維持に関する県単補助制度が，それぞれ設けられた。

　地域協議会については，まだスタートから日が浅いこともあり，協議対象となった事例が少ない上，対象事例もある種の特殊事情を抱えている。協議会が有効性を発揮するかどうかについて評価するには，もう少し時間が必要であろう。

　路線バス維持への県単補助制度については，北陸地方という限られた範囲の中でも，3県が地域の実情に応じた制度設計を行っている。対象路線の範囲や補助対象者，補助額等に差異が見受けられる。制度の趣旨を生かすよう，地域特性を反映した路線維持策が求められよう。

2.4　群馬・栃木県における路線バスの変遷

2.4.1　はじめに

　本節では，前橋・高崎以東の JR 両毛線と東武鉄道伊勢崎・桐生・小泉・佐野線に沿った地域を中心に，上毛電気鉄道（以下「上毛電鉄」と略す）やわたらせ渓谷鉄道に沿った地域も含めて，群馬県南東部から栃木県南西部（JR 東北本線以西）にかけての平野部の路線バス網の変遷を整理する（図2-7）。すなわち，関東平野北端の伊勢崎・太田・館林・桐生・足利・佐野・栃木・小山の現在人口 8〜20万人程度の中規模都市 8 市と，それらの周辺町村を包括する範囲である[12]。この地域は，範囲は明確にできないが昔から両毛地方と呼ばれているので，以下，地域の総称としてその名称を用いていく。

　両毛地方は，明治初期から繊維工業が盛んで，1880〜90年代に両毛鉄道（後に JR 両毛線）や安蘇馬車鉄道（当初佐野〜葛生間，後の東武鉄道佐野線）が，1910年には東武鉄道伊勢崎線が開通するなど，早くから鉄道交通が整備された地域だった。その後，各々の都市の中心駅からバス交通網が形成されていき，第二次世界大戦後の高度経済成長期には，バス路線が網の目のように形成されたが，1970年代以降，乗合バスの縮小が顕著に進んだ。廃止代替バス[13]もほとんど運行されないままバス路線が空白となり，住民の生活交通としてのバス需要そのものが激減していったのである。

　このように北関東は乗合バス網の縮小が極めて顕著に進み，かつ特異である。そのことを象徴する状況として，かつて北関東とりわけ群馬県内の広範囲にわたって最大のバス事業者だった東武鉄道（同社のバスに限定する場合，以下「東武バス」と記す）[14]が，日光地域を除いてバス事業からすべて撤退した[15]。

---

12)　2004年以降，この地域でも市町村合併が進むが，本節では従前の市町村名で記載する。

13)　従来の乗合バスの廃止路線を運行するのが原則で，自治体が直営で自家用有償バスとして運行するものと（ここでは直営方式と記す），貸切バス会社に運行を委託するもの（委託方式）に大別できる。

14)　2002年にバス事業は東武バス（管理会社）と現地でバスを運行する 4 社に分社化された。

15)　大島（2002）。

第 2 章 自治体のバス維持策と過疎バスの現状　　　83

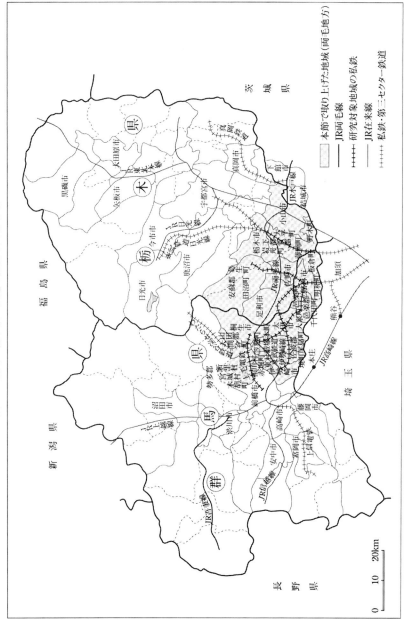

図2-7　群馬・栃木県の鉄道の概要と両毛地域

ここでは，両毛地方における乗合バスの縮小が顕著に進んでバス路線がほとんどなくなっていく過程を，バス事業者等から入手した資料と経験的なデータを併用して，都市域毎に考察していく。

2.4.2 従来からのバス交通の概要とその縮小過程

　両毛地方の乗合バス事業は，第二次世界大戦後，東武バスによって広範囲・濃密度で営業されてきたほか，栃木県側は関東自動車，伊勢崎市・太田市周辺に群馬中央バスが参入していた。そのほか，上毛電鉄の鉄道沿線で，同社の乗合バスも運行されていた。

　この地域のバス交通は，中規模都市が主体のため市内路線まで十分整備されなかったが，各都市とも，乗合バス全盛期の1960年代には，鉄道主要駅を起点に十数路線が放射状に延びて，都市と周辺地域を結び，同時に都市間相互の連絡機能も有していた。とりわけ，両毛地方の動脈道路ともいえる国道50号旧道（現在はバイパス区間が多くなった）は，前橋〜桐生間・桐生〜足利間（東武），足利〜佐野〜静和間（関東）等には，日中でも15〜20分ごとにバスが運行されており，「バス街道」ともいえる濃密な運行状況だった。ところが，1970年代以降，路線網・運行回数等は急速に減らされていくのである。

　東武鉄道は，神奈川県を除く関東地方1都5県をバス営業エリアとし，かつてわが国屈指のバス事業者であり，群馬県や栃木県西部では最大の営業規模を誇っていた。ここ両毛地方でも，伊勢崎・桐生・太田・館林・足利・栃木に営業所を有し（他数カ所に出張所），網の目のように都市を中心に放射状に路線を張り巡らしていた。しかし，バス縮小期に入ると，会社全業で黒字決算のために，バス部門の赤字は国庫補助対象にならず，収益性の極めて悪い北関東地域の路線を大幅に縮小させる経営方策に転じた。そして，1990年代に入ると，存続した比較的利用状況や採算性もよい（地域に密着した効率的経営で採算の見込める）路線も，関連会社への路線肩代わり（日光地域のみ存続）させる事業計画を進め，1999年9月限りで，日光地域を除いて栃木・群馬県内のバス路線を全廃した。その後，路線バスに対する補助制度の見直しや規制緩和等，バス事業をとりまく社会情勢が一段と厳しくなる中で，近年は，かつて経営状況が良好だった埼玉県下の路線も肩代わり方策を進展させ，バス事業全体を首都

圏に集約・縮小させた後，2002年10月１日に分社化した。それに対して，関東自動車・群馬中央バスは，バス路線を維持する意欲が感じられるが，他の地域に比べると両毛地方における路線網縮小が著しい。ここ両毛地方における乗合バス経営の厳しさが認識されるのである。

2.4.3 各都市と周辺地域のバス事業の概要

ここでは，両毛地方におけるバス全盛期（1960年代半ば）以降，1990年代前半頃まで，すなわち今日の自治体コミュニティバスが相次いで誕生する前までの，路線バスのおおまかな変遷と地域社会の対応を，各都市圏毎に考察する。

(1) 群馬県伊勢崎市周辺と上毛電鉄沿線

東武バスは，1960年代には，群馬県伊勢崎市から本庄市（埼玉県）へ10～15分毎，前橋市（二の宮経由）へ約20分毎，桐生市へ30分ごと毎，濃密度で都市間路線を運行していた。境・赤堀・東・大胡等の町村へも運行されていたほか，境町を起点として本庄市・深谷市・館林市へ向かう路線も運転されていた。しかし，70～80年代にかけて逐次縮小されて，これらの路線は1994年３月限りで全廃された。最後まで残った伊勢崎～本庄線は，同社系列会社の十王自動車[16]に肩代わりされて，現在の両毛地方では，太田～熊谷線と共に最多の運行回数を維持している。

群馬中央バスも，1970年代まで，伊勢崎から前橋市（駒形経由）へ約15分毎，本庄市・高崎市・太田市・赤堀町へも25～40分毎等のほか，新田・境町経由太田行や，館林～前橋急行線（東武バスと共同運行）等も運行していた。これらは，後に減回されて，ローカル路線の中には，路線維持のための形式的運行と推定される１日１～２便になったものもあったが，1980年代前半まで路線自体は維持されてきた。80年代後半以降ローカル路線は逐次休廃止され，都市間連絡路線では，時刻改正のたびに本数が減らされていった。

上毛電鉄沿線では，同社のバスが，大胡駅を起点にして，赤城山南麓へ数路線，東武バスと競合して運行されていたほか，粕川・新里村内に路線を有して

---

16) 2004年，国際ハイヤー（熊谷市）と合併して国際十王交通となる。

いた。しかし，道路整備と自家用車の普及が県内でもとくに著しかった上，もともと人口希薄な地域でもあった。両社の競合も要因となり，1970年代半ばまでにバス路線の大部分から撤退した。大胡町・宮城村内に残った東武バスも，1986年4月にすべて撤退した。他とバス連絡のない新里村内1路線の上毛電鉄バスは長らく存続したが，1995年4月限りで廃止され，同社のバス事業は全廃された。しかし，伊勢崎市や境町を中心とした佐波郡内と異なり，小中学生の通学輸送を乗合バスに依存した路線が多かったため，廃止代替バスが数路線で運行された。また，大胡～苗ヶ島線は，東武バスが廃止されて3年余り一旦はバス空白地帯となったが，1988年，赤城タクシーが乗合タクシーの自主運行を開始した[17]。その後，群馬フラワーパーク・クローネンベルクドイツ村等，新たな観光施設も誕生したこともあって，沿線の路線バスサービスはいく分充実されている。

(2) 群馬県太田・館林市周辺

　太田市周辺では，東武バスが，1960年代には，桐生～（太田）～熊谷線が約20分毎，足利へ2系統合わせて毎時3本程度運行されていたほか，館林や西小泉，境町，大間々等へも毎時1本程度等，都市間連絡バスが充実していた。また近郊町村・集落へも比較的便利なバスサービスが提供されていた。また，この地域では東京～桐生線や館林～前橋・伊香保線等の長距離急行系統を利用することもできた。しかし，長距離急行バスを手始めに路線網が逐次縮小され，1993年3月限りで，太田～熊谷線と西小泉～熊谷線を除いて廃止された。群馬中央バスも，太田営業所を有して，1980年代前半まで，伊勢崎行（1970年代まで前橋直通便も多かった）が毎時2本程度のほか，大間々行他ローカル数路線も運行していた。しかし，1990年代半ばには伊勢崎行のみとなり，それも1時間半に1本程度の運行となっていた。

　館林市周辺では，東武バスが，館林駅を中心に周辺市町村へ放射状に運行されていた。群馬県南東端に位置して他県との結びつきも強いため，県境を越えて行田市・加須市・古河市・藤岡町等へもバスが運行されていた。また，群馬

---

17)　1992年度以降は，群馬県の小型乗合タクシー補助要綱の対象になっている。

県東毛地域を横断する急行バス（東武バスが伊香保行で後に前橋止，群馬中央バスが前橋行）の起点でもあったほか，関東自動車が佐野〜館林間を運行していた。しかし，毎時2本以上の密度の高い路線はなかったし，県外への路線は早期に廃止になった。近隣の都市間路線もほとんど鉄道に平行するためか，1980年代になると廃止代替バスも走らないまま縮小が急速に進んだ。そして，1986年末限りで乗合バスは全廃され，全国唯一バスの走らない「市」となって注目された。その後館林市は，タクシー券の配布で交通弱者の足を確保したが，路線バスの復活が市議会の議題や市長の選挙公約にも掲げられた。

⑶　群馬県桐生市から栃木県足利市にかけての国道50号とわたらせ渓谷鉄道沿線

　東武バスは，桐生・足利営業所のほか，大間々や足利東武（東武鉄道足利市駅前）にも出張所を有し，1960年代には，桐生〜東足利（一部足利東武）線は最大86回・日中でも毎時4〜5本運行していた。桐生からは伊勢崎市・前橋市・太田市へも20〜30分毎等に運行していた。桐生・足利両市の北部山間地域や国鉄足尾線（1989年よりわたらせ渓谷鉄道）沿線地域へも，沢奥の小集落までバスが走り，1965年前後には，東京・伊香保・日光への急行バスも運行されていた。

　桐生・足利両市の公共交通の特徴として，国鉄桐生・上毛電鉄西桐生・東武鉄道新桐生，東武鉄道足利市・両毛線足利と，渡良瀬川を挟んで徒歩連絡が困難なほど鉄道駅が分散し，人口規模の割に市街地が広範囲に広がっていたことが挙げられる。そのため桐生では，東武バスは，天神町を中枢バスターミナルとし，市内線でJR桐生駅周辺の市街地と新桐生駅を結んでいたが，上毛電鉄バスは，東武バスと関係なく西桐生駅を起点に，前橋・赤城山南麓集落と連絡していた。足利でも，バスの発着起点が，足利東武（北東・南東方面行）と足利両毛（両毛線足利駅前，南西・北西方面行），東足利（元両毛線東足利駅近く，桐生方面行）に分散していた。

　桐生市周辺では，東武バスなどの急行バスや上毛電鉄バスの一般路線は1970年代半ばまでに全廃され，東武バスのその他の都市間連絡・近郊・市内路線でも1980年代以降に逐次縮小されていった。廃止代替バスの運行も，桐生市域北端の梅田地区のみに留まり，それも一旦市街地の路線と寸断される等，路線バ

スサービスの形を成さないものであった。しかし最終的には，1992年に半年程度ブランクを生じながらも，梅田・川内の2路線で委託方式の廃止代替バスが開業し[18]，このことを契機に路線バス行政が転換していった。

国鉄足尾線沿線では東武バスが多系統運行され，並行する国道122号の大間々町近くではそこそこの頻度で運行されていた。しかし，徐々に路線が縮小されて，1980年代に勢多東・黒保根村・大間々町の順に，すべて廃止代替バスに置きかわった。

(4) 足利市以東栃木県内の諸都市

足利を起点として，足利～佐野・静和等の都市間連絡路線は毎時2～3本運行されていた。ローカル路線でも，網の目のような路線網（東武バスのほか一部関東自動車）が形成されていた。しかし，1970年代半ばから路線網は急速に縮小した。そして，桐生～足利線を最後に，この地区の乗合バスは全廃された。廃止代替バスは，足利～入名草・飛駒線で，田沼町主導の直営方式で1系統運行されたが（従来の2路線を入名草を迂回させる1路線でカバー），それ以外は運行されなかった。

佐野市周辺では，関東自動車が佐野営業所を有して，JR両毛線沿線で唯一，独占的にバス路線網を形成していた。1980年代初頭まで路線は維持される傾向であったが，83年末に過半の路線が廃止され，その後も逐次廃止が進み，1993年に全廃された。廃止代替バスは，田沼町の2路線（佐野市内発着）と葛生町の1路線（佐野まで乗り入れせず）において直営方式で運行されたが，平野部の路線は運行されなかった。

栃木・小山市周辺では，従来から東武バス・関東自動車が競合しており，栃木～小山線（東武）や小山～石橋～宇都宮線（関東），小山～結城～下館線（東武）等都市間連絡路線では運行頻度が高かった。しかし，東武バスは1980年代後半以降に路線を急速に縮小し，最後まで残った栃木～小山線や小山遊園地線等数路線を関東自動車に肩代わりさせて，1993年に栃木県内をベースにする路

---

18) 従来の梅田地区の直営方式代替バスは，桐生駅から梅田地区直通の新設代替バスの運行開始に伴い廃止された。

線は全廃した。茨城県下館営業所（出張所）担当で運行されていた小山〜下館
線も，1994年に廃止された。関東自動車も，1990年代後半の時点では，東武バ
スからの肩代わり路線も含めて数路線を存続したが，国学院大学栃木高校等特
定の通学輸送以外，市民の足としての路線バスの機能は非常に弱くなっている。

2.4.4　1990年代初頭までの乗合バス廃止に対する自治体の対応と問題点

　2.4.3で記したように，ここ両毛地方では，かつては密度の濃い乗合バスサ
ービスが運行され，日常の生活交通は乗合バスに依存する傾向が強かった。し
かし，四半世紀の間にバスに依存する度合いは激減し，路線網は急速に縮小さ
れていった。

　これほど急速に路線バスが縮小した地域は，全国的に他に類を見ないであろ
う。その要因としては，モータリゼーションの進展に伴うバス離れが最大であ
ることはいうまでもないが，この地域は，人口当たりの自動車保有台数が極め
て多い（群馬県は全国1位・栃木県は4位[19]）ことに加え，平野部に道路網が
整備されて，バスが利用されにくい社会環境になったことが大きいと考えられ
る。とりわけ，高校生の通学のかなりの部分が，バスから自転車に転移したこ
との影響が大きい。また，人口20万人足らずの地方中小都市域に，両毛線や東
武鉄道・上毛電鉄・わたらせ渓谷鉄道等，都市間連絡鉄道網が比較的充実して
いたことにもよろう。すなわち，バス全盛時には，鉄道乗り継ぎとしてのバス
利用が急速に普及したが，一旦衰退に向かうと，道路渋滞や運賃高騰との悪循
環がおき，鉄道利用に再転移したものと思われる。しかし，鉄道の利便性につ
いても問題がある。わたらせ渓谷鉄道や上毛電鉄にいくつかの新駅が設置され
たものの，幹線ルートである東武や両毛線（伊勢崎以東）では，新駅設置はも
ちろん，増発もほとんどなされていないのである（国鉄足尾線がわたらせ渓谷
鉄道に移行する際には，本数は倍増した）。したがって，公共交通を見捨てて
自家用車や自転車に移行した層も多い。

　両毛地方を含む群馬・栃木両県の乗合バス輸送人員・交通機関別輸送分担率

---

19)　関東運輸局群馬陸運支局「陸運要覧」（平成11〜15年版）を見ても，この傾向が続いている。な
　　お，世帯当たりの保有台数では多少順序が入れ替わる。

は，バス全盛期の1965年には全国平均を大幅に上回る状態だったが，急速な勢いでバス離れが進んでほとんどが自家用車利用にシフトしてしまった傾向が，統計でも極めて顕著に表れている（表2-8）。

また，適正な路線バス補助政策がなされないまま，北関東から広範囲に撤退を決めた東武バスが主たる事業者だったことにも起因しよう。すなわち，東武バスは，他の地方バス事業者のような補助金を受けて路線を維持する方策はとれず（一部路線は県単補助[20]を受けていたが，後に辞退する傾向），補助金をもらわない代わりに自主合理化方策を進めざるをえなかったのである。しかし一方で，宇都宮市内などでは積極的な経営を行い，ローカル路線でもできる限りの路線維持を行ってきた関東自動車も，佐野市周辺では独占的な運行を続けられず，乗合バスを全廃した。東武の経営や補助制度だけが問題であったのではなく，両毛地方の地域的特殊性によるところが大なのであろう。

こうして急速に縮小して，空白地区を生じた路線バスに対する市民や行政への反応には，地域や路線によって多少の相違があった。全国の他の場所には，廃止への強い苦情のあった地域も多かった[21]。しかし，ここ両毛地方においては，概して反応は冷ややかで，バスの廃止に対する住民から自治体やバス会社

表2-8　両毛地方を含む群馬県・栃木県の乗合バス輸送人員・輸送分担率の推移

年度	乗合バス輸送人員（百万人）（　）内は1965年を100とした時の%					乗合バス輸送分担率（%）		
	全国計	群馬県	（うち東武バス）	栃木県	（うち東武バス）	全国平均	群馬県	栃木県
1965	9,862 （100）	146 （100）	73 （100）	129 （100）	27 （100）	32.0	53.3	51.1
1975	9,119 （ 92）	87 （ 60）	42 （ 58）	96 （ 74）	16 （ 62）	19.8	16.4	19.6
1985	6,998 （ 71）	37 （ 25）	18 （ 25）	49 （ 38）	6 （ 22）	13.0	5.8	8.0
1995	5,756 （ 58）	15 （ 10）	6 （ 8）	34 （ 26）	2 （ 7）	6.9	1.4	3.0
1997	5,400 （ 55）	12 （ 8）	3 （ 4）*	31 （ 24）	2 （ 7）	6.4	1.0	2.5

(注)　＊1999年度には，群馬県から全面撤退している。
(出所)　「運輸の動き―メトロポリス93―」（関東運輸局，1993年）。
　　　　「数字で見る関東の運輸の動き2000」（関東運輸局，2000年）。
　　　　「とちぎのバス路線」（栃木県交通対策課，1993年，栃木県バス協会，2000年）。

20)　この補助制度では，各系統ごとの赤字総額の6分の1程度しか補填されなかったといわれる。
21)　全運輸省労働組合（1976），全運輸省労働組合（1982）ほか。

への苦情や反発は，当時ほとんど皆無だったといわれている。当時の自治体の首長や担当責任者は，「立場上，（バスの廃止に対する）同意書は出せないが，利用者の激減と赤字額の増大から見て，民営バスの廃止はやむをえない」などの立場をとっており，廃止は容認せざるをえないという考えが大勢であったようである。当時の自治体は，廃止路線について，バス会社からその数年前に予告があっても，他の市町村のバス事情を調査したり，廃止代替バスの運行に予算を振り向ける認識は乏しかったように感じられる[22]。このように，両毛地方では，自治体・住民にとって，路線バスの運行はもともとバス会社まかせだった傾向も強かったし，住民サイドではバスの廃止に対する不便やノスタルジックな愛着などはほとんど感じなくなっていたであろう。

2.4.5 本節のまとめ

本節では，高度経済成長期には，都市間バスを主体に，網の目のようにバス路線網が形成され，多くの路線で濃密度で乗合バスが運行されていながら，短期間でバスが全廃に近い状況となった両毛地方について，各都市圏毎に変遷を考察してきた。

ここ両毛地方では，高度経済成長期後半の1960年代末期から1990年代初旬までは，利用者の減少→不採算→運賃値上げ→利便性の低下→一層の利用者減少という悪循環が進む中で，かつてのバス利用者層の大半は，自家用車や自転車あるいは鉄道に転移していった。その間，路線バス事業は，廃止代替バスを除くと，バス事業者だけにげたが預けられ，自治体が行政サービスの一環としてバス問題に真剣に取り組む傾向は乏しかったといえる。また，住民サイドでも，こうした傾向に苦情や反発を唱えることはなかった。バスは，他の交通機関を利用できない人が仕方なく使うだけのものという消極的位置づけになっていたと考えられる。

---

22) 東武バスの多くの路線の廃止申請書等を調査した印象。

2.5 島嶼地域の公共交通体系―北海道奥尻島の事例―

2.5.1 はじめに

離島における公共交通として，フェリーに代表される海上輸送，航空輸送，バス輸送，タクシーの4つが想定される。離島は，その多くが過疎地域であることから，何らかの補助がなければ公共交通を維持することがむずかしい状況にある。

海上輸送については，1952年に施行された離島航路整備法の下，早くから公的補助が講じられ，離島における輸送手段の中心として位置づけられてきた。一方，バス輸送については，公的補助があっても，その維持が非常に難しい状況にある。また航空輸送については，これまでは航空会社の内部補助に依存するところが大きかった。しかしながら，1999年の航空法改正での需給調整規制の廃止に伴い，離島航空路線に対する運航費補助が導入されることとなった。以下では，北海道奥尻島を対象に，困難な状況におかれている島内バス輸送と航空輸送の現状と支援策を紹介したい[23]。

2.5.2 奥尻島の概要

奥尻島は北海道の渡島半島の西に位置し，江差町から西北61キロ，函館から西北約100キロの距離にある。東西11キロ，南北27キロ，周囲84キロと細長く，その面積は143平方キロとなっている。奥尻町が唯一の地域行政単位であるが，大きく3地域（南部，中部，北部）10地区に分かれている。人口は1960年の8000人をピークに年々減少する傾向にあり，2001年で約4000人となっている。奥尻島を経済的に支えているのは，水産業，観光業，航空自衛隊レーダー基地である。このうち，観光業のウェイトが近年大きくなりつつある。観光客は，ここ数年増加傾向で，1999年に年間約5万人を数えている。周知の通り，1993年7月12日に発生した「北海道南西沖地震」により，奥尻島は総額664億円に

---

23) 本節の内容は，2002年9月に奥尻町ならびにエアー北海道へインタビューを実施し，それに基づき作成した遠藤（2003）に依拠している。したがって，本節の情報は，2002年9月時点におけるものが中心である。

第 2 章　自治体のバス維持策と過疎バスの現状　　　93

も達する甚大な被害を被った。しかし，1998年3月に完全復興を宣言するなど，新たな町づくりに積極的に取り組んでいる状況にある。

2.5.3　町有バス事業の現状と問題

　奥尻島内の公共交通としては，タクシーのほか，バス輸送がある。当初，民間企業がバス事業に参入していた。しかし，人口減少とマイカーの普及などに伴い利用者が減少し，撤退することとなった。1973年より，廃止代替バスとして奥尻町が運行を行っている。2002年9月時点において，路線バスが11便，スクールバスと路線バスとの混乗運行が2便，計13便となっている。バス運行路線は，大きく3つある。いずれも，奥尻地区フェリーターミナルに隣接するバスセンターを起点としている。一つは，南へ下り，水産業の拠点である青苗地区へ向かう片道19.3キロの青苗路線，もう一つは，青苗地区から空港のある米岡地区を経由して，温泉のある湯浜地区神威脇に向かう片道32.6キロの神威脇路線，3つ目が，北へ向かう14.5キロの稲穂路線である。

　利用者は，通学のための学生と，通院や温泉利用のための高齢者が中心であるが，フェリー便への乗り継ぎ客もいるとのことである。したがって，バスのダイヤは，登下校時間とフェリーならびに飛行機の発着時間にあわせて設定されている。運賃については，消費税の引き上げに伴い値上げされたのを除けば，長年にわたって据え置かれてきた。65歳以上の高齢者については半額，身体障害者については無料となっている。また，2004年3月の奥尻空港新ターミナルの供用開始に伴い，一部の区間を除きフリー乗降が実施されることとなった。なお，奥尻町は，路線バスとスクールバスに加え，7月・8月限定で，町外の民間事業者に委託する形で遊覧バスも運行している。

　町有バスの乗車人員は，表2-9にあるように長期的に減少傾向にある。1997年度から2001年度までの5年間では，1999年度ならびに2001年度において，前年比でそれぞれ約6％，約12％の大きな低下が記録され，12万998人から10万3645人という水準へ落ち込んでいる。5年間で約15％の減少である。一方，バス利用者の中心である島民の人口は，同期間において約6％の減少にとどまっている。また，観光客数は若干増加している。ただし，観光客は，観光バスが利用できる7月と8月に集中していること，その多くがフェリーを利用し車で

表2-9　奥尻町有バス乗車人員

(単位：人)

	神威脇線	青苗線	稲穂線	合計	奥尻町人口
1997年度	26,059	49,556	45,383	120,998	4,267
1998年度	37,286	35,355	50,119	122,760	4,180
1999年度	36,599	32,003	47,182	115,784	4,131
2000年度	31,473	28,539	41,849	101,861	4,028
2001年度	30,331	29,086	44,228	103,645	4,006

(出所)　奥尻町観光交通課。

表2-10　奥尻町の自動車保有台数

	1989年	1991年	1993年	1995年	1997年	1999年
乗用車	764	768	794	893	1004	1040
軽自動車	534	637	750	863	943	1026

(出所)　奥尻町。

来島することなどから，町有バス利用者に占める割合は低いと推察される。このように，バス輸送に対する潜在的需要はそれほど変化していないにもかかわらず，乗車人員は大きく減少した。その背景には，表2-10にあるように，自動車保有台数の著しい増加がある。1993年の大地震以降，災害時における避難手段として自動車の重要性が増し，加えて経済復興に伴い地元景気が上向いたことから，島民の間で運転免許の取得とマイカーの利用が拡大したのである。

　町有バスの経営状況については，大変厳しい。公的支援として，運行費補助金を北海道が支給している。また損失については，北海道，奥尻町，国が1，1，8の割合で負担するというスキームがとられている。赤字を抱える町有バス事業は，病院経営と並んで，奥尻町にとって大きな財政上の負担となっている状況にある。対応策としては，いったん町有の乗合バスを廃止し，福祉バスあるいはスクールバスへの一本化をはかるなどが想定されるが，利用者の中にはフェリー乗り継ぎ客もいるなどの理由から，現状では難しいとのことである。

2.5.4　航空輸送などの離島アクセス交通の現状と問題

　奥尻島への玄関口の一つである奥尻空港は，北海道が設置・管理する第3種空港として1974年に開港した。奥尻空港からの定期路線は，現在に至るまで函

館までの１路線のみである。エアーニッポンが20年間にわたり運航を行ってきた。しかし，1994年に北海道とともにエアー北海道を設立し，路線を同社に移管することになった。現在，冬季２～３便，夏季４便の運航体制となっている。

エアー北海道は，設立以来，北海道の定期離島航空輸送に特化してきた[24]。エアーニッポンと北海道の持ち株比率は４対１である。機材，発券，整備などの業務に関して，エアーニッポンから支援を受けている。エアー北海道は，業績を改善するために，さまざまな取り組みをこれまで行ってきた。一つは，運賃値上げと，運航の効率化と合理化を通じた費用削減である。もう一つは，利便性の向上である。函館と稚内に運航拠点を設置し，増便や就航率の改善を実現した。しかし，奥尻～函館線の事業環境が厳しいことには変わりない。路線距離が118kmと短く，冬季では便数が少なくなることから，エアー北海道にとって固定費負担はかなり重いと思われる。また，現在の機材（ターボプロップ機DHC6-300型）は老朽化がすすんでおり，他の小型機と比べ運航費用が相対的に高い。一方，奥尻空港の現滑走路が800mと短いために，最新の機材に代えることは困難で，2006年に予定されている1500mの新滑走路の供用開始を待たざるをえない。

奥尻島から本土への交通アクセスとしては，航空輸送に加え，フェリー輸送がある。奥尻島（奥尻港）からは，江差へ夏季２便，冬季１便，瀬棚へ夏季のみ１便の大型フェリーが毎日就航している。函館方面へは前者を利用することとなる。航空とフェリーそれぞれの所要時間と，島民割引を加味した運賃を比べたものが，表2-11である。奥尻町役場から最も安い交通手段を利用して，奥尻空港あるいは奥尻港に行き，函館空港あるいは江差港から最も安い交通手段を利用してJR函館駅に向かうという経路を想定している。運賃ではフェリーが約7000円安い。一方，所要時間では飛行機が約２時間半短く，年間を通じ日帰りの出張や旅行が可能となる。利用者は運賃と所要時間のトレードオフの関係を踏まえ，どちらかを選択することになる。

また，11月から３月までの間は気象条件が悪いことから，フェリーは欠航が

24）　エアー北海道は，稚内～利尻線と稚内～礼文線でも運航を行っていたが，2003年３月末に撤退した。2004年９月時点において，奥尻～函館線が唯一の参入路線となっている。

96

表2-11　飛行機とフェリーの運賃ならびに所要時間（2002年9月時点）

		町役場から 奥尻空港 (港)	奥尻空港 (港) から 函館空港・江差港(注)	函館空港・江差港 から JR 函館駅	合計
飛行機	所要時間	0：31　バス	1：05(0：35)　飛行機	0：20　バス	1：56
	運賃(円)	720	9,500	300	10,520
フェリー	所要時間	0：05　徒歩	2：45(2：15)　フェリー	1：47　バス	4：37
	運賃(円)	0	1,620	1,830	3,450

（注）　接続時間を含むものである。カッコ内は接続時間を含まない場合である。
（出所）　奥尻町提供資料『航空機とフェリーの利便性比較』を転載。

表2-12　奥尻空港・函館空港線の利用状況

	1984年	1989年	1993年	1994年	1995年	1996年	1997年	1998年	1999年	2000年	2001年
利用者数(人)	8,112	8,602	9,816	14,319	18,663	17,258	17,671	17,160	18,279	17,048	17,171
うち島民	n/a	n/a	n/a	n/a	n/a	n/a	6,232	5,722	6,155	5,974	6,062
座席利用率(%)	50.3	65.3	75.4	59.6	60.2	57.1	54.4	52.3	53.7	51.9	52.1

（出所）　エアー北海道。

　多いのも事実である。奥尻町によれば，同期間のフェリー欠航日における飛行機の運航率は高い水準にあり，1997年から2001年までの5年間で平均約85％となっている。航空輸送はフェリー輸送に対して補完的な役割も若干果たしていると思われる。

　航空輸送における奥尻～函館線の利用状況について簡単に紹介したい。まず，利用者数は，表2-12が示すように，エアー北海道への移管後の1995年において，大きく増加した。しかし，その後は，ほぼ横ばいからやや減少で推移している。島民の利用者数は，若干減少しているものの，その減少率は人口減少率と比べると小さい水準にとどまっている。利用者数に占める島民の割合は35％と，それほど低い水準ではない[25]。奥尻島と本土との間の旅客数に占める航空輸送の割合は10％となっており，ほぼ一定で推移している。一方，奥尻～函館線の収支状況はかなり厳しいと思われる。利用者数がやや減少傾向にあり，収入も同様であると思われる。また，費用負担が大きく軽減されるような状況にはない。採算性の一つの指標となる座席利用率は低下傾向にあり，50％を少し超える水

---

25)　他の北海道離島航空路線と比べ高い水準である。稚内～利尻線では23％，稚内～礼文線では18％となっている。

準にとどまっている。

　本土へのアクセスの一つである離島航路では，離島航路整備法（1952年法律第226号）に基づき，欠損額に対して補助金が交付されてきた[26]。他方，わが国の離島航空路は，これまで，航空会社内の黒字路線から赤字路線への内部補助により維持されてきたといっても過言ではない。しかしながら，航空分野における需給調整規制廃止と運賃自由化を通じた規制緩和の進展に伴い，その余地は小さくならざるをえない。そこで，新たな離島航空路支援策として，運航費の補助と航空機燃料税の軽減が1999年度から実施されることとなった。運航費補助は，国および地方自治体が，対象路線に関わる「部品購入費」と「経常損失額の9割」のどちらか小さい方に対して行うものである。関係地方公共団体，関係航空会社などから構成されている離島航空路線協議会が，路線の維持と廃止や補助路線の選定に関わる具体的な検討にあたることになる。

　奥尻〜函館線については，道南離島航空路線協議会がある。北海道総合企画部長，国土交通省航空事業課（オブザーバー），エアー北海道社長，奥尻町長，奥尻町商工会長，北海道檜山支庁長などから構成されている。北海道が中心的な役割を果たし，エアー北海道への支援を鮮明に打ち出しているとのことである。奥尻線を含む北海道の離島航空路線への具体的な公的支援としては，運賃助成，機体購入費補助，着陸料の軽減，運航費への補助などが行われてきた。奥尻〜函館線における新たな離島航空路支援策としての運航費補助の交付額は，2003年度において約2300万円となっている。また，北海道ならびに関係する地方自治体が独自にエアー北海道に助成金を拠出している。

　このように，奥尻〜函館線の離島航空路線において，需給調整規制廃止後，補助スキームが一定の機能を果たしているのは明らかである。しかし，関係者への聞き取り調査からは，離島航空路線の維持は，航空会社の内部補助に引き

---

26)　離島航路補助制度は，1994年度，基準欠損額を国が75％，地方が25％それぞれ補助するという定率方式から，標準的な運賃率，費用等に基づき計算された標準欠損額に対して補助し，実際の欠損額がそれを超える場合においては，地方が支援を別途検討する，という方式に変更された。詳細については，福田（2002）を参照されたい。また，離島航路事業用の新造船舶に関わる固定資産税の軽減措置，1994年度新設の離島航路船舶近代化建造費補助金などの離島航路維持に関わる対策も併せて実施されている。

続き依存している部分があり，支援策が十分とはいえないのではないか，との見方も払拭できなかった。各交通モードにおけるインフラの整備状況や利用者のニーズを踏まえた上で，奥尻島を含む離島の総合的な公共交通体系とその中での島内バス，フェリー，航空輸送の役割について，さらに検討していくことが必要であると思われる。

参考文献
[2.1]
小林良彰（1998），『地方自治の実証分析　日米韓３カ国の比較研究』慶應義塾大学出版会。
齋藤慎（2000），「現行地方財政システムの抜本的再検討」『NIRA　政策研究　地方分権化の地方財政』Vol. 13，No. 9，総合研究開発機構。
佐藤主光（2004），「財政改革への視点３　地方の財政責任確立を」『日本経済新聞社』11月４日，朝刊。
総務省（2002），「市町村合併支援プラン」http://www.soumu.go.jp/gapei/index.html/
総務省編（2004），『平成16年版　地方財政白書（平成14年度決算）』国立印刷局。
土居丈朗・別所俊一郎（2004），「地方債の元利補給に関する実証研究」財務省財務総合政策研究所研究部，PRI Discussion Paper Series No. 04A-15。
持田信樹（2004），『地方分権の財政学』東京大学出版会。
[2.2]
岡本全勝（1995），『地方交付税・仕組と機能』大蔵省印刷局。
国土交通省自動車交通局・日本バス協会（2001），『地方バスマニュアル：生活交通確保のために』。
財政調査会『補助金総覧』日本電算企画。
自治庁財政局財政課編『地方交付税制度解説　単位費用篇』地方財務協会。
自治庁財政局財政課編『地方交付税制度解説　補正係数・基準財政収入額篇』地方財務協会。
島根県企画振興部交通対策課（1998），『市町村バス運行の手引―中山間地域を中心として―』。
鈴木文彦（2001），『路線バスの現在・未来 Part 2』グランプリ出版。
奈良県生活交通維持確保対策研究会（2003），『生活交通の維持確保に向けて（市町村実務担当者用マニュアル）』。
北海道運輸局（1999），『北海道の過疎地域等における今後の生活交通のあり方調査　平成11年度』。
若菜千穂・広田純一（2003），「生活交通確保対策としてのスクールバスと一般乗合バスの統合の条件に関する研究―北海道および岩手県の事例研究から―」『農村計画論文集』第５集。

第 2 章　自治体のバス維持策と過疎バスの現状　　　99

[2.4]

大島登志彦 (1991)，『バス交通の地域的研究』群馬工業高等専門学校。

大島登志彦 (1993)，「上毛電気鉄道の地域社会との関係とその変遷」『鉄道史学』第12号。

大島登志彦 (2001)，「両毛地方における路線バスの変遷と地域社会」『産業研究』第36巻第2号。

大島登志彦 (2002)，『群馬県における路線バスの変遷と地域社会―第二次世界大戦後の東武バスの変遷を中心に―』上毛新聞社。

全運輸省労働組合 (1976)，『滅びゆく公共交通』サイマル出版会。

全運輸省労働組合 (1982)，『生活交通の現状―行政現場からの報告―』勁草書房。

日本交通政策研究会 (1994)，『地方中小都市における交通政策―館林市のケース―』。

[2.5]

エアー北海道，『会社概要』。

遠藤伸明 (2001)，「航空規制緩和と市場の変遷」『運輸と経済』第61巻第8号。

遠藤伸明 (2003)，「離島におけるバス輸送と航空輸送の現状と課題」『規制緩和後の乗合バス市場と自治体の対応』所収，日本交通政策研究会。

国土交通省ホームページ。

小林廣文 (2001)，「日本におけるコミューターの歴史とジェイ・エアの発展」『運輸と経済』第61巻第7号。

西岡久雄・菊池徹・五十嵐政徳 (1999)，「コミューター航空の発展と今後の展望」『運輸と経済』第59巻第2号。

日本政策投資銀行南九州支店 (2002)，『鹿児島の離島振興を考える―ソフト時代への新たな挑戦―』。

福田晴仁 (2002)，「離島航路の現状と課題」『運輸と経済』第62巻第5号。

堀和秀・宮内威・種村英樹・酒井正子 (2000)，「地域航空の現状と課題について」『全国地域航空システム推進協議会研究調査報告書』。

山田有 (2001)，「新たな時代の幕開けと琉球エアーコミューターの現状」『運輸と経済』第61巻第7号。

第3章 広域自治体による越境バスサービスの確保

3.1 廃止代替バスと越境対応—岐阜県—

3.1.1 はじめに

　我が国における地方の路線バスの利用者は1965年頃をピークに減少に転じ，バス事業者は不採算路線からの撤退を進めている。その民営バス路線の廃止後は，住民の足を確保するために，市町村が「廃止路線代替バス」（以下，「廃止代替バス」，岐阜県では「自主運行バス」と呼ぶ）を運行するケースが多い。とくに，2002年2月に改正道路運送法が施行され，乗合バス事業における需給調整規制が原則撤廃された。そのため，バス事業者にとっては，法的にも赤字路線からの退出が容易となり，廃止代替バスがいっそう増加すると予想されている。本節では，我が国の典型的なルーラルエリアの特徴があてはまる岐阜県を事例として，廃止代替バスの問題点について検討を行う。

3.1.2 岐阜県における自主運行バスの概要

(1) 岐阜県の概要

　我が国におけるルーラルエリアの交通問題について，本節が岐阜県を対象とした理由は，岐阜県は「飛山濃水」と呼ばれるように，積雪山岳地帯の高山を中心とする飛騨地方と，岐阜市を中心とする農村平野部が多く存在する美濃地方に大別され，わが国の典型的なルーラルエリアの特徴を持つ地域であると判断されるためである[1]。また，美濃地方には，東部を中心に非積雪地帯の中山

---

1) 本調査研究は，2001年8月～9月にかけて現地調査（2市町村はFAXで対応して頂いた）を行ったものである。これは，対象市町村数が59であり，少しでも数字が欠けるとバイアスがかかると判断されたためである。県へ提出する補助金の申請書の複写（6市町村は担当者による筆写）をいただき，その数値を用いている。データに含まれる数値は，輸送人員，走行キロ，運送収入，運送

間地域も存在している。また，調査当時（2001年9月）における99市町村のうち，「過疎地域自立促進特別措置法」で指定される過疎市町村も27存在していた。

　岐阜県は人口分布で見た場合，日本の中心にあり，人口は約212万人，内，市部が137万人（64.4%），65歳以上人口が37万人（17.5%）である（1999年10月1日）。総面積は105万9575ha であり，内，森林面積が86万4181ha（81.6%），農地面積が6万5578ha（6.2%），宅地面積が3万7179ha（3.5%）を占めている（1997年10月1日，総面積は1987年10月1日）。

　2001年9月現在，県内の民営乗合バス会社は6社（岐阜バスコミュニティ八幡を加えると7社）あり，岐阜地区を運行する①「岐阜乗合自動車（岐阜バス）」，その子会社の②「岐阜バスコミュニティ」（および「岐阜バスコミュニティ八幡」）；東濃地区（多治見市を中心とした岐阜県南東部）の大部分を運行する③「東濃鉄道（東鉄バス）」；同地区中津川市を主として運行する④「北恵那交通」；主として飛騨地区を運行する⑤「濃飛乗合自動車（濃飛バス）」；西濃地区（大垣市を中心とした岐阜県西南部）の大部分を運行する⑥「名阪近鉄バス」である。①〜⑤は名古屋鉄道（名鉄）のグループ会社である。その他，「JR東海バス」および「岐阜市営バス」が運行する地域もある。

(2)　自主運行バスの運行方式と歴史

　「廃止代替バス」は，岐阜県など中部運輸局管内では「自主運行バス」と呼ばれている。「自主運行バス」は，最近誕生したコミュニティバスを含むなど，厳密には「廃止代替バス」よりも多くのバスを含んでいる。しかしながら，岐阜県ではコミュニティバスの多くが旧廃止代替路線の拡充であることを考慮すれば，「自主運行バス」を「廃止代替バス」と読み替えても差し支えはない。「自主運行バス」とは，市町村が運行に関与するバス（ただし，岐阜市営バスのような道路運送法4条による許可を有するバスを除く）をいい，道路運送法21条の2「貸切バスの乗合許可」に基づく運行方式（以下，21条バス）と同法

費用（あるいは補助金額）である。この調査研究における運行形態による費用の差異については，早川（2003）を参照していただきたい。

80条「自家用自動車の有償輸送」に基づく運行方式（以下，80条バス）がある[2]。80条バスには，市町村職員が運行を行う「直営方式」（以下，80条直営バス）と運転をタクシー・レンタカー会社に委託する「委託方式」（以下，80条委託バス）がある[3]。21条バスと80条バスの違いは，21条バスが4条の「貸切」許可を取得する「バス事業者」により運行されるのに対して，80条バスは「貸切」許可を取得しない自治体およびタクシー会社などにより運行されることである。また，21条バスでは，運転手に「大型二種」免許が必要とされるが，80条バスでは「大型一種」免許で良いとされる[4]。

　路線バス事業には，2002年1月末まで需給調整規制が課せられ，バス事業者には参入・撤退の自由が基本的には認められていなかった。そのため，バス事業者は，赤字地域の損失を黒字地域の利益で補填するいわゆる「内部補助」と，1966年に創設され，後に拡充された「離島・辺地等バス路線維持」に対する補助金によって赤字路線の維持を図った。しかしながら，補助対象とならない路線など，この間にも路線の休廃止が進み，住民の足を確保するために市町村が受け皿となってバスが運行されるケースが生じてきた。

　このため，当時の道路運送法101条において規定されていた「自家用自動車による有償輸送」が援用された通称「101条バス（現在，80条バス）」が誕生し，1977年度から運行費の欠損の一部が補助される「廃止路線代替バス運行費補助（国・都道府県がそれぞれ3分の1を補助）」制度が創設された[5]。一方，増え続ける民営バスの赤字路線を維持するために，1972年には，離島・辺地だけでなくルーラルエリア全体を対象とする「地方バス路線維持費補助」に制度が拡

2）　2002年10月1日当時の条文番号による。
3）　群馬県や高知県のようにタクシー会社が4条貸切許可（免許）を取得し，21条の2の「貸切許可」によってタクシー会社等が廃止代替バスを運行するケースもある。したがって，本節では，21条バス（既存事業者への委託バス），80条委託バス（タクシー会社等への委託バス）という表現を用いるけれども，わが国には21条バスでもタクシー会社等へ委託しているケースがあることには留意する必要がある。
4）　ただし，実際には運輸局が，市町村に「大型二種」免許を保有する運転手を雇用するよう指導している。
5）　同年，「廃止路線代替バス車両購入費補助」が創設され，1975年度には「初度開設費」も補助対象に加えられた。

充された。当初は乗車密度5人以上の路線（第2種生活路線）のみが対象とされたが，1975年度には5人未満の路線（第3種生活路線）も補助対象となった。ただし，第3種生活路線に対する運行費補助は，1980年度より3年間という限時的な補助となった。廃止代替バスへの円滑な移行を進めるために，補助金が切れる1983年度に「貸切バスの乗合許可」で運行される形態の廃止代替バスも補助対象となり[6]，いわゆる「21条バス」が増加しはじめた（本節末の表3-7参照）。

　後述する岐阜県のケースにおいても，1983年以前に運行が開始されたケースでは，80条許可で運行されるケースがほとんどであり，それ以降は21条の乗合許可で運行されるケースが多い[7]。21条バスが増えたのは，当該自治体にとっては，運転手を確保する仕事から解放されることや事故時のリスクを軽減できることなどにメリットがあり，バス事業者にとっても，損失を出さない安定的な仕事を確保できるなど，自治体およびバス事業者の双方にメリットがあるためであると考えられる。

(3) 岐阜県の廃止代替バスに対する補助制度

　1995年に廃止代替バスに対する国庫補助が一般財源化（特別交付税措置）されることとなったが，多くの都道府県では廃止代替バスに対する単独補助を行っている。岐阜県においても，廃止代替バスに対する補助制度が存在し，それには「運行費の欠損」に対する補助金と「車両購入費」に対する補助金がある（表3-1参照）。概略を述べると，「運行費の欠損」に対する補助金は，欠損額の3分の1を補助するものである。ただし，特別交付税の地方バス単独分における標準年間運行経費〈キロ当たり単価〉を補助限度額とする。一方，「車両購入費」に対する補助金は，実購入費×0.9×3分の1を補助するものである。

---

6) 補助制度の変遷は，運輸行政調査会（1985），pp. 252-253が詳しい。
7) ただし，近年では，新規に路線を開設する市町村が最初からタクシー会社等に委託する形態によって，本節でいう80条委託バスの運行が開始されているために，再び「80条バス」がいくつかの市町村で誕生している。また，長野県中信地方（奈川村など）では1990年代にも80条バスが誕生するなど，補助制度の歴史的経緯以外にも地域性や政治的要因があり，一概に補助制度の経緯だけとはいい切れない部分もある。

第3章　広域自治体による越境バスサービスの確保　　　105

表3-1　200年度における岐阜県自主運行バスに対する補助制度（県補助制度）

事項		内容	補助事業者の要件	補助額及び補助限度額
市町村自主運行バス総合補助金	運行費　市町村自主運行バス路線の運行に伴う欠損補助	道路運送法80条または同法42条の2許可を受けて運行している路線のうち，知事が利便性の高い効率的な地域公共交通体系を確立する上で必要と認めた路線に対して，運行によって生じた赤字を補助する。	自主運行バスを運行する市町村［一部事務組合，広域連合を含む］	〈補助額〉欠損額×1/3　〈補助限度額〉{特別交付税の地方バス単独分における標準年間運行経費−運送(経常)収益}×1/3
	車両購入費　市町村自主運行バス路線の運行の用に供する車両の購入費補助	上記路線の運行の用に供する車両の購入に要する経費を補助する。	自主運行バスを運行する市町村［一部事務組合，広域連合を含む］	〈補助額〉実購入費×0.9×1/3　〈補助限度額〉1000万円×0.9×1/3（低床型車両）500万円×0.9×1/3（一般車両）

(注)　道路運送法42条は，現行法では21条である。
(出所)　岐阜県交通物流課。

「耐用年数表」によって，減価償却の期間が５年とされ，10％の残存価額があるとして0.9を乗じることとなっている。ただし，実購入費は，低床型車両で1000万円，一般車両で500万円を限度とする。したがって，バスの購入に対して県から市町村が受け取る最高の補助金額は，１台当たり，低床型車両で900万円の３分の１である300万円，一般車両で450万円の３分の１である150万円となる。

⑷　岐阜県自主運行バスの現状

　2000年度（以下，本稿では補助金の年度を用いる。期間は，前年10月１日から当該年９月30日までである）において，岐阜県99市町村（2000年度当時）のうち60（県の補助金を受けた市町村は59市町村）で「自主運行バス」が運行されていた。このうち，21条バスのみを運行していたのは43市町村，80条バスのみを運行していたのは11市町村，21条バス・80条バス両方を運行していたのは５市町村である。2000年度には，６市町村が新規にバスの運行を開始する一方，３町村が運行を中止した。バスを運行する市町村数が増加しているため，総数で

は，走行キロ，輸送人員，経常収入，経常費用すべてが増加している。

2000年度の走行キロ当たり（以下，キロ当たり）金額に注目すると，キロ当たりの経常収入，経常費用，欠損額は，1998年度と比較してすべて低下している。

補助金1000円当りの効率性について見れば，表3-4のようになり，サービス水準（走行キロ）は増加しているが，輸送人員の増加には結びついていない。

表3-2　岐阜県自主運行バス基礎データ

（単位：km，人，1000円）

	1998年度	1999年度	2000年度
市町村数	50	53	59
走行キロ	4,005,457	4,515,022	5,377,652
輸送人員	2,121,798	2,362,848	2,661,564
経常収入	499,866	524,703	621,899
経常費用	1,401,241	1,545,453	1,757,527
欠損	901,374	1,020,750	1,135,628
県補助金	296,753	337,680	372,394

(注)　この表で示される経常費用とは，補助金申請に使用する費用であり，21条の場合は，「貸切バス事業者の得た経常収益」に「貸切バス事業者に支出した額」を加えた金額（車両償却費が含まれない）をいい，80条の場合は，経費の合計欄の金額をいう。
　　　経常収入には，80条の運行を一般会計で行っている場合，児童・生徒・高齢者への割引分（無料乗車）を補塡した「みなし収入」が含まれる。
　　　県補助金を受けている59市町村分のデータである。
(出所)　岐阜県交通物流課資料・各市町村資料より作成。

表3-3　キロ当たり収入・費用

（単位：円）

キロ当たり	1998年	1999年	2000年
経常収入	124.8	116.2	115.6
経常費用	349.8	342.3	326.8
欠損	225.0	226.1	211.2
県補助金	74.1	74.8	69.2

(出所)　岐阜県交通物流課資料より作成。

表3-4　県の補助金1000円当たりアウトプットの推移

補助金千円当たり	1998年	1999年	2000年
輸送人員	7.2	7.0	7.1
走行キロ	13.5	13.4	14.4

(出所)　岐阜県交通物流課資料および各市町村データより作成。

3.1.3 自主運行バスの問題点

⑴ 自主運行バスの問題点

自主運行バスの問題点には，欠損を「特別交付税」によって国が補填する方法が妥当であるかという根本的な問題以外にも以下の6点がある[8]。

①財政再建が叫ばれる中での補助金の増加（絶対額）。

②コストを抑えつつ，輸送人員増加に結びつく手段が見当たらないこと。

③スクールバス・福祉バスなどとの統合。

④複数市町村間の調整。

⑤いつまで運行するか？

⑥どの範囲まで運行するか？

②に関しては個々の路線の状況によって異なる問題であり，③は可能な場合，すでに行われていることに加えて福田（2000）などの既往研究があること，さらに，⑤および⑥に関しては基準設定の問題であり，興味深いテーマではあるが，本節で結論が導き出せるものではないということがある。したがって，本節では，問題点の列挙にとどめ，①と④に焦点をあてて検討する。

⑵ 補助金増加の問題

自主運行バスの補助制度が変更された1995年以降について補助金額の推移を見れば，2000年度までの6年間で岐阜県では約2.6倍に増加している。これは，補助金の交付を受ける市町村が増加しているためである。

一方，増加している県の補助金額に対して，県側も2000年度に市・町村・過疎町村毎に基準収支率（収入/経費×100）を定め，それを満たさない場合は補助をカットするという抑制案を作成した[9]。結局，この案は諸事情により廃案となったけれども，今後補助金がどうなるかわからないということを各市町村に印象付けることとなり，2000年度中に3町村が自主運行バスを廃止した[10]。

---

8) 「特別交付税」は，バス・乗合タクシー等の公共交通を運行した場合にのみ交付されるため，他の手段，例えば，高齢者等にタクシー券の交付の方が望ましい場合でも，自治体の都合からバス等が選択される可能性が否定できない。

9) 当初2001年度より導入予定。市50%，町村40%，過疎町村30%。

10) 3町村ともスクール・福祉バスへ統合されたため，住民の足がなくなったわけではない。

表3-5　自主運行バスに対する運行費補助金および市町村数の推移

(単位：1000円)

	1995年	1996年	1997年	1998年	1999年	2000年
運行費補助	141,439	143,912	218,367	296,753	337,680	372,394
市町村数	26	25	44	50	53	59

(出所)　岐阜県交通物流課資料より作成。

　近隣の三重県では，補助対象路線の2002～03年度における収支率30％以下の場合，2004年度より補助金を打ち切ることとした[11]。

　このように，増加する補助金額の問題は，岐阜県だけに限らず，厳しい自治体の財政事情の下，多くの自治体で解決されるべき喫緊の課題となっている。都道府県の補助金を削減することのみが目的であれば，上述のような手段も有効と考えられるけれども，結局は市町村にしわ寄せがいくだけであり，抜本的な解決とはならない。低廉な公共交通機関を存続させ，運行本数を削減しないなどのサービス水準を維持することを前提とした上での補助金額削減手段として，①競争入札を用いたコスト削減，②委託先の変更によるコスト削減，③タクシー，（デマンド型）乗合タクシーの活用，あるいは自家用自動車によるボランティア輸送など他の交通機関を活用する方法が考えられる[12]。とくに，③に関しては，都道府県の補助対象から外れる可能性があるため，バス以外の積極的な取り組みにも，柔軟に都道府県が対応することが望まれる。

(3)　他市町村との調整問題

　複数市町村にまたがっている路線の場合には，他市町村との調整が重要になる。その際の問題点には，主として，①運行開始後における補助金分担率の問題と，②路線の新設・撤退の決定がある。どちらも市町村の利害が直接関係するため，一般の民営路線バスでは「地域協議会」，自主運行バスのような個々のケースでは県の仲介など，調整機関の役割が重要となる。

　2001年より地方バスの国庫補助制度が変更され，複数市町村にまたがる路線

---

11)　『朝日新聞』2002年1月13日［名古屋版］記事より。

12)　②の委託先の変更による補助金の削減に関しては，早川（2003）参照。

のみが補助対象とされることとなった。その際，岐阜県の一部の地域では，どのように補助金を按分するかで市町村の意見が一致しないという問題が生じた。補助金（市町村負担）の按分方法にはいくつかの方法が存在するが，どの方法がより望ましいかはその地域の状況に依存しているため，一般論としての結論を導くことは困難である。また，市町村合併などによってこの問題が解消されるケースも生じつつある。その一方で，国庫補助路線から廃止代替バスへの切り替え，あるいは鉄道線の廃止などの際にはこの問題が生じる可能性がある。

　岐阜県における自主運行バスの補助金の按分には，4つの方法がとられていた（表3-6参照）。もっとも広島県能美町では，均等割りに走行割りを加える方式がとられるなど，岐阜県で行われている方式がすべてというわけではない（この事例については次節参照）。

　「走行キロ」による按分方法とは，走行距離に応じて分担率を決める方法である（図3-1(a)のケース）。いわば，当該路線における当該自治体のカバー率をそのまま補助金の分担率にするケースである。どの按分方法にも一長一短があり，どの方式が最善であるかについては一概にいえない[13]。

　「走行キロ」による按分方法は簡潔であり，かつ各市町村の供給量を反映しているという観点で見れば合理的で，現在もっとも多くの系統で用いられている方法である。しかしながら，利用者の利用実態という需要面を反映しているとはいい難く，運行距離が短い市町村は負担額が小さくなる。

　「加重平均」による按分方法は，バスの乗客の多くが中心都市から乗車し，

表3-6　2000年度における自主運行バスの補助金分担率の
　　　　按分方法および系統数

按分方法	系統数	概　　　要
走行キロ	31	走行キロに応じて各市町村が欠損分を負担
加重平均	7	起点より遠い市町村が多く負担する方式
全額負担	8	起点より遠い市町村が全額負担
乗客数	3	乗客の多い市町村が多く負担

---

13)　「走行キロ」および「加重平均」による按分という言葉は，「補助金交付申請書（以下，「申請書」）」において実際に用いられている言葉である。「全額負担」は，「申請書」で用いられている言葉ではない。「乗客数」は，「申請書」では「乗降調査実績」という言葉が用いられている。

図3-1 補助金按分方法

(a) 走行キロによる補助金按分

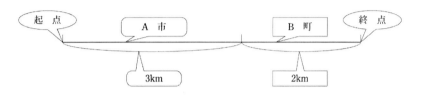

A市の負担：800万円×3/5＝480万円
B町の負担：800万円×2/5＝320万円

(b) 加重平均による補助金按分

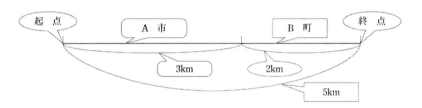

A市の負担：800万円×3/8＝300万円
B町の負担：800万円×5/8＝500万円

数名ずつ下車していくという利用実態をある程度反映させた按分方法といえる。しかしながら，当該系統が鉄道路線と併行している場合など，途中で乗客の入れ替わりがあるため，利用実態をほとんど反映せず，中心に近い都市の負担額が小さくなるという問題がある。

「全額負担」による按分方法は，「加重平均」方式の一種ともとれる。この方法のメリットは，外側の市町村は負担が大きいけれども，起点側への配慮が必要ないため，自らの市町村の都合で運行形態（運賃，時間帯，ダイヤなど）を決められることにある。ただし，3つの市町村にまたがる場合には，中間の市町村の負担がなくなりただ乗りできる問題があるため，調整が困難であろう。

以上，3つの補助金按分方法は，供給側，すなわちバスの走行距離を基準に

したものである。ただし，「走行距離」による按分方法は各市町村の供給量のみを考慮しており，「加重平均」および「全額負担」方式は，供給量だけでなく，需要面も一部反映しているといえる。

　一方，「乗客数」による按分方法は，実際の利用実態に合わせて自治体が負担を行うという公正の面から望ましい方法といえるかもしれない。しかしながら，毎年按分率が変化する点や，正確な乗客数を把握するためには（時間を含めて）費用がかかる点が問題となる。さらに，費用負担に対して，利用者数の多い市町村が多く負担をすべきか，少なく負担すべきかという根本的な問題もある。例えばJRの運賃が幹線よりローカル線が高いのは利用者が少なく，1人当たりの費用が高いためである。したがって，当該路線の利用者が少ないため欠損が生じることを考慮すれば，利用者の少ない自治体ほど多くの負担をする必要があるかもしれない。これは，「欠損の原因への補塡」と考えられる。逆に，赤字が前提であり，本来なら利用者が負担すべき高い運賃の一部を代わりに自治体が補塡しているとの立場にたてば，現行のように利用者が多い自治体が多く負担する必要があるかもしれない。これは，「運賃割引分への補塡」と考えられる。どちらが正しいかを判断する基準がないため，当該市町村間の話し合いによって決定せざるをえない。

　以上4つのどの按分方法を選択するかについては，最終的には市町村間の話し合いによって決定されることとなる。しかしながら，按分方法の変更が行われる場合，市町村間の利害が対立する可能性が高い。そのため，このような「按分率の決定」など根本的事項について市町村間の調整を行う機関が自主運行バスにも必要とされ，県がその中心的役割を担うことが期待される。また，県境を越える場合には，国（運輸局）が調整役を果たすケースが生じるかもしれない。

　実際，先述したように，民営路線バスの補助制度変更に伴う按分率の変更では，調整に時間がかかっている。岐阜県では2001年2月に「県バス対策地域協議会」が設置されたが，このときは補助金の走行距離方式から加重平均方式への変更が焦点となった。当該地域では，鉄道線と併行する系統がいくつか存在し，それらの系統においては「加重平均」方式が旅客の利用実態を反映していないことが問題となった。最終的には，2002年3月に「加重平均」方式が採用

されることで結論に達したとのことである[14]。上述のように補助金の按分方式には一長一短があって明確な基準が存在しないため，とくに按分方式が変更される際には調整機関の役割が重要となる。

　補助金分担率以外に別な問題もある。例えば，3市町村以上にまたがる路線において，中間の市町村がバスをやめたい場合，末端の市町村との調整が必要となる。また，起点側の地域の中心となる市町村が撤退する場合も，末端の町村との調整が必要となる。このようなケースでは，都道府県が調整の役割を担当することが妥当であると考えられる。

3.1.4　規制緩和と自主運行バス

　本節に関する調査研究は，2001年7～9月にかけて行った。その際，岐阜県の自主運行バスに関連する分野において，規制緩和を睨んでの既存事業者の動きが2点あった。

　現在，バス事業者は費用削減を行っており，その一環としての「分社化」が岐阜県内で行われている[15]。分社化によって，人件費は大幅に削減される。それは，定年退職後の運転手を再雇用することや，新規採用者を既存事業者の職員とは異なる労働条件で採用することによって達成される。

　2000年6月には，各務原市のみが分社化された会社（「岐阜バスコミュニティ」）に運行を委託していただけであったけれども10月には，さらに美濃加茂市が同じ会社へ運行を委託している。ここで注目すべきことは，それにとどまらず，岐阜バスがさらに翌2001年1月に八幡町において「岐阜バスコミュニティ八幡」を会社設立し，将来の受託に備えたことである[16]。「郡上踊り」で有名な八幡町は美濃地方北部の中心都市であって，名鉄グループの岐阜バスにとって経営戦略上の要地であることもあるが，この会社設立にはほかの理由もあ

---

14)　2002年5月20日の名阪近鉄バスへの電話インタビューによる。ただし，1系統で減便が実施されたとのことである。

15)　ただし，岐阜バスコミュニティ（岐阜バスの連結子会社）は既存会社の分社化とは異なり，1965年に系列化していた「新東海観光バス」の社名を1999年に現名称に改め，同年6月から乗合路線の運行を開始した会社である点が，西日本鉄道に見られるような分社化とは異なる。

16)　ただし，現在のところ，岐阜乗合自動車と「岐阜バスコミュニティ八幡」は非連結子会社である（第90期2001年3月決算，「有価証券報告書」より）。

る。つまりこの地域では，80条委託バスが白鳥町と大和町（2000年度運行開始）で運行されており，さらに八幡町および高鷲村では，自治体職員による80条直営バスが，土・日曜日など一部の便についてタクシー会社等に委託されている。このように，岐阜県内で一部委託を含めて最も多くの市町村がタクシー会社等への委託を進めている地域に，既存事業者が費用の低い会社を設立し，対抗措置をとろうとしたと考えられるのである。調査時点では，まだ「岐阜バスコミュニティ八幡」による自主運行バスの委託は行われていないけれども，これらの動向は今後，注目に値する[17]。

　また，濃飛乗合自動車（以下，「濃飛バス」）も営業エリア内の80条直営バスの「囲い込み」ともとれる行動を開始している。1998年度から金山町，1999年度からは萩原町，2001年度からは清見村において，80条直営バスからの切り替えによる21条貸切バスの受注に成功している。加えて丹生川村でも，旧来の路線は80条バスのままであるが，追加の新路線の受注に成功した。このことは，一般的な業務拡大ともとれるけれども，動きが余りに積極的なので，将来の新規参入を阻止し自社営業エリアを確実に維持するために，現時点において市町村の「囲い込み」をしているようにもとれる。このことは，既存事業者の立場から見れば，当然打つべき手であり，その経営戦略自体は正しいといえる。しかしながら，当該地域社会全体の効率の観点で見れば，新規参入企業を含む他の事業者が参入できる制度が確立されなければ，低い費用で運行できる事業者の進出を阻むこととなり，必ずしも望ましいことではないと考えられる。

3.1.5　本節のまとめ

　以上，岐阜県の自主運行バスについての概要を示した。自主運行バスには問題点がいくつか存在するが，その中でとくにバスの運行に関わる補助金増加の問題，および複数市町村にまたがる路線における補助金の按分の問題について検討した。当該市町村内の系統は，市町村が責任を持つことは当然として，複数市町村にまたがる系統では県が，県境をまたいで運行される系統では国（地

---

17)　2001年8月より八幡町での委託を開始，2002年10月からは白鳥町でも一部委託を開始したが，2003年12月から白鳥町ではデマンド型乗合タクシーに運行が切り替えられている。

表3-7　2001年3月以前の過疎バス補助制度の変遷

年度	項　　目	概　　要	備　　考
1966	離島・辺地等バス路線維持・車両購入費補助	1966年「離島」，1967年に「辺地」も対象となる	1971年度まで
1969	過疎・辺地等バス路線維持・路線維持費補助	運行費欠損補助	1974年度まで
1970	廃止路線代替バス車両購入費補助		1994年度まで
1972	地方バス路線維持特別対策・生活路線維持費補助	乗車密度5人以上15人以下の路線運行費欠損補助	2001年3月まで
同	地方バス路線維持特別対策・車両購入費補助	乗車密度5人以上15人以下の路線	2001年3月まで（現行制度でも存在）
1975	廃止路線代替バス運行に関わる補助	初度開設費の一部の補助を追加	1994年度まで
同	乗車密度5人未満の路線に対する路線維持費補助	運行費欠損補助，3年間のみ	2001年3月まで（1980年度に3年間の期限設定。1999年度より同一市町村内は2年間）
1977	廃止路線代替バス車両購入費等補助金・運行費補助	運行費欠損補助の追加	1994年度まで（1983年度に貸切形態も補助対象に追加）
1995	廃止路線代替バス補助金の一般財源化（特別交付税）	市町村（県）負担額の8割算入	現行

(注)　デマンドバス関係の補助は省略。
(出所)　『日本のバス事業』各年版より作成。

方運輸局）が調整機関となり，利害関係者の意見を集約することが重要になると考えられる。各自治体の財政状況は厳しくなっている。しかし，そのことは，地域の交通問題について住民および行政を含めた関係者すべてが真剣に検討を行うチャンスともいえる。

3.2　第三セクターによるバス運営──広島県能美島の事例──

3.2.1　はじめに

　バス運行に関しては第三セクター形態を活かした事例が全国的に少ない。このため本節では，第三セクター形態によるバスサービス供給の意義や問題点に

ついて調査・検討する。

本節では最初に，全国の第三セクターの一覧の中からバス事業に携わっている第三セクター事業者を抽出して，全国的状況を示す。

その中で，広島県能美町に本社を置く能美バスは，1987年に複数自治体等の出資により設立されたもので，第三セクター形態による広域的なバス運営として，早くから自治体側が主体的に取り組んでいるケースに位置付けられる。その経緯や概要，課題などについて取り上げる。

また，市町村合併が加速化する中で，同社に出資しているいわゆる江能地域4町が，2001年に『江能四町交通問題確保対策基礎調査業務報告書』を取りまとめた。自治体による交通問題への広域的対応を，市町村合併と関連付けて取り上げる。なお江能4町は2004年11月に合併し，江田島市として発足した。

3.2.2　第三セクターによるバス運営の動向

地方バスの市場変化と自治体の対応に関して，バス運行に関しては第三セクターを活かした事例が少ない（寺田（2002））。このため，第三セクター形態によるバスサービス供給の問題点について検討を行う。

鈴木（2001）は，第三セクターバス会社として，ふらのバス（北海道），仁多交通（島根県），東頸バス（新潟県），東和町総合サービス公社（岩手県）の事例を紹介している。これらのうち，1996年10月に設立された東頸バスは，新潟県東頸城郡を営業エリアとし，頸城自動車の路線を移管するための貸切代替バスの一つである。このような目的で，同郡の6自治体と頸城自動車が共同出資した第三セクターの会社である。

地域企業経営研究会編（2003）は，2002年1月現在の全国の第三セクター[18]を収録している。これらのうち，業務分野で「運輸・道路」に分類されるものが519社あり，このうち「バス」に関係するものは，表3-8に掲げる28社である[19]。28社の中には，バスターミナル等の管理運営をする会社や九州急行バス

---

18)　同書でいう第三セクターとは，「商法（有限会社法を含む。）の規定に基づいて設立された株式会社，合名会社，合資会社若しくは有限会社」（「商法法人」）と「民法の規定に基づいて設立された社団法人若しくは財団法人」（「民法法人」）を指している。

19)　抽出された28社の中に「広島交通」が含まれていたが，同社は第三セクターに該当しないので除外する。他方，「仁多交通」がリストから漏れているので，同社を加え28社とした。

表3-8 バス事業に関わる全国の第三セクター

	地方公共団体名	法人名	業務概要
1	札幌市	札幌ターミナルビル	JR 駅の管理，駅内施設等の運営並びにバスターミナル及び駐車場の管理運営
2	富良野市	ふらのバス	路線バス・貸切バスの運行
3	十和田市	十和田観光電鉄	鉄道，バス，ショッピングセンターの経営
4	五戸町	南部バス	一般乗合，一般貸切バス事業
5	盛岡市	盛岡バスセンター	バスターミナル・駐車場賃貸，乗車券代売
6	東和町	東和町総合サービス公社	貸切バス及び路線バスの運行
7	川井村	川井交通	村民バス等の運行受託
8	仙台市	仙台市交通事業振興公社	バス走行環境改善業務，パーク・アンド・ライド推進事業，乗客案内業務，乗車券発売業務
9	仙台市	仙台交通	市バス・地下鉄関連保守管理・清掃業務，青年文化センター等の保守管理・清掃業務，市バス・地下鉄広告取次ぎ業務
10	草津町	草津温泉バスターミナル	バスターミナル業・駐車場業他
11	東京都	はとバス	定期観光，一般観光バスの運行
12	浦川原村	東頸バス	路線バスの運行，管理
13	富山県	加越能鉄道	鉄軌道事業，バス事業，保険事業等
14	富山県	富山地方鉄道	鉄軌道事業，バス事業
15	富山県	立山黒部貫光	室堂から黒部湖間のトロリーバス，ロープウェイ，ケーブルカー，ホテル経営
16	豊橋市	豊橋バスターミナル	バスターミナル事業
17	名古屋市	名古屋ガイドウェイバス	ガイドウェイバス志段味線の管理運営
18	鳥取県	鳥取バスターミナル	鳥取バスターミナルの管理運営およびバス利用者への役務の提供
19	仁多町	仁多交通	バス交通事業の運営
20	広島市	広島バスセンター	バスターミナル施設の管理運営
21	能美町	能美バス	廃止路線代替バス運行業務，観光貸切バス事業，国内旅行業務，回槽業務，損害保険代理店業務
22	直島町	直島バス	タクシー運行業務
23	上浦町	瀬戸内海交通	バスによる旅客運送業務
24	香我美町	香我美町開発公社	スクールバス運行事業・霊園管理運営事業
25	長崎県	九州急行バス	バスによる旅客の運送
26	福岡市	福岡交通センター	バスターミナルの管理運営
27	長崎県	長崎県営バス観光	旅行幹旋業，広告業等
28	宇久町	宇久観光バス	一般旅客自動車運送事業

などの特殊な経緯で設立されたバス会社も含まれている。

　これまであった道路系公共交通に対する広域的な対応の例には，事業者が複数の自治体に提案や働き掛けを行って調整を図るタイプが多く，最近になって自治体側が主体的に取り組むケースが出始めた状況である（寺田（2001））。そのような中，バス市場での規制緩和に伴い，路線維持のための補助金交付の責任を中心的に担うことになった市町村が，行政区画を越えた広域的政策対応を行うことが可能かどうかという観点は理論上重要である。

　そうした中で，早くから自治体側が主体的に取り組んでいるケースとして，広島県の能美バスを，①第三セクター形態による広域的なバス運営の事例，および②自治体による広域的対応の事例として紹介する。

　本節は，①バス運行の主体である能美バス，②能美バスへの補助金交付事務を担当している能美町総務課，③『江能四町交通問題確保対策基礎調査業務報告書』（2001年）の取りまとめ役であった江田島町企画課，へのインタビュー調査結果や関連資料を整理したものである。

3.2.3　江能地域の概要

(1)　江能地域の概要

　本節で扱う能美バスは，広島湾上に浮かぶ能美島（能美，沖美および大柿の３町）を運行区域としている。その能美島と，同じく広島湾上の江田島（江田島町），そしてその周辺に点在する小島からなるのが江能地域と呼ばれる地域であり，江能地域は４町で構成されている（図3-2）。江能地域の人口は約３万3000人（2000年現在）で，減少傾向が続いている一方，高齢化が進んでいる。

　海上交通に関しては，複数の民間事業者および能美町により，広島市，呉市と連絡するフェリーおよび高速船（旅客船）が運航されている。江能４町それぞれの長期総合計画書や現地におけるインタビューなどによれば，江能地域は，交通に関して全般的に高い優先順位を付けている。交通の中で優先順位を付けると，①海上交通，②道路整備，③バスの順となるとされている[20]。

---

20)　例えば江田島町では，1996年12月４日に「江田島町交通懇話会」が設置されている。まちづくりの一環から設置されたものであるが，その委員構成（行政２，議会２，各種団体５（漁協３，商工会１，観光協会１），交通機関８（海運６，バス２），地域代表４（区長２，通勤者代表２），以上21）

図3-2 江能地域の位置

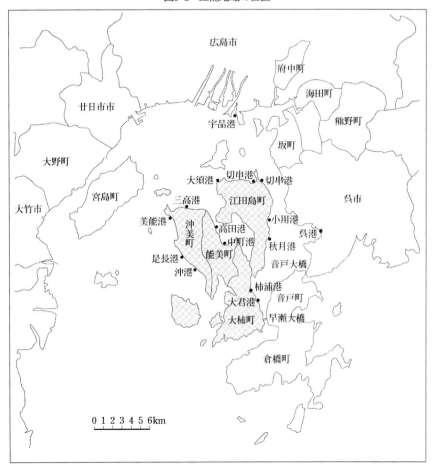

(出所) 江田島町他 (2001),p. 3。

から見ても,江田島町に関わる交通問題の検討というのがその会の中心的テーマである。翌年5月までに3回にわたる会議と各分科会が開催され,要望と対応策が提出された。内容を分類すると,①港湾関係,②道路関係,③その他であり,海上交通および私的交通に対する要望が重点的に挙がっているといえる(江田島町町史編さん審議会編(2001))。

⑵ 江能地域のバス路線

江能地域のバス路線は，主要公共公益施設および港を連絡する形で沿岸部を中心に配置されており，能美バスと呉市交通局によって運行されている（図3-3）。

能美バスは，第三セクター形態をとり，呉市交通局の路線廃止を受けて，能美，沖美，大柿の3町にまたがる路線（道路運送法第21条による貸切代替バス，いわゆる21条バス）を運行している（表3-9）。呉市交通局は，江田島町および大柿町の一部に路線（路線名：江能線）を運行している。したがって大柿町には2つのバス事業者の路線が乗り入れている。しかし2社のバスの乗り継ぎはあまりよくない。

3.2.4 江能地域におけるバス交通の展開と現状

⑴ 広域圏計画における公営バス事務組合の構想

能美バスの設立以前に，江能広域市町村圏振興協議会（4町で構成）によって1973年に『江能広域市町村圏振興計画』が策定されている。そこでは，「本圏域のバスは呉市交通局によって運行されているが，最近のモータリゼーションの進展等により，路線によっては乗客数が次第に減少し，採算性等の問題から運行回数が減少し，さらにまだ運行されていない地域もある」という現状が示され，「呉市交通局に対して既設路線の充実と，運行していない地域への開設を強く要請するとともに，当面，能美町，沖美町，大柿町3町の共同による公営マイクロバスの運行事業を計画し，住民の利便性確保に努めるものとする。なお，赤字路線には，国，県の助成措置を要望する」とされている。具体的には，一部事務組合（能美町・沖美町・大柿町）を事業実施主体とする能美公営バス事業の計画であり，1975年度を実施年度に，総事業費650万円（関係市町村分担金150万円，地方債500万円）でマイクロバス2両（26人用）を購入し，その車庫および管理室（70平方m）を能美町に設置するという計画であった。また，経費の3町の間での分担方法は，均等割40%・人口割60%となっていた。しかしながら結局，この公営バス事務組合は実現しなかった。

図3-3　江能地域におけるバス路線の状況

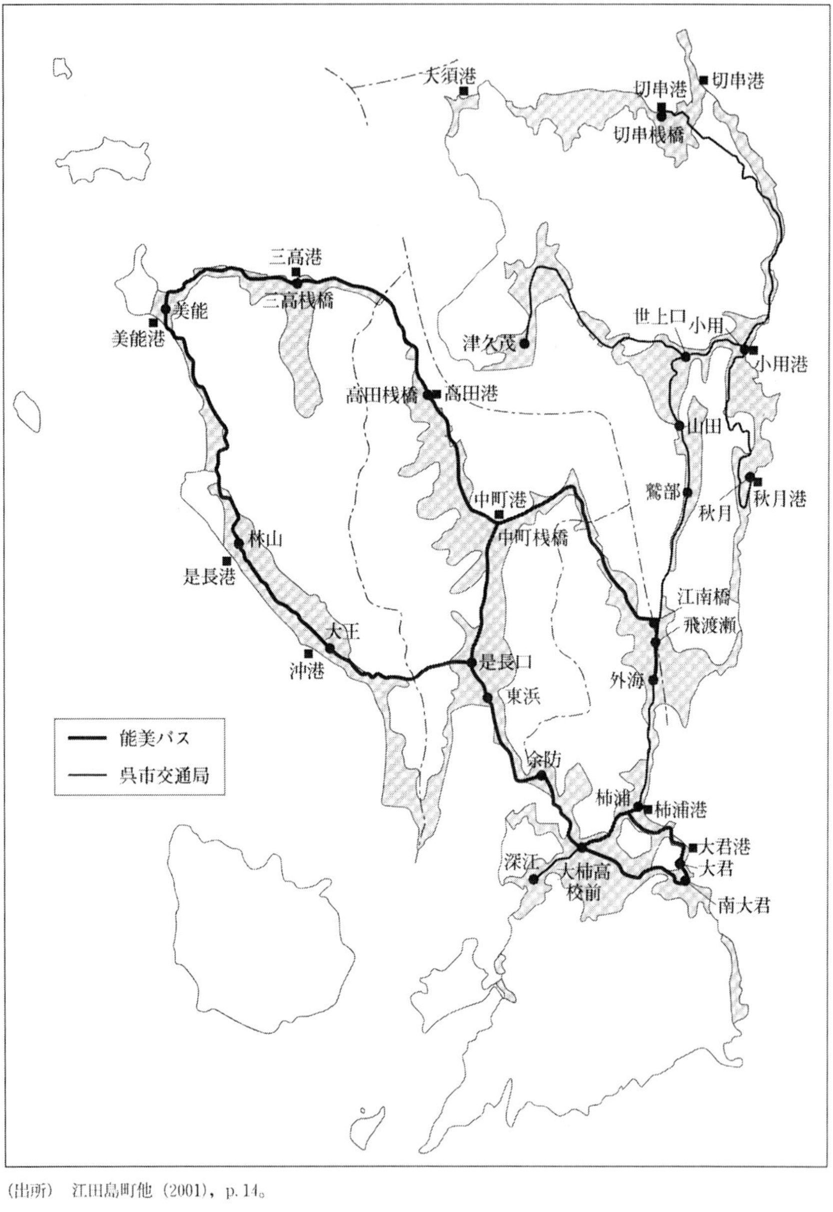

天須港

切串港　切串港
切串桟橋

三高港
三高桟橋

美能
美能港

世上口　小用
小用港

津久茂

高田桟橋　高田港

山田

鷲部　秋月
秋月港

中町港

中町桟橋

林山
是長港

江南橋
飛渡瀬

大王
沖港

是長口
東浜

外海

余防

柿浦　柿浦港

深江
大柿高
校前

大君港
大君

南大君

━━ 能美バス
── 呉市交通局

(出所)　江田島町他（2001），p.14。

第 3 章　広域自治体による越境バスサービスの確保　　　121

表3-9　能美バスにおける系統別運行回数等（2000年10月現在）

系統	起点	経過地	終点	運行回数		系統キロ			
				平日	日祝		沖美町	能美町	大柿町
1	中町桟橋	東浜	大柿高校前	13.5	5.5	6.7		4.5	2.2
2	高田桟橋	東浜	大柿高校前	1.0	2.0	8.7		6.5	2.2
3	中町桟橋	是長	三高桟橋	11.5	8.0	16.5	12.6	3.9	
4	三高桟橋	是長	大王	1.0	0.0	11.2	11.2		
6	三高桟橋	是長	大柿高校前	0.5	0.0	18.2	12.6	3.4	2.2
7	高田桟橋	是長	三高桟橋	0.0	0.5	18.5	12.6	5.9	
8	三高桟橋	高田桟橋前	大柿高校前	5.0	1.0	12.6	1.6	8.8	2.2
9	三高桟橋	高田桟橋前	中町桟橋	1.5	0.0	6.1	1.6	4.5	
13	中町桟橋	柿浦・大君	大柿高校前	3.5	2.5	12.2		4.5	7.7
14	高田桟橋	柿浦・大君	大柿高校前	0.0	0.5	14.2		6.5	7.7
15	三高桟橋	是長・柿浦・大君	大柿高校前	0.5	0.0	23.7	12.6	3.4	7.7
16	三高桟橋	高田・柿浦・大君	大柿高校前	0.0	0.5	18.1	1.6	8.8	7.7
17	中町桟橋	本社	外海	10.0	7.0	5.6		2.3	3.3

（出所）　能美バスの資料より。

(2)　第三セクターによる能美バスの設立

　江能地域では，江田島町〜大柿町間，沖美町〜能美町〜大柿町間を呉市交通局の乗合バスが結んでいた。経緯としては，1952年から呉市交通局の直営路線となり，1962年に三吉〜林山間の開通により能美島を一周するバス路線が完成した（呉市交通局60年史発行部会編（2002））。しかし，バスが赤字に転落し，呉市交通局側から4町長に対して，その補填が強く要請された。これは一度は政治的解決がなされたとされるが，赤字が累積していく状況から呉市交通局は赤字路線から撤退することになった。当時の田中早苗能美町長は，民間出身で県商工会連合会副会長も務めた人物で，呉市交通局が本当に経営努力を行っていたかどうかに疑問を挟んだとのことである。

　過疎地域である島内から公共交通機関がなくなるのは大きな問題だという認識から，赤字路線を運営する適当な民間会社がないので第三セクターで代替運

行を行うという計画も進められた。運行コストを抑えた計画に目途を付けた上で，呉市交通局の撤退を認めたものと考えられる。ちなみに，江能地域は広域行政に積極的であり，1962年に江能上水道組合が設立され，89年には江能広域事務組合が設立されている。ゴミ，し尿，粗大ゴミの処理および火葬場を4町で分担している。

第三セクターの能美バスは，能美島3町が中核となり，民間関係企業の参画も得て，1987年12月7日の設立総会を経て，同月9日に発足した。呉市交通局による江能バス路線のうち，能美町，沖美町並びに大柿町大柿高校以西が廃止され，能美バスがその廃止路線代替バス運行を行った。営業キロ26.8km，車両数5両（うち予備車1両）ということで，一般貸切旅客自動車運送（限定）免許等を中国運輸局に申請し，1988年4月8日より営業を開始した。本社営業所は，能美町にある能美島3町共有地を借地し設置された。従業員は，各町出身者のバランスをとりながら採用された[21]。

資本金は4000万円，発行済み株式総数800株（額面5万円）で，出資者（株主総数10）は，江田島町（出資比率5.0%），能美町（22.5%），沖美町（22.5%），大柿町（17.5%）の4町のほか，江能タクシー協会（12.5%），菱鹿運輸商事（5.0%），能美海運（5.0%），芸備商船（2.5%），能美町交通局（2.5%）および広島銀行（5.0%）である（表3-10）[22]。

呉市交通局は能美島から完全に撤退したわけではなく，江田島町と大柿町を結ぶ江能線については運行を継続しており（現在も運行中），同路線は採算ラインに乗っていたと思われる。呉市交通局とすれば，乗務員や車両などを抱えているということもあり，採算性の良いところだけ残したいという判断であったものと思われる。呉市交通局路線の残った江田島町も，同交通局によるサービスを望んでいたという。黒字の幹線と赤字の支線とがはっきり分かれていたことも，呉市交通局と能美バスの路線分担に繋がったといえよう。そのため，江田島町において能美バスが新たに運行するということはなかった。

---

21) 設立時に，会社の規模などから，因島市と尾道市を結ぶ本四バスの就業規則などを参考にしたという。

22) 出資者は，2001年9月末現在で，能美海運が退き，芸備商船と能美町交通局がそれぞれ2.5%から5.0%に出資比率を上げている。

第3章　広域自治体による越境バスサービスの確保　　　123

表3-10　能美バスの出資者（設立時）

（単位：％）

出資者名	比率
能美町	22.5
沖美町	22.5
大柿町	17.5
江能タクシー協会	12.5
江田島町	5.0
菱鹿運輸商事	5.0
広島銀行	5.0
能美海運	5.0
芸備商船	2.5
能美町交通局	2.5

　江能4町が一緒になってやろうということでスタートした経緯があり，江田島町も加わった4町が，能美バスの年1回の株主総会で顔を合わせている。江田島町は能美バスの株主ではあるが，能美バスは同町を運行していない。能美バスが路線の一部を江田島町に接する江南橋～外海まで延長した折，補助金の負担を同町へ求めたが，同町は応じなかった。

　島内のバスが儲かる事業とは考えられなかったものの，民間企業にも出資を呼び掛けた。能美町には，フェリーを運航する能美町交通局があった。しかし，3町をカバーする広域的バス交通の採算はとれないことが予想され，3町が一体となって取り組むのが望ましいと判断された。このため能美町交通局がバス事業を兼営するという選択はされなかった。また，島にバスがなくなればタクシーも寂れるという懸念があって，江能タクシー協会も出資を行った。タクシー事業者による廃止路線代替バス運行は，当時としてはとりうる選択肢ではなかったようである。

(3)　能美バスの経営体制・経営状況

　その後，能美町長は田中氏から現在の大津克彦氏に替わり，能美バス社長も田中前町長の後，大津町長が就任し現在に至っている。能美町以外の3町長は

同社役員を兼務している。

能美バスの主要な事業内容としては，①廃止路線代替バス，②観光貸切バス，③回漕業務（中町，高田両港の管理受託（切符販売，荷物取扱，自動販売機での飲料販売等）），④国内旅行斡旋業務，⑤損害保険代理店業務などがある。

同社による運行経費は，呉市交通局のそれより安くついている[23]。とはいえ，バス事業としては赤字で，県からの補助金や町の持ち出しで補填している。

1987年の能美バス設立後しばらくは「まだ良かった」という。広島市内の三菱造船やマツダなどに通勤する島民の利用があったが，住民が徐々に高齢化し，減少していった。通勤定期利用者が大幅に減少し，2000年度は定期利用者数28170人，定期外利用者数77452人となり，運賃収入も大きく落ち込んでいる。少子化の影響も，大柿高校への通学利用の減少などとして現れている。通学定期券収入は，1988年度には約840万円であったものが，1999年度には約330万円にまで大幅に減少した。根本的な問題として，通学の足というバス問題以前に，地元の「大柿高校を良くしないと活力のある島にならない」という意見も聞かれる。

能美バスは当初，路線バスの赤字が小さい頃，貸切バスで利益をあげ，2回の配当を行っている。しかし2000年度には路線バスで約4400万円の赤字，貸切バスで約200万円の黒字という経営状況であり，累積赤字も約5500万円に上っている（表3-11）。

能美バスでは，ダイヤ編成に際し，船（高速艇・フェリー）との接続を重視している。「船に遅らせたことがないことが自慢」で，船の出港10分前に港に着いて，船の到着5分後に港から発車するダイヤを組まないと，利用者がタクシーへ流れてしまうという。2001年9月と02年4月には船のダイヤ改正に伴い，バスのダイヤ改正も行われた。改正時には事前に補助金事務を担当する各町との調整が必要とのことである。とくに沖美町では，航路を廃止した代わりにバスを増便した経緯があり，町議会議員のバス問題への関心も高い。そして，改

---

23) 現在，呉市交通局が運行している江能線には江田島・大柿2町から年間計約6000万円が補助されているが，これは能美・沖美・大柿3町による能美バス全体への補助金額を上回るものである。そのことからも2社の費用水準の差がうかがえる。

第3章　広域自治体による越境バスサービスの確保　　　125

表3-11　能美バスの事業部門別損益

（単位：1000円）

	1998年度（10～9月）		1999年度（10～9月）		2000年度（10～9月）	
	路　線	貸　切	路　線	貸　切	路　線	貸　切
経常収益（合計）	30,815	36,494	27,944	37,201	30,488	34,955
経常費用（合計）	75,883	29,762	80,955	25,161	74,619	32,554
差引損益	△45,068	6,732	△53,011	12,040	△44,131	2,402

（出所）　能美バスの資料より作成。

正後のダイヤは，新聞折り込みで必ず住民に周知されている。

　住民や各町からの要望や苦情は，能美バスの社長を能美町長が兼務している
ということもあり，能美町長を通じて能美バスに伝えられている。住民の要望
として，最終の船便で帰ると接続のバスがないというものがある。しかし接続
のバスを運行しても1～2人の利用にとどまることが予想される。事業開始後，
増便はしているものの，他の時間帯で行っている。全体的に住民から苦情や要
望は少なく，能美バス常務取締役は「寂しい」くらいと話していた。規制緩和
後は，大柿町内の呉市交通局との競合区間で増便も実施した。

　運賃は，消費税の転嫁で2回値上げしただけで，初乗りは140円である。ま
た呉市交通局の路線と一部競合するため，運輸当局からの指導で，同交通局と
運賃を合わせるための同調値上げを行った。通勤定期は3割引，通学定期は5
割引という他社と横並びの割引率にしている。能美バスによると，「（運賃が）
安いという評価は受けている」という。

　早瀬大橋で隣接し，町内に病院がない音戸町や倉橋町から大柿町内の病院へ
通院したり，同町飛渡瀬（ひとのせ）地区の無料駐車場付きの大型ショッピン
グセンターへの買い物客が少なくない。そこで他町から江能地域へのバス路線
も考えられるところであるが，本来の性格からして能美バスサイドでは動けず，
行政同士の調整が実現の前提ということになるという。無論，規制緩和実施後，
他町への乗り入れは可能である。しかし，採算性に乏しいのが現実であり，周
辺自治体の財政負担との兼ね合いになってしまう。経済圏が呉市へ向いている
音戸・倉橋両町からの財政負担を期待することは現実的でない。音戸町を経由
しての呉市への直行便実現などはなおさら難しい。

能美バスでは，1990年6月に認可された貸切バス事業（中型2両，マイクロ2両）[24]および旅行幹旋業に力を入れている。各町主催の行事で能美バスに貸切バスが発注されるケースも多い。規制緩和後，事業区域が江能4町から広島県全域に拡大され，音戸・倉橋両町からの受注も得るようになった一方で，周辺事業者との競争環境が厳しくなってきたことも実感されているとのことである。また，「この島から路線バスの火を消さない」，「能美バスを潰してはいけない」という思いで，旅行幹旋業などで生き残りを図ろうとする従業員の努力に，社外から評価を受けるようになったということである。

能美バスの乗務員は公募により，各町からのバランスを見て採用されている。運転士兼整備士も雇用している。ベースアップは近年行われず，定期昇給のみである。今後，嘱託運転士の採用も課題になる。同社は，貸切バス事業には今後とも積極的に取り組む姿勢であり，江能4町合併後は大型観光バスの導入も視野に入れるとのことである。また，桟橋の駐車場を有料化し，その経営にあたりたいという望みも持っている。

(4) 補助金の負担方法について

能美バス設立の際，本社が能美町にあるという理由で，田中早苗能美町長（当時）が初代社長を務めた。その関係で，能美町総務課が能美バスへの欠損補助事務を代行しており，広島県との関係調整のための窓口にもなっている。その分だけ事務量が増えるが，能美町側に異存はないとのことである。なお，能美バスの行っている回漕業務での赤字は能美町が全額負担することになっており，バスの補助金とは厳密に区分されている。

バスの補助金負担割合については，能美バスの発足時に，赤字額に対して3町が「均等割り3割・走行割り7割」で分担するということで折り合いが付けられていた。

車庫および待機場として使用される能美バス本社がある能美町からすれば，そこを起点に広域的な路線運営を行っている以上，通学，通院，船への連絡の

---

24) 貸切バス受注の内訳は，葬祭33.3%，各種団体研修33.2%，小中学生研修20.7%，観光12.8%となっている。

いずれのための運行にしても町内走行キロが他町に比べ長くなる。港を持つ同町では、実態として港から離れた鹿川地区の住民だけがフェリー接続バスの利用者ということになる。逆に、大柿町の住民がバスで能美町の中町港に来て能美町営の船を利用していることや、大柿町内に３つある医療機関（柿浦、大君、余防の３地区にそれぞれ所在）へ能美町の住民が通院のためバスを利用したり、大柿高校への能美町からの通学利用があるなど、走行キロとバス依存度の関係はかなり複雑である。一方、大柿町にとれば、大柿町内の能美バスの走行キロは少ないため、上述の補助金の分担ルールでの均等割り（３割）の部分が過重負担とも受け取られている。

このように各町の立場を主張すればそれぞれ負担割合についての不公平感がないわけではないが、現行の分担ルールでの３町の理解が成り立っている。表3-12は、1999年度および2000年度の補助金額である。

2001年度上半期（10〜３月）には、呉市交通局が廃止した代替路線７路線に対して広島県の補助金が交付された。それ以降は、規制緩和の実施に伴い、広島県（交通対策室）の「バス運行対策費広島県補助金交付要綱」[25]が新しくなり、同要綱に基づく県の補助金は路線毎の赤字額への補助とされた。したがって、2001年度下半期（４〜９月）以降は複数町にまたがる11路線が補助対象となり（13路線中、単独町内の２路線を運行休止）、県のルールでの第３種路線

---

25) 同要綱（2001年11月27日施行）では、「第１種生活交通路線」および「第２種生活交通路線」は一般乗合旅客自動車運送事業者が補助対象となる。市町村が、道路運送法第42条の２第11項［現・第21条］の許可を受けた貸切バス事業者に運行を依頼し、または同80条第１項の許可を受けて自ら運行する路線は「第３種生活交通路線」に相当する。第３種生活交通路線維持費等補助金は、市町村自主運行路線のうち複数市町村にまたがる路線の運行を維持するため、市町村に対して助成措置を講ずるものであり、補助対象路線の要件としては、①複数市町村にまたがる路線（広域移動を目的として、複数市町村にまたがる路線、鉄道駅または港に接続する単一市町村内完結路線を含む）であること、②当該路線の補助対象期間に運行によって得た経常収益の額が同期間の経常費用に達していないこと、③補助対象期間の経常（運送）収益率が20％以上であること、④市町村が定める広域的生活バス交通確保計画に位置付けられていること、の以上４点である。補助金を受けようとする市町村は所定の申請書を知事に提出し、補助金の交付額は補助対象経費の額（ただし経常費用の20分の９までを限度とする）の２分の１以内である。運行計画の変更については予め知事の承認（廃止、系統の延長・短縮・経路変更、運行回数、運行主体）または知事への届出（運行時刻の変更等）が必要となっている。

表3-12 3町の能美バスへの補助金額（1999〜2000年度）

(単位：1000円)

		県補助金		特別交付税		各町より補助		計	
		1999	2000	1999	2000	1999	2000	1999	2000
能美町	運行	4,580	4,392	7,890	8,371	2,592	3,009	15,062	15,772
	車両		1,754				11,159		12,913
沖美町	運行	5,015	4,809	7,671	7,912	2,194	2,459	14,880	15,180
	車両		1,689				10,739		12,428
大柿町	運行	2,225	2,101	4,479	5,176	1,690	2,220	8,394	9,497
	車両		1,057				6,718		7,775
計	運行	11,820	11,302	20,040	21,459	6,476	7,688	38,336	40,449
	車両		4,500				28,616		33,116

(出所) 「能美バス第14期決算報告書」などにより作成。

に指定されている。

　県の補助要綱の改正に伴い，3町の総務課長とバス担当者が集まって，均等割り3割・走行割り7割といういわゆる「3：7のルール」を変更しなくても良いかの確認の場が設定されたが，同ルールを継続することが了承された。決定に至らないときは，3町の助役会で協議することになっていたという（3町の町長は能美バスの役員を務めているため）。

　能美町が事務代行を行っている補助金配分は，実際には次のような手順で行われている。すなわち，現行の県の補助要綱は路線毎の補助であるので，まず路線バスの各路線の欠損額を按分によって求める。その次に，能美バスの貸切バス事業での黒字額を路線バスの各路線の実績に応じて按分し，トータルして路線バスの各路線の欠損額を確定するという手順を踏む。その2分の1が県の補助金として交付される。

　補助金の単町負担分は，その8割にあたる額が地方交付税の対象となる。ただ，他の同様の使途と合わせて交付されるので，実際にバスに対していくら充当されたかの「確認ができない」ということである。表3-13は，2001年度の3町の負担状況を概括したものである。

　広島県は，5年間は現行の方式による助成を認めるとしており，現状のまま推移すれば各町の実質負担分はあまり増えないと想定されている。とはいえ，

第3章　広域自治体による越境バスサービスの確保　　129

表3-13　3町における能美バスへの補助金の分担状況（2001年度）

(単位：1000円)

	計	均等割り（3割）	走行割り（7割）	県補助金	交付税（県補助金を差し引いた額の8割）
能美町	16,000	4,000	12,000	6,400	7,680（＝9,600×0.8）
沖美町	15,000	4,000	11,000	5,900	7,280（＝9,100×0.8）
大柿町	10,200	4,000	6,200	4,000	4,960（＝6,200×0.8）
全体	41,200	12,000	29,200	16,300	19,920

(出所)　能美町へのヒヤリングにより作成。

　能美バスの赤字額とそれに対する各町の補助金額は年々増加している。また，バス車両の更新に補助する必要もあるため，予算を決める議会との調整が必要になっている。町議会議員は，昼間の利用実態を見て質問するので，小型バスが望ましいという意見が出がちという。各町長が能美バス役員ということで，議会質疑が確実に能美バスの経営に反映される仕組みが保証されている。

　各町が能美バスに対する補助金を止めることは，4町長＝役員が責任をとる形となり，現実的に想定しにくい。各町担当課は，あくまでも能美バスの赤字分に対する補助金を出す事務を行っているのであり，越権になるので同社の経営内容にまでは立ち入らないという。合理化には限度もあるという理解から，能美バスに対する厳しい声はあまり聞こえてこない。

(5)　広域的運営と意思決定

　能美バスのダイヤ編成など実務面に関しては，同社自身がその責任を負っている。通常，船便のダイヤ改正を受けて，バスのダイヤ改正が実施される。その際，能美バスはダイヤ改正の資料を事前に各町に示し，運行回数の変更を伴う場合は能美町総務課が県（知事）に届け出をする。

　補助金申請やダイヤ改正時には，能美町のバス担当者の事務量が増える。こと，バスに関しては，事務手続きが遅れたりすると他の2町にも迷惑を掛けてしまうことになるので，能美町は他の事務よりもバスの事務を優先的に処理しているという。担当者は，バスのほかに情報政策，中山間地域事業，花いっぱい運動，電算などの事務担当を受け持っている。

図3-4 江能地域における各町とバス事業者の関係

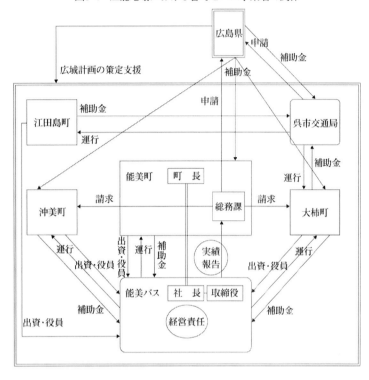

　他町のバス担当者とバスのことだけについて定期的に話をすることは特別にはなく、その他のことで会ったときにバスのことも話題に出る程度という。ただ、先述のように広島県の補助要綱の改正に伴い、2001年10月中頃にバスのことだけで会合が持たれ、従来通りの「3：7のルール」(補助ルール)が確認された。

(6) 第三セクター能美バスの経営的特質

　能美バスは第三セクターの形態で運営されている。同社は、実績によって後から補助金が支払われるという仕組みになっているため、赤字額が確定しない間は補助金の支払いがなされないということが経営課題として挙げられる。能美バスの場合、バスの補助年度の始まる10月から半年後の3月末までの間は、

年度末に補助金が支払われるということを担保にして金融機関から借入し，3月末に返済するという資金繰りを行っている。この形なので資金ショートは起きにくいが，資金繰りは苦しく，また運転資金への利子支払が必要となる。

　しかし理論上，概算見込みでとりあえず補助金を支払うことはできるという。少なくとも能美町では，9掛けした金額（＝1割保留）を概算前払いできることが条例で決まっている。しかし現実にはこのような柔軟な対応は行われていない。

　ルールが決まっているので，補助金の算定を，能美町の担当課ではなく能美バス自身が行うことも考えられる。ただし，補助金を支出する行政側の担当者が，能美バスの決算書類に目を通すことができているメリットは大きいといえる。つまり，事後的な赤字補填タイプ（一般的にバス事業者がコスト情報を抱え込んでしまうことが多い）では，元来，事業者側での経営改善に結び付きにくい。そうであれば今の形で良いのかもしれない。

(7)　福祉移送サービスとの関係

　能美バスは主に島内の幹線道路を運行している。しかし，高齢化の進んだ江能地域においては，それ以外の交通サービスも重要である。そこで，福祉系移送サービスの提供状況と，その既存路線バスとの関係について見ておきたい。

　島の地形上からも，沿岸部から内陸に入った集落はあまりなく，また，バスの走っている道路まで歩いて出る住民が多く，既存路線バスでかなりの主要集落がカバーされている。また，通学輸送のための専用のスクールバスは走っていない。

　大柿町内の3つの医療機関のうち，柿浦地区にある老人医療施設に指定された病院は，白ナンバーのマイクロバスを所有し，能美町まで患者を無料で送迎している。

　能美町内には，社会福祉協議会の「ケア・プラン」号が運行されていて，鹿川地区にある福祉介護施設へ在宅介護のデイサービス利用者（65歳以上）を運んでいる。これは国および町からの補助金で賄われている。病院送迎バスを含めて，能美バスと若干の競合は起きている。

　江田島町では，1992年4月から，障害者を対象とした福祉タクシー事業を始

めている。また，町の交通懇話会で出された意見の中で，呉市交通局の路線バスが運行されていない大須・幸ノ浦地区へのバスの乗り入れなどが挙がった。これに対しては財源的に困難という見通しが示されていたが，2001年11月12日に「江田島町大須・幸ノ浦地区高齢者等送迎サービス事業実施要綱」が制定され，代わりに福祉タクシーを始めたのである。福祉タクシーには，老人福祉費から委託料として38万3000円が支出されている。2000年4月からは「江田島町外出支援サービス事業実施要綱」に基づくサービスも始まっており，同じく委託料58万2000円が支出されている。

3.2.5　広域的なバス運営の検討

(1)　4町による広域的なバス交通の検討

　江能4町では，江田島町企画課を取りまとめ役として『江能四町交通問題確保対策基礎調査業務報告書』を2001年3月に策定した。

　その経緯の一つには，大きな赤字を抱えて5カ年の再建計画をまとめた呉市交通局が，路線毎に，当該自治体から補助金を出してもらえるのか，それとも撤退するのかの選択を迫ってきたということがある。このことは当然，江田島町にも影響を与えるものであったという背景がある。江田島町では呉市交通局と協議し，同町が補助金を負担することで一定の結論はまとまった。江田島町では「呉市交通局の理解と協力」によって，同交通局の主張する赤字額のおよそ5割相当の約2300万円の補塡で路線維持が図られることになった[26]。このようなことがきっかけとなり，江田島町企画課が中心になり，事業費の2分の1などの県（交通対策室）による支援を取り付けた代わりに，広域的なバス交通の確保計画の策定に取り組むこととなったのである。上記報告書の「業務のフロー」は，県の示した策定マニュアルに沿っている。

　また，江能4町での合併気運が高まり，市町村合併とリンクして広域的なバス交通等を考える必要が出てきた。4町のバス担当課の課長（江田島町は企画課，他の3町は総務課）に加え，大柿町保健福祉課長，合併推進室室長，江能

---

26)　江能線の赤字額の配分は単純走行キロ割りによる応益の原則である。江田島町では，利用促進を広報し，町民の要望を踏まえて呉市交通局と交渉を持っている。

広域事務組合総務課長も入った7名で「江能四町交通問題研究会」が立ち上げられた。実務面は民間コンサルタントが担当し，作業後半から能美バスの代表（常務取締役）も参加して，研究会報告書が取りまとめられた。

　同報告書では，「生活交通の確保に係る計画課題」として，次の7項目が挙げられている。(1)バスサービスの改善，(2)既存バス路線の運行回数の見直し，(3)効率的なバス運行への対応，(4)バス利用不便地域への対応，(5)入込観光客への対応，(6)教育環境の変化への対応，(7)江能地域の結び付きの強化，である。とくに(3)の点に力点が置かれている。

　その上で，江能地域における「バス交通の確保対策」の基本的方向として，2つのケースが想定されている。以下にそれを整理した。

　　[A案]　2社体制；
　　　　①呉市交通局
　　　　②新組織（＝4町合併に伴って能美バスを解散した上で設立され，能美バスが運行していた路線を引き継ぐ）
　　　　→4町合併により発足した新市は，バス運行を維持するために2社に対して補助金を今後とも継続する（ただし無制限に赤字を補填することは困難であり，基準を設けた上で支出する）必要がある，とされている。
　　[B案]　1社体制；
　　　　①新組織（＝4町合併に伴い能美バスを解散した上で，江能地域のバスを1社で運行する新組織を設立する）
　　　　㋐　島根県平田市のように完全な直営による方式
　　　　㋑　安来能義広域事務組合（島根県）のような事務組合方式[27]
　　　　㋒　第三セクター方式
　　　　→上記3つの選択肢を示した上で，江能地域の場合は，第三セクターの設立による運行が望ましいものと考えられる，とされている[28]。

---

27)　髙橋（2001）を参照。

同報告書は，将来的に江能4町でバス交通体系を考えることが合理的である
ということを確認している。そして，4町の人口（約3万3000人）に対してバ
ス会社が2社では規模の効果が発揮できないので，1社で運行した方が合理的
であると方向付けている。

　その場合，呉市交通局の現行路線を能美バスが引き継ぐという考え方もあり
うる。しかしながら同報告書では，能美バスを念頭とした路線バスの広域的運
営ありきではなく，両案を併記し，いずれも能美バスの解散を前提にした新組
織が示されている。

　とくに能美バスの走っていない江田島町は，バス事業者2社は不要であると
いう認識を持っている。しかし，現在同町にバス路線を運行している呉市交通
局との関係にも配慮しつつ，「一度『ご破算』にして（新組織を）立ち上げる
のならよいが，町費を出す以上，能美島の福祉のために江田島の税金を使うと
いう議会説明はできない」という立場である。このような同町の立場が，報告
書に反映されているものと推察される。

(2)　江能地域における今後のバス交通

　4町合併の気運が高まった江能地域では，2000年4月に「江能四町合併研究
協議会」が設立され，01年4月には「江田島町・能美町・沖美町・大柿町合併
協議会」が設置された。同年7月13日開催の第4回協議会では「協議第25号
第三セクターの取扱いについて」が提案された。これについて合併協議会事務
局が「中山間地域における乗合バス路線の廃止や乗合バスの需給調整規制の廃
止など，生活交通確保対策が重要となっている状況から，能美バス株式会社に
ついては，江能4町の住民の生活交通手段の確保の観点から，出資について新
市に引き継ぐ」との説明を行ったところ，異議なく承認されている（「第4回
協議会会議録」より）。

　この決定については，先の4町による報告書とは異なる内容となっている。
そのため，能美バスにとれば現体制の継続であるが，各々の立場や人的繋がり

---

28)　その意味では，現在の第三セクター形態による能美バスの経営は評価されているという捉え方も
　　できよう。

の中でその受け止め方に温度差も見られる。合併そのものは新市の名称等を巡って一時頓挫したが，2004年11月1日に実現し江田島市となった。合併によって，問題の「3：7ルール」による能美バスへの補助金按分はなくなった。

　結局，合併を機にバスのそもそもの問題を解決するということはできず，合併協定は，現状を引き継ぐだけのものになってしまった。バスの利用者は固定された層に限定されてしまっており，マーケティングの可能性も小さい。このため，全面委託など，必ずしも今ある能美バスにこだわらない運営方法を探った方がよいという意見も依然として聞かれる。

3.2.6　能美バスの課題

　能美町を中心とする能美島3町では，広域にまたがるバス路線を第三セクター形態の能美バスが運行している。能美バスは，貸切バス事業における積極的な展開で路線バスの赤字額を縮減するなど路線維持に努めているが，その一方で，路線バスの運行やサービス面などに関しては経営努力の余地もないとはいえない。

　赤字部分については，能美バスからの実績報告に基づき，能美町（総務課）が主管となって，3町にその負担額を配分している。寺田（2002）によれば，広域自治体による対応に道筋を付けるための2つの必要条件として，①サービスを受託する事業者側の効率性が確保されていること，②応益原則を基本にしつつも自治体毎の負担に大きなメリハリを付けた方がよいことが指摘されている。

　能美バスのケースは，一般的に事業者が抱え込んでしまうことの多い事業者側のコスト情報を自治体側（補助金を出す側）もつかんでいる事例であり，また，その配分ルール（均等3割・走行7割）については3町間でコンセンサスが得られ運用が継続されている。そして現在までのところとくに問題は生じていない[29]。

　人口で見れば，江田島町1万2600人，大柿町9600人，能美町6500人，沖美町4300人（2000年9月30日の住民基本台帳による概数）と必ずしも能美町が大き

---

29)　市町村合併に伴ってこのような透明性が確保しにくくなることは今後の一つの課題ともいえよう。

いわけではないが，田中前能美町長が初代社長として第三セクターの能美バスを立ち上げて以来，能美町役場職員の作業分担を含め，能美町が中心となった運営の仕方がとられている。

ただ，江能地域4町としての「広域調整」ととらえた場合，飛渡瀬という地区を境として，主として広島市に生活圏が向いている能美島3町側と，対岸の呉市との結び付きが強く見られる江田島町側とは別々の交通圏になっていて，その意識の違いが一体的なバス運営に問題を投げ掛けていると推察される面もある。

規制緩和後，県の補助要綱の改正に伴い，能美島3町では補助金分担ルールを再確認した。江田島町も能美バスに出資しているが，呉市交通局の経営再建計画の中での交渉を経て，軽減された補助金負担によってバス路線の運行継続を図っている。

いずれにしても，島内のバス路線の運行を廃止するわけにはいかず，いかに効率的に運営していくのかという課題は各町とも共通して持っている。したがって，江能4町にまたがるバス路線を運行するとなれば，必ずしも能美バスに限定されない新しい1社の設立が，今後の広域調整のテーマとなるものと想定される。

3.2.7　本節のまとめ

第三セクター形態による広域的なバス運営の事例として，広島県の能美バスの事例を紹介した。同社は，能美町に本社を置き，同町を中心とする能美島3町にまたがるバス路線を運行し，その運行やサービス面などに関しては経営努力の余地もないとはいえないが，貸切バス事業等にも積極的に取り組んでいる。

能美町役場職員の事務負担による支援が行われているが，広域自治にしてもその中の1町が責任を持つということは致し方ないかもしれない。赤字部分については，能美バスからの実績報告に基づき，能美町（総務課）が主管となって，3町にその負担額を配分している。その配分ルールについては3町間でコンセンサスが得られていたと考えられる。本ケースにおいて，コスト情報を自治体側（補助金を出す側）が持てる形になっていたことは重要である。

第3章 広域自治体による越境バスサービスの確保

3.3 広域市町村による単独補助の試み—青森県津軽地方の事例—

3.3.1 はじめに

青森県津軽地域では，気候，所得などの諸条件のために，乗合バスサービスの需要の減少は全国的にみて相対的に遅かった。そのため，第3種生活路線を第2種に格上げする操作が可能であり，それにより旧運輸省の補助金を得て不採算路線を維持していた。その一方で，県，事業者ともにそのような先送り措置を長年にわたり行ってきたために，地域交通サービスの確保に関する公共部門と民間部門の役割分担，とりわけ市町村の責任が不明確になる傾向が見られた（寺田（1995）を参照）。

2000年に成立した改正道路運送法により，乗合バス路線の退出案件は都道府県，市町村，バス事業者，国土交通省地方運輸局の代表らで構成される地域協議会に諮問され，審議されることとなった。地域協議会は，生活交通の確保のための枠組みづくりや，その他の生活交通について審議するための場であり，このような役割を負った組織の設立は乗合バス規制緩和政策の主眼とされた。

しかし，国の動きに先駆け，複数の自治体とバス事業者が自発的に協議の場を設け，地域住民の足の確保について議論をした事例があった。青森県津軽地域の28市町村により組織された「津軽地域路線バス維持協議会」である。1993年に地元のバス事業者（弘南バス）のイニシアチブによる研究会を足がかりとしてこの組織が設立され，津軽地域を構成する28市町村にネットワークをはる同事業者と関係自治体との間で，今後の路線バスの具体的な維持策について協議が行われた。

国や県の主導によらない独自の交通政策を市町村が自発的にとったこと，および28市町村という広域行政圏の枠組みで域内交通の問題に取り組んだのは，国内では津軽地域路線バス維持協議会（以下，協議会と略す）が初めてであった。このことは，路線バス維持に向けて新たな可能性を開く方策として注目を集めた。

しかし，自治体と事業者が協議して毎年度の事業者の運営費赤字を補填するという欠損補助によるバスサービスの維持は，規制緩和が実施されるまでの過

渡的な措置に終わった。規制緩和後はそれぞれの自治体の実情に合わせてバス路線の維持策をとるという国土交通省の方針の下で，協議会に参加する自治体がその負担金額に合意せず，関係者の議論の末，2003年5月末に協議会は解散した。

　本節では，①広域行政圏の枠組みによる意思決定，②中核となる自治体（津軽地域の場合は弘前市）の政治的イニシアチブや財政的負担の重さ，ならびに③広域行政圏による合意形成に関するルールづくりの必要性，に焦点をあてて事例を紹介する。

3.3.2 「津軽地域路線バス維持協議会」の設立

　1990年代に入ると，津軽地域では急にバス路線の廃止問題が深刻化した。全国で行われているような，町や村単位でバス会社と交渉して路線を維持する方法では，経済的な負担が重すぎるという意識が自治体側に根強くあった。その一方で，津軽地方で乗合バス事業を独占的に展開してきた弘南バスの多くの路線が，第2種生活路線，第3種生活路線[30]に相当する路線となり，黒字路線からの内部補助や国庫補助をあてても，なお年間2億円程の欠損を生じていた。そのため，赤字路線から撤退せざるをえない状況にあり，初めて地域の足確保に向けて議論をする気運が高まった。

　このような背景の下，1990年11月に弘南バスが働きかける形で，同社と津軽地方28市町村長との間で「津軽路線バス懇談会」が発足した。弘南バスは津軽地方の28市町村に路線バスのネットワークをはる唯一の乗合バス会社であり，懇談会の提案は同社が経営合理化の道を模索する時期に行なわれた。懇談会の場では，自治体にバス会社側が経営の実態を説明したものの，理解を得て経済的支援に関する具体的な提言を導くには至らなかった。

　1993年3月には同懇談会が改組され，弘南バスのイニシアチブによりバス路線に関わるすべての自治体をメンバーとした「津軽地域路線バス維持協議会」

30）　第2種生活路線は，平均乗車密度が5人以上15人以下で1日10便（5往復）以下の地域生活上不可欠な路線であり，第3種生活路線は平均乗車密度が5人未満で1日10便（5往復）以下の地域生活上不可欠な路線である。

とその下部組織としてワーキングチームが設置され，バス路線の維持と活性化の方策について半年間の調査が行われた。その結果として『津軽地域路線バス維持活性化のための報告書』を取りまとめ，次のような提案が示された（以下は寺田（1995）による）。

①ソーシャル・ミニマム（上記報告書の中では「シビルミニマム路線」という名称で呼ばれた）を特定し，これを1日5便分として，この部分はバス会社が継続して運行する。

②5便を超えるサービスについて，その費用総額である年間2億3000万円について，関連市町村が分担して負担する。負担しない自治体については，①の原則に従って1日5往復までサービスを減便する。

この提案については，②の費用負担額をそれぞれの自治体の財政的な負担能力に基づいて決めるのか，あるいは自治体で利用できるバスサービスの便益に応じたものとするのかで協議会メンバーの市町村の間で意見が対立し，結局，負担総額は1億9000万円に削減された。また，その後も毎年，繰り返して協議を行うことになったほか，弘南バスの事業全般にわたる合理化に関する具体的な条件を付したうえで，欠損補助金が1995年度から交付されることになった。

なお，津軽地域路線バス維持協議会で事業者と自治体の間で協議の場が設けられたことが契機となり，別の方法で路線バスを維持しようとする新たな動きも現れた。具体的には，同協議会に参加する鯵ヶ沢町から，もともと路線バスのなかった深谷地区への路線開設の要望がバス会社に出された。そして，沿線出身の町議会議員のリーダーシップにより，沿線住民が合意した1世帯当たり月額1000円（翌99年から2000円）の回数乗車券購入と年間300万円の町の単独補助（経常費用の4分の1を限度とする）を条件として，98年8月に路線の開設が実現した。これは，住民がバスサービスの費用の一部を負担するという，全国でも珍しい試みであり現在でも続いている（住民による負担の考え方については第4章4.2を参照）。

また，協議会に参加する相馬村の藍内線についても，地域住民の要請と回数券の購入による運行費の一部負担により路線バスが実現した。これは，弘前市のバスターミナルから相馬村の藍内地区をつなぐ路線を求める住民からの長年にわたる陳情が実現したもので，道路の県道化を契機として弘南バスが既存の

相馬線を藍内地区まで延長した。費用負担については，地域住民，相馬村，弘南バスによる懇談会で協議し，村が赤字補填し，住民が1世帯当たり月1000円の回数乗車券を購入することで運行費の一部を負担することにした。なお相馬線は，1998年度から3年間にわたり年間約85万円の補助金を村が交付し，2001年4月からは広域的幹線路線と認められて国庫補助の対象となった。

　青森県では，鰺ヶ沢町の深谷線，相馬村の藍内線の他にも浪岡町の細野線でも同様のスキームがとられた。地域のリーダー的な人物が住民の合意を取りまとめ，路線バスの維持が実現したものである。行き止まりという地形上の特色も3つの事例に共通しており，住民によるクラブ組織のような仕組みが自然にできあがり，関係者の合意形成が比較的に容易であったといえる。

3.3.3　津軽地域路線バス維持協議会の目的と費用負担の決め方

　路線バスの維持について議論をする場が地域協議会であるとして，津軽地域路線バス維持協議会はどのような問題の解決をめざしていたかというと，日々の生活に不可欠なバス路線維持の制度化と，そのための広域的取り組みをつくることであった。『津軽地域路線バス維持活性化のための報告書』によれば，「『シビルミニマム路線維持』とは，その地域で生活を続けていくために必要な最低限の公共交通サービス維持のために，自治体が支出する制度である。具体的には，1日5往復分のバスを運行するのに発生するバス事業者の欠損金額を自治体が分担する制度である」と述べられている[31]。

　1993年3月に協議会が正式に発足したものの，協議会総会では総論（路線バスのネットワークを維持すること）賛成，各論（各市町村の負担額）反対で調整がつかず，94年11月にようやくシビル・ミニマム路線維持基金（名称は基金であるが，会計上は単年度補助）の支出が決定された。このとき，負担総額を1億9000万円に減額して95年度に交付し，弘南バスに経営改善の条件を提示することで，とりあえず単年度の措置を決定した。なお，シビル・ミニマム路線維持基金は過年度における欠損補填であり，1年間のサービス継続を義務付けるものではない。

---

31)　津軽路線バス調査ワーキングチーム（1993），p. 45より引用

しかし，97年度の基金支出を決定した97年3月以降，協議会の総会は開催されなかった。維持資金が打ち切られたおもな理由は，過去3年間にわたり弘南バスの赤字を解消すべく制度を運用してきたが，同社が経営合理化や増収策に十分に努力しなかったため，結果として赤字問題が解消できなかったことにある。

また，協議会の運営上の問題として，「シビル・ミニマム」の考え方や費用負担の計算方法について，市町村の間では協議会の発足当初から疑問が出された。「シビル・ミニマム」を「1日5往復」とした根拠は，もともとは市町村が負担を受け入れそうな金額をバス事業者が推測し，それから逆算して決めたというものであった。これに対して自治体からは，各地域のバスの利用状況をもとにしてサービス水準を決めるべきである，という指摘があった。とくに，地域社会で必要とされる「ミニマム」のサービス水準は，本来，公共部門が決定すべきものであり，民間事業者が定めるものではないということにも注意すべきであろう。

さらに，事業者から協議会に対して詳細な会計情報が開示されず，必要とされる補助金額が事業者による完全配賦費用に基づいて算定されていたこと，およびサービス水準に関して補助金交付者と事業者の間で契約に基づく取り決めが何もなかったこと，事後的な検証の手続きが無いことなど，改善を要する点は少なくなかった。

3.3.4　規制緩和までの過渡的な対応策

1998年12月，弘南バスの経営が厳しくなる中，主力銀行から，99年度の単年度黒字が実現できない場合には追加融資を見直すとの通告がなされた。すでに，路線の再編による赤字解消などの余裕は無く，28市町村はバス会社の経営存続のために，再び補助を行わざるをえない状況におかれた。過去3回の補助については，最低5往復というサービス水準を設定して負担総額を計算したが，今回は単年度で経常収支が均衡，あるいは黒字となるように補助が必要とされた。したがって，過去においては路線バスサービスの確保が目的とされたが，98年からはバス事業者の経営維持が財政的な支援の主な目的となった。しかも，自治体側にはこのような措置は規制緩和が行われるまでの過渡的な対応策にすぎ

ない，という暗黙の了解があり，将来の地域交通を維持する効果的な手段となるものではなかった。

補助金額は年間 2 億円（運行から生じる赤字分 1 億8000万円，車両更新などが2000万円）とされ，弘前市が 1 億5000万円（全体の75%），黒石市と五所川原市が1500万円ずつ（同15%），残りの25町村が2000万円（同10%）を負担することとした。町村分については，津軽地域の広域協議会の運営に採用されてきた負担方式がとられ，13町がそれぞれ107万円，12村がそれぞれ15万円を負担することとなった。このように，95年度からとられてきたシビル・ミニマム維持基金の計算方法よりも単純で，各自治体での理解が得やすい負担調整が行われた。津軽地域の中核をなす弘前市が総額の75%という高額を負担したことも，他の市町村の合意を容易にした。弘南バスの全路線（約300路線）のうち，弘前市に乗り入れる路線が70%程度であることから，弘前市の負担額をこの水準にした。なお，98年度から2001年度まで同じ方法で計算された金額を各市町村が負担することになった。

3.3.5 国庫補助制度の変更と協議会の解散

その後，2002年 1 月に協議会の総会が開催され，その後の各市町村の弘南バスへの補助金支出について議論が行われた。国庫補助制度が変更されたことから，協議会の試算では，2003年度補助必要額は約 3 億7000万円と2002年度に比べ約 1 億7000万円増加した。これは，青森県内の約1000路線のうち220路線あった国庫補助対象が，広域的幹線の約70路線に削減され，県の単独補助対象を含めても約90路線とされたことによる。

2001年に生活バス路線に対する国庫補助制度（地方バス生活路線維持費補助）が新しくなったが，その補助対象が旧制度の赤字事業者から赤字路線（系統）に変わり，補助要件も変わった。旧制度では赤字事業者の支線ならば補助を受けられたが，新制度の下では複数市町村にまたがる系統であることが要件とされた。これに加え路線長が10km 以上の系統であること， 1 日あたりの運行回数が 3 回（ 3 往復）以上，輸送量が15〜150人/日の系統であること等の条件が付された。

その結果，国と県の補助対象から外れる赤字路線は，各市町村が必要と判断

すれば補助金を交付するなどして維持することとなった。その措置に対しては，国から8割の特別交付税が充当されるため，残りの2割分を当の市町村の一般財源で補填することになる[32]。

　補助制度の変更を受けて，協議会事務局の弘前市は，従来のように各市町村の補助金負担額を一律にするのではなく，その運行実績に基づいた形に改めることを提案した。その結果，22市町村が負担増となり協議はまとまらず，補助金支出の決定は先送りされた。その後も議論が紛糾し，弘前市とその周辺14市町村と，それ以外の市町村との間で新しい負担方式について合意に達することができなかった。

　以上のような経緯で，2003年5月末には協議会の役割はすでに終了したとして解散された。この間に，平行して指針に従って県の制度として設立された地域協議会（青森県交通等対策協議会）もスタートした。28市町村による協議会の範囲には2つの分科会が設けられた。そのうち津軽南分科会（弘前市や黒石市など14市町村の担当課長と弘南バスで構成）は，管内のバス路線のうち18路線30系統の210便を見直し，6路線86便の削減を決定した。それまでの津軽地域路線バス維持協議会が担っていた役割を，国の制度の下に組織された公式な地域協議会が受け継ぐことになった。

3.3.6　広域行政圏における意思決定の難しさ

　津軽地域路線バス維持協議会は，発足から11年あまりでその役割を終えた。規制緩和までの過渡的な措置という見方がある一方で，広域行政圏の運営に関するいくつかの重要な教訓も残された。

　津軽地域の公共交通ネットワークを維持するにあたり，地域の中核となる弘前市が負う役割は政治的にも財政的にも大きい。一方，弘南バスは28市町村に路線バスのネットワークをはる唯一の乗合バス会社である。バス会社が経営難

---

32)　日経産業消費研究所（2002）が行った都道府県を対象とした調査によれば，2002年の時点で，新しい国庫補助制度の対象から外れた生活バス路線（4条の乗合バス）を対象にした単独補助制度を設けたのは28道府県であった。青森県もこれらに入る。補助率は2分の1が多く（20道県），中には愛媛県のように法定合併協議会を設けた市町村に対して補助率を3分の2に引き上げるという合併促進の手段として制度を設けた自治体もあった。p. 29を参照。

に直面した場合には，自家用交通が無い人々，高齢者や学生の交通手段がその日からおびやかされるかもしれないという危機感が常につきまとう。広域行政圏の中核となっている弘前市にとって，域内の公共交通サービスの維持は重要な課題となるが，新たに公営バスを設けるなどの対策は，当初から選択肢として考えられていなかった。これは，1950年代後半に弘前市でバス会社買い取りの案があり，その当時から公営交通の運営の難しさについて行政側に理解があったこと，そして隣接する黒石市，五所川原市が公営バスの経営問題を抱えていることを知っていたためである。そのような事情で，弘前市長が協議会会長として協議会の運営ととりまとめに当初から積極的に関わった。

　国からの財政的な措置も，自治体の決定を左右する。すなわち，「シビル・ミニマム維持基金」についてはその金額の6割に特別交付税を充当するという財政的な措置があり，自治体から見ると魅力があった。また，2002年度の国庫補助制度の変更後は，国と県の補助対象から外れる赤字路線については，市町村が独自に判断した路線に対する補助額の8割に特別交付税を充当するという方法がとられた。つまり，自治体が補助金を拠出すると，その金額のうち8割が，毎年12月と3月に国から自治体に交付される特別交付税を算定する際に加えられるという措置である。しかし，実際には他のさまざまな交付税ととりまぜて自治体に交付されるために，どれだけの金額をバス補助として受け取ったのか自治体にもわからない。

　広域行政圏としての津軽地域路線バス維持協議会が直面した課題は，以下の4点にまとめることができる。

①　広域行政圏を統括する独立した組織の必要性

　広域行政圏を統括する際に弘前市が直面した問題は，28市町村の長がそれぞれ権限を持っているため，弘前市長が協議会での決定を各自治体に強制することができないことであった。この問題を解決するためには，広域行政圏での取り決めをメンバーに遵守させることのできる行政上の権限を持った上位組織が必要となり，場合によっては取り決めを遵守しないメンバー自治体に対して罰則を課すことのできる権限が必要となろう。例えば，協議会総会において決定した費用負担をある自治体が守らなかった場合，そこだけバス停を設けずにバス路線を運行して罰則を課すというような方法が考えられる。

しかし，現実に負担金を出さない自治体に対して明らかな罰則を課すことは難しい。協議会設立当初の取り決めによれば，費用負担をしなくとも1日5便というバスサービスを自治体内に確保することができる。協議会が最後まで28市町村の全員一致による意思決定というルールに強くこだわった理由の一つが，このような問題を回避するためと考えられる。議事に対する拒否権をメンバーに与えるかどうかも，協議会方式の運営を大きく左右するであろう。

② 広域的な取り決めにあたって生じる問題

各自治体の意見を取りまとめて政策案をつくるにあたり，弘前市の政策担当者が直面した問題は以下のような点である。

・市町村毎に路線バスの問題を担当する課が違うこと
・問題を担当する人の職制が自治体により異なるため，意見の調整に時間を要すること
・中核となる弘前市に各自治体の担当者が相談しやすいような環境をつくること

以上に加え，地域が抱えている課題に取り組むためには，広域連携が必要であるということを各自治体の担当者が日頃から意識することにより，意思決定に要する時間と費用はより小さくすることができると考えられる。

③ 共通認識の重要性

協議会によって合意形成を行う際にもっとも重要な点は，組織を設立する際にメンバーの共通認識を明らかにすることであろう。津軽の事例では，少なくとも設立当初から98年度までの協議会の運営の下で，市町村の共通認識は必ずしも明確ではなかった。例えば「なぜ事業者の赤字解消をする必要があるのか」，「2〜3年間の時限的な制度としてこの方法を運用するのか」，「この方法がバスサービスの需要減少やバス会社の赤字問題を解決するのか」などの疑問は払拭されなかった。一方，98年度からは，弘南バスの経営状態が一層深刻化したこともあり，路線バスの維持にはバス会社の存続が不可欠，という点で目的はより明確になったといえる。しかし，これは規制緩和までの過渡的な措置であり，今後，住民の足をどのようにして確保するのかという根本的な問題について，自治体の取り組みは明確ではなかった。

④ 合意形成のルールの必要

協議会における意思決定のルールも，組織の設立の際に明確にする必要がある。津軽の場合は全員一致（これは弘前市長の運営方針である。ただし協議会の規約では過半数とされている）である。28市町村のうち1カ所でも反対すれば結論を出さずに，次回に持ち越すこととした。もともと広域的な課題については，自治体が話し合って全員一致とするのが津軽の風土といわれているが，そのために幹事役を果たす弘前市が負う意思決定の費用は大きい。

協議会で議論がまとまらない部分，とくに負担金についての合意形成は非常に難しい。津軽の場合には，傾向として弘前市とその他市町村の二手に議論が分かれる。そのため，全員一致の合意を形成するにあたり，まず中核となる弘前市が主導権をとって議題を設定し，黒石市，五所川原市との連携をつくったうえで，残りの町村を説得するという手順がとられた。

津軽の事例に見るように，広域行政圏の枠組みによって域内の政策課題に取り組むためには，共通の認識，目的の明確化，取り決めを遵守させるための強制力，意思決定のルール，費用負担の決め方などについて十分に協議を重ねる必要がある。今後は，地方分権の推進と共に，自治体が複数の行政圏に関わる地域交通計画に取り組む機会が増えると考えられるが，広域行政圏に加われば自動的に問題が解決されるというわけではない。あるいは，問題によっては，広域行政圏による取り組みは，かえってそれに参加する自治体の行政費用を増すかもしれない。はたして，広域行政圏で取り組むことが住民にとってより良い解決となるのかどうか，行政サービスの受益とそれに対する費用負担という視点に立ち帰り慎重に見極める必要がある[33]。

---

33) 本節の研究は，PHP総合研究所研究本部の支援により，1998年5月に青森県弘前市で行ったインタビュー調査をもとにしている。転載を許していただいた同研究本部に改めて御礼を申し上げたい。

第 3 章　広域自治体による越境バスサービスの確保　　　147

参考文献

[3.1]

市川嘉一（2002），「規制緩和時代の地域バス交通(上)系統廃止と新規参入の実態」『日経地域情報』No. 389，4 月15日号。

運輸行政調査会（1985），『現代行政全集⑳運輸』ぎょうせい。

運輸経済研究センター（1997），『コミュニティバスの今後の推進方策に関する調査報告書』。

岡並木（2002），「コミュニティバスと自治体」『運輸と経済』第62巻第 2 号。

鈴木文彦（2001），『路線バスの現在・未来 PART II』グランプリ出版。

寺田一薫（1988），「地方バスの運営に関する諸問題」『地方議会人』第19巻 5 号。

早川伸二（2003），「廃止路線代替バスの運行形態に関する一考察」『公益事業研究』第54巻第 4 号。

福田晴仁（2000），「過疎地域におけるバス事業の現状と課題」『運輸と経済』第60巻第 5 号。

[3.2]

江田島町・能美町・沖美町・大柿町（2001），『江能四町交通問題確保対策基礎調査業務報告書』江田島町・能美町・沖美町・大柿町。

江田島町町史編さん審議会編（2001），『江田島町史』江田島町。

江能広域市町村圏振興協議会（1973），『江能広域市町村圏振興計画』江能広域市町村圏振興協議会。

呉市交通局60年史発行部会編（2002），『呉市交通局60年史』呉市交通局。

鈴木文彦（2001），『路線バスの現在・未来 PART2』グランプリ出版。

髙橋愛典（2001），「地域バス運行の民間委託－規制緩和後における路線網の維持・展開の方策として－」『早稲田商学』第388号。

地域企業経営研究会編集（2003），『最新地方公社総覧〈2002〉』ぎょうせい。

寺田一薫（2001），「バス事業における規制・競争・補助」藤井彌太郎監修，中条潮・太田和博編『自由化時代の交通政策　現代交通政策II』東京大学出版会。

寺田一薫（2002），『バス産業の規制緩和』日本評論社。

[3.3]

工藤清（1995），「津軽地域の路線バス維持対策の経緯」『運輸と経済』第55巻第 3 号。

小寺勇・小堀安雄・笹谷正一・菅勝彦・田中重好・松田勝義（1995），「〈フォーラム〉地域交通再生と広域自治体－青森県津軽28市町村のケース－」『運輸と経済』第55号第 3 号。

津軽路線バス調査ワーキングチーム（1993），『津軽地域路線バス維持活性化のための報告書』。

寺田一薫（1995），「地方部の乗合型交通における規制緩和と補助政策」『交通学研究／1994年研究年報』日本交通学会。

寺田一薫他（2004），『規制緩和後の乗合バス市場と自治体の対応－乗合バス地域協議会の動向と自治体の交通政策研究プロジェクト－』日本交通政策研究会。

東奥日報（2002），「連載　どうなる路線バス・規制緩和にゆれる県内自治体」
http://toonippo.co.jp/rensai/ren2002/routebus/index.html/

日経産業消費研究所（2002），「規制緩和時代の地域バス交通(下)活性化の動きと都道府県の支援」『日経地域情報』No. 390，5月6日号。

湧口清隆（1999），「住民主体のバス路線運行・運営―津軽地域におけるバス路線維持に向けた2つの試み―」『バス交通に関する研究』道路経済研究所。

湧口清隆・根本敏則（2000），「低需要地域における路線バス維持の試み―津軽地域の事例から―」『道路経済研究』第90号。

第4章　住民組織によるバスサービスの確保

4.1　都市近郊での住民組織によるバス運営—愛知県の事例—

4.1.1　はじめに

　本章では，バス沿線の住民組織によるバスサービス確保の取り組みについて論じる。とくに本節では，都市近郊で見られる新しい動向を紹介する。

　住民組織がバスサービスを自発的に確保する試みは，都市近郊では，宅地開発が急速に進んだ高度成長期から断片的に見られた。とくに有名なのは，最寄りの鉄道駅までの通勤・通学のための公共交通手段が十分に確保されない「足なし団地」の問題に対応したものであり，東京都町田市や神戸市にその例がある（大熊（1973）；寺田一薫（2002），pp. 160-164）。

　このような都市近郊におけるバスサービス確保の問題は，今後改めて深刻化する恐れがある。なぜなら，こういった住宅地では，世帯間で住民の年齢構成が似通っていることもあって，高齢化が一気に進みつつあるからである。高齢化は，退職に伴って通勤をしなくなる，自家用車の運転を断念するなど，住民の交通行動全般に大きな影響を与える。自治体による対応の中で最近多いものはコミュニティバスの運行であるが，都市近郊においても自治体の財政難が深刻になりつつあるため，対応に限界があることもまた確かである。このようにして，事業者と自治体のいずれもが供給しえないバスサービスを，沿線の住民組織が確保する試みが改めて注目を集めるのである（髙橋（2003，2004））。

　本節ではまず，都市近郊でのバス運営における住民組織の役割を，沿線の住民個人あるいは世帯（以下「住民個人」），自治体，事業者，沿線施設（商店・病院等）との役割分担および連携（パートナーシップ）の観点から明らかにする。これを受けて，愛知県内の2つの事例（豊田市の「ふれあいバス」および小牧市の「桃花台バス」）を考察する。最後に，都市近郊における住民組織に

よるバス運営の課題を指摘する。

4.1.2　住民組織の形態と役割

(1)　住民組織の形態

　議論の前提として，バス運営に関与する住民組織の形態を整理しておく。こうした住民組織は，広義の非営利組織に含まれるが，その形態としては，町内会・自治会（以下「町内会」），任意団体，特定非営利活動法人（以下「NPO法人」）の3つが考えられる（髙橋（2004），pp. 91-92）。

　任意団体は，既存の町内会の上部組織として，バス運営協議会といった名称で結成されることが多い。これは，個々の町内会がバス運営に関与することは一般に難しい上，複数の町内会を含む地区全体に輸送サービスを供給することで一定の輸送効率を確保できるためである。

　NPO法人については，設立要件として，17の特定非営利活動（ミッション）のうち一つ以上を充足するという目的拘束がある。バスを運営するにあたっては，福祉の増進あるいはまちづくりの推進をミッションとすることが求められよう。また，付帯（収益）事業としてバス事業を行うNPO法人も，深良の里たけすみの会（静岡県裾野市）のみと考えられるが，確かに存在する。

(2)　住民組織の役割

　住民組織は，住民個人・事業者・自治体・沿線施設の間に入り調整を行うことで，バスの運行を可能にする。図4-1は住民組織の役割を例示したものである。具体的には，住民組織が，住民個人による会費負担や支援，および自治体・沿線施設からの補助や支援の受け皿となり，実際のバス運行を民間事業者に委託するという役割分担を表している。ただし，住民組織による実際のバス運営では，図4-1に見られるアクターがすべて揃ってパートナーシップを構築するとは限らない。また，住民組織がどのアクターの主導によって設立・運営されるかで，住民組織およびバスの運営方針が異なってくる。以下では，住民組織によるバス運営の仕組みを，「住民主導型」「自治体主導型」「沿線施設主導型」の3つに分類することを試みる。

　住民主導型は，従来の町内会や，これをベースとする任意団体・NPO法人

第4章 住民組織によるバスサービスの確保　　151

図4-1　住民組織によるバス運営とパートナーシップ

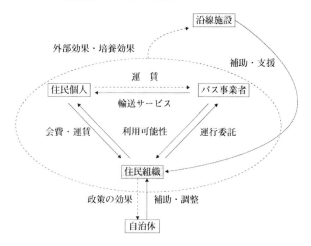

(出所)　髙橋（2004），p.90より作成。

によって，あくまでも住民（あるいは既存の住民組織）の主導によりバスが運営される場合を指す。例えば，京都市右京区水尾地区（髙橋（2004），pp.92-94），三重県四日市市の生活バス四日市（高須賀（2003）；髙橋（2004），pp.94-96），京都市伏見区醍醐地区の醍醐コミュニティバス（岩井・中村・中川（2004））がこれに相当する。

　水尾地区は，もともと公共交通の空白地区であり，農協が行ってきた自家用バス運行を町内会が継承し，自治体からの積極的な支援を受けないまま30年にわたって運行を続けてきた。生活バス四日市の事例では，既存事業者の撤退に伴い，町内会の役員が中心となってNPO法人を設立し，図4-1に近いパートナーシップによってバスを運営している。醍醐コミュニティバスの事例では，市営地下鉄の延伸とこれに伴う市営バス路線の再編の結果，バス交通がかえって不便になった地区で，住民組織が結成されバスを運行している。いずれも，住民組織が自発的にバス運営を開始している点では，文字通りの「コミュニティバス」といえるが，住民組織のみの活動では，とくにバス運行を継続的に実施する点で限界があると考えられる。そのため，自治体や沿線施設とどのような連携を実施し，どういった補助・支援を受けるかが成功の鍵となろう。

自治体主導型は，財政難や地区間の公平といった問題のため，自治体がバスに対する負担を増やせない場合などに，住民に対してバス運営（およびそのための住民組織の結成）を提案する場合である。例えば，バス車両は自治体が購入するものの，実際の運行許可は住民組織に取得させ，住民組織が乗務員を直接雇用するといった事例は，京都府舞鶴市・福知山市の山間部では規制緩和前から見られた（髙橋（2004），pp. 94-96）。舞鶴市では，2004年9月をもって舞鶴湾内の定期航路が廃止されたが，その廃止代替バスは，同様の自治体主導型住民組織によって運営が開始された。

　事業者主導型は，住民組織が自主的にバスを運営するという体裁でサービスを開始するが，実際はバス運行の企画の段階から民間事業者が大きな役割を果たし，実際のバス運行はこの事業者が受託することが当初から決まっている場合である。とくに，規制緩和までの厳格な規制の下では，新規事業者の参入や新規サービスの開始は難しかったため，潜在需要が多いと見られた地区に新規参入を果たすために住民組織が活用された。先に見た大都市郊外の「足なし団地」でよく見られ，千葉市の団地交通や埼玉県富士見市のライフバスのケースでは，この方法で新規事業者が参入している（佐藤（1985））。

　最後の沿線施設主導型は，沿線の商店・病院やその組合・団体（商店街組合やまちづくり機関）が主導するものである。高齢者や運転免許非保有者にとっての「買い物バス」「通院バス」としてのバスの役割は無視できない。沿線施設も，バスが運行されることで，買い物客の増加（さらには中心市街地活性化）や外来患者の利便性向上といった効果を享受するはずである。もちろん，沿線施設には，住民組織と連携せずに単独で送迎バスを走らせるという選択肢もあるが，バスを運営する住民組織に対して支援・補助を行うことで，その「買い物バス」「通院バス」としての機能を強化し，マーケティングに活用することも可能である。先述の生活バス四日市は，地区内のスーパーマーケットが，隣接する市にある店舗で運行していた買い物バスからヒントを得て運行したものである。実際にこのスーパーや病院といった沿線施設からの協賛金が収入に占める割合が大きい。ここでは，住民（組織）が知恵を出し，沿線施設がカネを出すという形でのパートナーシップが実現していると見ることができる[1]。

　以下では，愛知県内の最近の事例から，自治体主導型である豊田市の「ふれ

あいバス」と，事業者主導型である小牧市の「桃花台バス」を取り上げる。いずれも，主にインタビュー内容に基づいて経緯と現状を紹介し，これを受けて他の地区・地域への示唆を導きたい。

4.1.3　豊田市「ふれあいバス」：自治体主導型の事例

　豊田市は，人口約36万人，世帯数約13万からなる。トヨタ自動車の本社と複数の工場を抱えていることもあってか，自家用車の普及率は１世帯当たり1.7台と高く，成人はほぼ１人１台保有している。市内の公共交通体系は図4-2のとおりであり，バス路線の減少傾向も顕著である。

　こうした状況に対応して，豊田市は，交通政策課が中心となり，外郭団体である豊田都市交通研究所との協力の下，さまざまな交通実験を行っている。その中には，ITSや電気自動車の利用促進といった新しい技術を活用したものが多いが，バス関連の新たな試みも複数見受けられる。ここでは本節の問題意識に沿って，市南東部の高岡（駒場・堤）地区の「ふれあいバス」の事例に限定して紹介する[2]。

⑴　住民組織およびバス運行の経緯

　高岡地区は，面積約20平方キロであり，人口約２万8000人，約8000世帯からなる。起伏のない農地が広がっており，自動車関連の工場が点在している。大型のスーパーや公共施設はない。

　もともと，高岡地区の住民からは，道路を含めて交通が不便であるという声が意識調査を通じて上がっていた。さらに，既存バス事業者である名古屋鉄道（名鉄）が，地区内の２路線を廃止する意向を1997年５月に表明したことから，

---

1 ）　生活バス四日市の分析の中でも，高須賀（2003）は沿線施設・買い物バスの側面に，髙橋（2004）は住民組織の側面にそれぞれ焦点を当てている。
2 ）　「ふれあいバス」のほかにも，「中心市街地玄関口バス」「さなげ足助バス」「自動車学校スクールバス事業」などがある。中心市街地玄関口バスは，名鉄豊田市駅とその周辺の各種公共施設を結んでいる。さなげ足助バスは，名鉄のバス路線（西中金〜足助線）および鉄道線（三河線豊田市〜西中金間）の廃止代替サービスとして，他の沿線町村と共同で運行されている。自動車学校スクールバス事業は，自動車学校の送迎バスに高齢者が乗車できる仕組みである。「ふれあいバス」を早い段階から紹介したものとして，森田（2001）がある。

図4-2 豊田市の公共交通体系 (2002年1月現在)

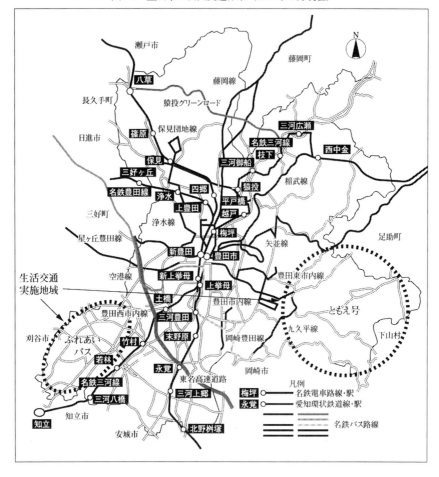

交通に対する地区住民の要求が高まった。豊田市は，かつて各種のバスを運行した経験から，「バスを使ってくれるのであれば支援する（逆にいえば，空気を載せて走るバスには支援しない）」という方針を打ち出し，そのことを住民に打診した。そこで，1999年10月に地区の住民約8000人にアンケートを実施した結果，「バスの運行が継続されれば利用する」と回答者の約半数が答えた。

地区内の11の町内会からなる住民組織「ふれあいバス運営協議会」は，2000

年９月の実験運行開始直前に法人格のない任意団体として設立され，直ちに豊田市および「豊田市生活交通運行事業者協会」[3]を加えた三者間で「ふれあいバス運行に関する協定書」が交わされた。運営協議会の設立にあたって，市議会議員（堤地区と駒場地区から１人ずつ選出されている）のイニシアティブは大きかったとされる。なお，「ふれあいバス」という名称には，「住民・事業者・自治体が手を取り合って，ふれあいを大切に運行するバス」という意味が込められており，パートナーシップを体現した名称といえよう。

2000年９月に，マイクロバス４台と大型バス１台で実験運行が開始された。車両は前述の事業者協会が購入した。車両の償却期間は５年である。運輸局への申請の都合上，９月の１カ月間は一般の貸切バスの扱いで無料運行した。停留所の場所はそれぞれの町内会に決めてもらい，木製の標識（１基約5000円）を設置するにとどめ，経費の節減に努めた。すべての停留所が民地内に設置されているが，これは道路占用許可などの手続を行わず，住民が望む場所に停留所を設置するための措置である。当時の路線網は図4-3の通りである。

2000年10月の本格的な運行開始に伴い，21条バス（貸切バスへの乗合許可）に移行し，会員制を導入した。これは，年会費（当時１世帯500円）を支払うと定期券（１世帯３カ月6000円，６カ月１万2000円）を購入する資格が得られるというものである。ただし，車内の座席に余裕がある場合に限り非会員も乗車することができ（１回200円），非会員の運賃収入は直接事業者が受け取る。

会費・運賃体系の設定で注目されるのは，運行経費の半分を会費・運賃収入で賄うことを目標としたことである（以下「２分の１ルール」と表記）。ただし，実際の収支率は２割程度であった。事前のアンケートの結果からは２分の１ルールは達成できると推測されたが，実際は定期券購入数が目標に達しなかったのである。

乗車目的は，通勤・通学が中心と見られる。農地が中心の地区であることから，高齢者は軽トラックを保有していることが多く，バスの利用は多くない。また，乗客の中には，名鉄知立駅から高岡地区の自動車関連の工場に通う，豊

3）「豊田市生活交通運行事業者協会」は，市内に本社があるタクシー事業者（６社）と名鉄によって創設された。車検の際の代替車両の手当てや，積み残しが発生した際の追加車両（タクシー）の手配など，事業者協会が実験に参加することのメリットは大きいとされる。

156

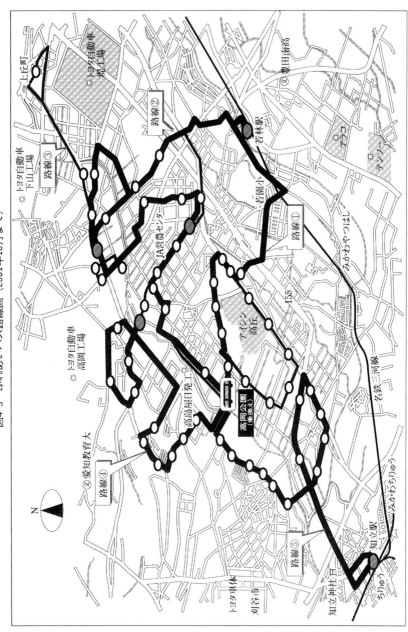

図4-3 ふれあいバス路線図（2001年10月まで）

田市以外在住の通勤者も含まれると見られる[4]。

　本格的な運行開始から1年を経た2001年10月に，路線網・車両・運賃体系の改善を行った。路線網については，基幹路線を延長し端末路線を一部廃止し（4路線から2路線に簡素化），一方で停留所を増設した（図4-4）。マイクロバスで積み残しが出ていた路線には，中型バスを導入した。運賃については，乗り継ぎの場合でも，追加料金を取らないよう改められた。また，新規に回数券（12枚綴り2000円）[5]の販売を開始した。この見直しにより，費用・需要（利用者）の両面で改善が見られ，収支率は向上した。費用面では，経費が年間約9800万円から約6500万円まで下がった。需要面では，乗客が増加し，会費・運賃収入も増加した。その要因の一つは回数券が好評なことである。回数券は，定期券と異なり車内での購入も可能なことが好評の理由と推測される。年間の会費・運賃収入約2000万円のうち約1500万円は非会員からの収入であったが，収支率は3割程度にとどまり，この時点でも2分の1ルールは達成できなかった。

　2003年4月には，ダイヤの見直しが再度行われ，とくに朝の通勤・通学時間帯に，停車する停留所が少なく知立駅に直行する「急行」の試験運行が開始された。結果として乗客はさらに増加し，2003年度の乗客数は1日平均474人，1便平均9.7人となった（2002年度は1日436人，1便7.1人）。また，2分の1ルールが達成されていないことから，会費は年間1世帯1000円に引き上げられたが，その特典として利用券5枚（5回分，1000円相当）が配布されている。2003年度には，地区世帯の約4割が会費を支払った。だが，こうした努力にもかかわらず，収支率はやはり3割程度であり，2分の1ルールが達成されたとはいえない。

　ふれあいバスの運行実験は2003年度末までの予定であったが，地区からの要

4）　知立駅は，隣接する知立市に位置し，名鉄本線と三河線の乗換駅であるため重要な結節点である。1999年10月の住民アンケートでは，バスは「市内の名鉄三河線若林駅よりも，知立駅に乗り入れてほしい」という声が多かった。廃止前の路線は知立駅に乗り入れていた上，住民の指向は豊田市中心部よりも知立・名古屋方面にある。この結果を受けて，豊田市が支援するバスが知立市内に乗り入れるべきかどうかについては市役所内部でも議論があったが，前市長の決断により乗り入れが決まった。
5）　一般的な11枚綴りでなく12枚綴りにしているのは，往復することを考慮しているためである。

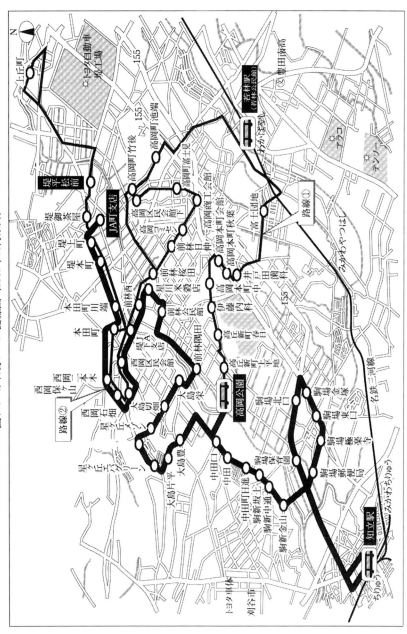

図4-4 ふれあいバス路線図（2001年10月以降）

望を受け，現在も運行を継続している。2004年度には，バスロケーションシステム（停留所での接近表示と電話での音声案内）が導入されている。

(2)　ふれあいバスの評価：「2分の1ルール」の観点から

　このように，ふれあいバスの事例では，自治体（豊田市）の主導によって住民組織（運営協議会）が結成され，実際のバス運行は事業者（事業者協会）に委託することで，パートナーシップの構築が試みられている。とくに注目すべきは，収支について2分の1ルールという明確な目標を設けている点である。このルールは，守られなかったからといって，補助や運行を中止するといったペナルティが短期的に用意されているわけではないが，運賃やダイヤを改正する際には運行成果の目安となる。実際，2003年4月の会費値上げの根拠として，2分の1ルールは一定の役割を果たしたと考えられる。

　とはいえ，すでに触れたように，収支率改善のためのさまざまな努力を行ってなお，2分の1ルールは達成されていない。その理由の一つとして，会費・運賃体系が，住民の支払い意思を十分に引き出していないことが挙げられる。非会員向けの回数券が好評であることは前述の通りであるが，「会員にならないと回数券が購入できない」仕組みをつくっておけば，一層の会員数の増加や収支率の改善につながったのではないかと，豊田市の担当者も推測している。また，会費は払うが普段は乗車しない，いわば賛助会員の制度も，沿線住民が持つバスの存在価値に対する支払い意思を引き出すには有用であろう[6]。

(3)　他の地区・地域への示唆：自治体主導型の有効性

　ふれあいバスのような，住民組織および住民の費用負担に基づいたバス運営は，理にかなったものであるが，他の地区・地域に応用することは難しい。ふれあいバス方式が上記のように一定の成果を残し，注目されているにもかかわらず[7]，同様の仕組みは全国各地はおろか，豊田市内でも広がりを見せてはい

---

6)　生活バス四日市では，定期券が「応援券」と銘打たれている。これには，バスを直接利用しない　　住民にも，支援を目的とした購入を促すという意図がある（髙橋 (2004)，p. 98)。

7)　2003年度には，運営協議会が国土交通大臣から「手づくり郷土（ふるさと）賞」を受賞した。

ない。このことは，住民が自らの問題としてバスサービスを認識し確保することがいかに難しいかを，図らずも示している。バス運行の維持が必要であること，そのために住民が応分の負担をしなければならないことまでは，住民個人が感じているのかもしれない。しかし，個人の問題意識と支払い意思を引き出し取りまとめる（住民組織を通じた住民参加を促す）局面で，誰が何をすればよいのか，指針が示されていないという懸念がある。この局面では，当該地区から交通問題に関するリーダー（議員や町内会役員である可能性が高い）が現れることが期待される。だが，もともとリーダー不在の場合や，リーダーの世代交代がうまくいかない場合，住民組織が創設されない，あるいは創設されたとしても運営が不安定になるという危険が常に付きまとう。他の地区・地域への援用のためには，リーダーシップに期待しつつも過剰に依存しない仕組みをつくる必要がある。

　そのためには，まずは自治体が，住民組織によるバス運営を地区住民に提案することが必要であろう。つまり，自治体主導で住民組織結成の促進，潜在需要の調査，収支の予測，実験運行などを行い，バス運営が軌道に乗った後は住民主導型に移行するのである。こうしたプロセスを経ることにより，住民組織によるバス運営は持続可能なものとなるであろう。自治体の役割は，パートナーシップ構築のノウハウを持ち，住民組織によるバス運営を提案する際の説得力を高めることである。「住民も応分の負担をすることにコミットしてくれないと，自治体内の地区間の公平や，補助金の費用対効果を確保できないため，自治体も補助ができない」ことを，どのように説得するかが焦点である。

4.1.4　小牧市「桃花台バス」：事業者主導の事例

　小牧市桃花台地区は名古屋通勤圏の住宅地であり，人口は約2万8000人である。公共交通機関として，名鉄小牧線小牧駅に接続する軌道系新交通システム「桃花台新交通（ピーチライナー）」がある。だが，名鉄小牧線は，名古屋市内のターミナルである上飯田駅で軌道系交通機関に接続していなかったため，桃花台から名古屋市都心部への接続は長年悪かった。上飯田駅と名古屋市地下鉄平安通駅を結ぶ地下鉄上飯田線は，2003年3月にようやく開通した。

　そこで従来，桃花台から名古屋市都心部に通勤する住民には，名古屋駅へ乗

り入れる JR 中央線を利用することが多かった。桃花台から JR 中央線春日井駅までは直線距離で約 5 km であり，この間のバス路線新設は市議会・県議会議員の公約になっていた。だが，構想の段階のまま20年間放置され，桃花台とJR 中央線高蔵寺駅を結ぶ名鉄のバス路線が開設されたのも1992年と遅かった[8]。JR を利用する住民の多くは，自家用車による送迎や，自発的なパークアンドライドを行っていた。

(1) バス運行の経緯と住民組織の発展的解消

桃花台バスの運行開始までの準備は，当初から「あおい交通」が主導した。あおい交通は，地元のタクシー・貸切バス事業者であり，桃花台地区にある名古屋造形芸術大学と春日井駅を結ぶスクールバスでは，20年近い運行実績を持っている。

あおい交通社長の松浦秀則氏に桃花台バスの実現を持ちかけたのは，地元の工務店社長である三輪憲一氏であった。三輪氏は，テレビ報道などで乗合バス事業の規制緩和を知り，桃花台と春日井駅を結ぶバス路線を規制緩和をきっかけとして実現できないか，2001年 9 月に松浦氏に打診したのである。

松浦氏は，前述のスクールバスの有効活用を思いついた。スクールバスが時間帯によって上りあるいは下りに乗客が片寄りがちであることを考慮すると，桃花台の住民を朝 8 時半に春日井駅に送り届けてからスクールバスとして運行し，夕方 5 時半にスクールバスの役目を終えた後，春日井駅から桃花台に帰る住民を乗せることは可能と考えたのである。ただし，スクールバスは大学とあおい交通の貸切契約により運行されていることから，同じ車両で「行きは乗合，帰りは貸切」として運行することに対して，中部運輸局から制限がかかった。そこで，任意団体の住民組織「桃花台バス運営会」を設立し[9]，あおい交通と

---

8) 小牧市の地域独占的な既存バス事業者である名鉄は，桃花台新交通に出資と人材支援をしていることもあり，ピーチライナーの乗客を減少させるようなバス路線を新設することは控えざるをえなかったのである。ピーチライナーには高蔵寺駅までの延伸計画があったため，桃花台～高蔵寺駅間のバス路線はピーチライナーの先行路線という位置付けであった。桃花台の交通問題を名鉄の立場から論じたものとして，中村（近刊）を参照されたい。

9) バス運営会の役員には，議員や町内会役員は入っておらず，青年会議所のメンバーが中心であった。

の間で貸切契約を交わすことで[10]，往復とも貸切バスとして運行することにした。住民協議会の発足のために勉強会が8回開催され，規制緩和に関する研究や，会則および大学への請願書の文面の作成・検討を進めた。大学への請願書では，スクールバスの有効活用が，車両更新（排気ガス規制クリア）のための財源調達と「地域に開かれた大学」実現の2つの意味を持つことが謳われている。

2002年3月になり，運輸局から「純粋な貸切でなく21条バスとして運行するように」というアドバイスがあり，実際，4月の運行開始に間に合うように，3月下旬に21条バスの許可が下りた。住民と学生の同じ便への混乗は認めないとのことであった。もともと純粋な貸切での運行を予定していたため，停留所を設置することはできないので，代わりにあおい交通の電柱広告を出し，そこでバスを待ってもらうことにした。時刻表も掲示できないので，起点の出発時刻から各停留所の通過時刻を利用者に推測させ，待ってもらっていた。

バス運営会に入会するためには，氏名と住所の登録は必要であるが，会費は設けなかった。運賃は，通勤・通学に使ってもらうこと，ピーチライナーの小牧〜桃花台（センター・東）間が350円であること，春日井駅前の駐車場が1日700円であること（自発的なパークアンドライドとの競争）から，10枚綴り回数券を3000円（つまり片道300円）に設定した。会員数は7月末に1200人，9月末には2100人に達した。乗客数も，当初1日250人程度であったものが，600人を超える日も出るようになった。

21条バスとしての運行は，4条バス（一般乗合バス）としての許可が下りるまでの暫定措置と考えられたが，運輸局の指導もあり，運行開始からわずか半年後の2002年10月に4条バスに切り替えることになった[11]。これに伴ってバス運営会を通じた会員制は取り止めになり，会自体も発展的に解消された。運賃体系については，名鉄バスと競合する区間の運賃はその2割引とし，桃花台〜春日井駅間は300円に据え置くこととした。4条バスへの移行に伴い，停留所

---

10) 貸切契約において委託者と受託者をはっきりと区別するため，松浦氏は住民協議会（委託者）には入会しないこととした。

11) あおい交通は，乗合バス事業者としては，資本金1000万円ときわめて小規模であり，この点でも注目される。

の増設や名称変更，ダイヤの一部変更などを行なった。

　4条バスに移行後，乗客は順調に増加した[12]。移行後の1日平均乗客数は約700名で，天候によっては1000人を超える日もあった。これは，一般の乗合バスになって「会員限定」のイメージがなくなったことと，正式な停留所が設置されたことで，住民にとって乗りやすいバスになったためと推測できる。

　2003年3月の地下鉄上飯田線開業に伴う乗客数の変化もあまり見られず，桃花台バスとJR中央線で名古屋市都心部へ向かうという経路が，桃花台の住民の間に定着したものと考えられる。また上飯田線開業に合わせて，あおい交通は，21条許可による乗合タクシー「ミゴン」（「みんなでワゴン」の略）の運行を開始した。ミゴンは，桃花台バスと同様運賃は片道300円で（回数券も共通），「桃花台乗車」と「春日井乗車」の2系統がある。前者は，ピーチライナーのフィーダー輸送であり，夕方から夜にかけて運行されている。後者は，桃花台バスの終バスからJRの終電の間に運行されている。ミゴンの乗客は，現在では1カ月1000人程度であるが，採算の確保に向けて努力が続けられている（図4-5）。

⑵　桃花台バスの評価：新規参入の実態

　桃花台〜JR春日井駅間のバス路線には，もともと潜在需要があることは明らかであったが，宅地開発の主体である愛知県，既存バス事業者の名鉄，両者が出資する第三セクターである桃花台新交通がいわば「三すくみ」の状態となり，バス路線の開設は長い間果たされなかった。そこに，住民組織（バス運営会）との契約を整えることで，あおい交通が新規参入したのである。住民組織といっても，貸切契約の便宜上，事業者主導でつくられたものであり，組織そのものや住民参加にあまり実体はない。こうした意味合いや，事業者がタクシー事業から参入したことなどは，前述の団地交通やライフバスといった，他の足なし団地における新規参入の事例との共通点が多い。あおい交通は，桃花台バスのノウハウを活かし，小牧市に隣接する豊山町・大口町でもコミュニティバスの運行を受託するなど，バス事業への積極的な進出を続けている。

---

12)　4条バスに移行した直後の乗客の評価を調査したものとして，磯部（2003）がある。

図4-5① 桃花台バス路線図・時刻表（2002年10月以降）

朝コース

時 \ コース	篠岡発A 平日	篠岡発A 土曜	東部市民センター ルートB 平日	東部市民センター ルートB 土曜	西駅口発C 平日	西駅口発C 土曜
6	50		30 50		50	
7	20 50	20	00·10·30·50	00	20 50	20
8	20		30	00	20	

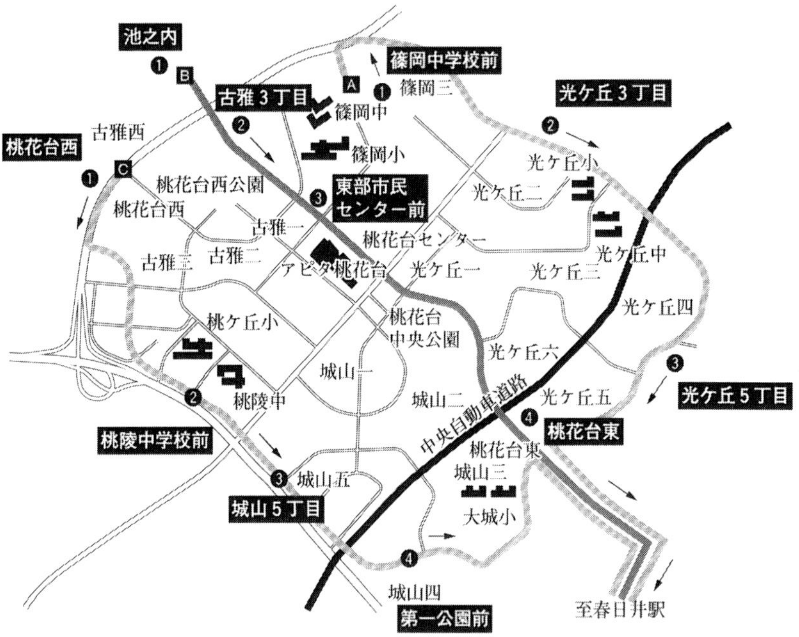
池之内
篠岡中学校前
古雅３丁目
篠岡三
篠岡中
光ケ丘３丁目
古雅西
桃花台西
篠岡小
桃花台西公園
東部市民センター前
光ケ丘小
光ケ丘二
桃花台西
古雅一
桃花台センター
古雅三
古雅二
アピタ桃花台
光ケ丘一
光ケ丘三
光ケ丘中
桃ケ丘小
桃花台
中央公園
光ケ丘四
光ケ丘六
城山一
城山二
光ケ丘五
光ケ丘５丁目
桃陵中
中央自動車道路
桃花台東
桃陵中学校前
桃花台東
城山三
城山五
城山５丁目
大城小
城山四
第一公園前
至春日井駅

第4章　住民組織によるバスサービスの確保　　165

図4-5②　桃花台バス路線図・時刻表（2002年10月以降）

昼コース　　　フリー乗車・下車はなくなりました。

コース 時	桃花台 発		春日井 発	
	平日	土曜	平日	土曜
8	50			
9	20	20		
10			10・30	10
11	00	00	50	50
12	10			
13	30・50	30	00	
14			30	50
15	20	40	30	
16			10・40	40

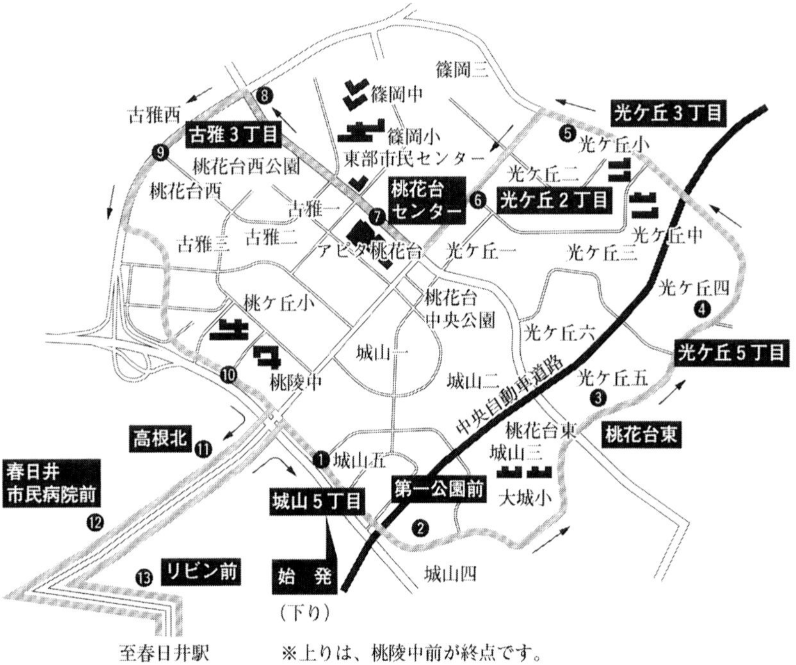

篠岡三
篠岡中
古雅西
古雅3丁目
桃花台西公園
桃花台西
篠岡小
東部市民センター
光ケ丘3丁目
光ケ丘小
光ケ丘二
光ケ丘2丁目
桃花台センター
古雅一
古雅二
古雅三
アピタ桃花台
光ケ丘一
光ケ丘三
光ケ丘中
桃ケ丘小
桃花台中央公園
光ケ丘六
光ケ丘四
光ケ丘5丁目
城山一
城山二
光ケ丘五
桃陵中
中央自動車道路
桃花台東
城山三
桃花台東
高根北
城山五
第一公園前
大城小
春日井市民病院前
城山5丁目
リビン前
始　発
（下り）
城山四

至春日井駅　　※上りは、桃陵中前が終点です。

図4-5③　桃花台バス路線図・時刻表（2002年10月以降）

夜コース

コース 時	春日井 発				
	平日		土曜		
17	03		43	33	
18	03	23	43	23	
19	03	23	43	23	43
20	03		43	23	
21		23			
22		23			

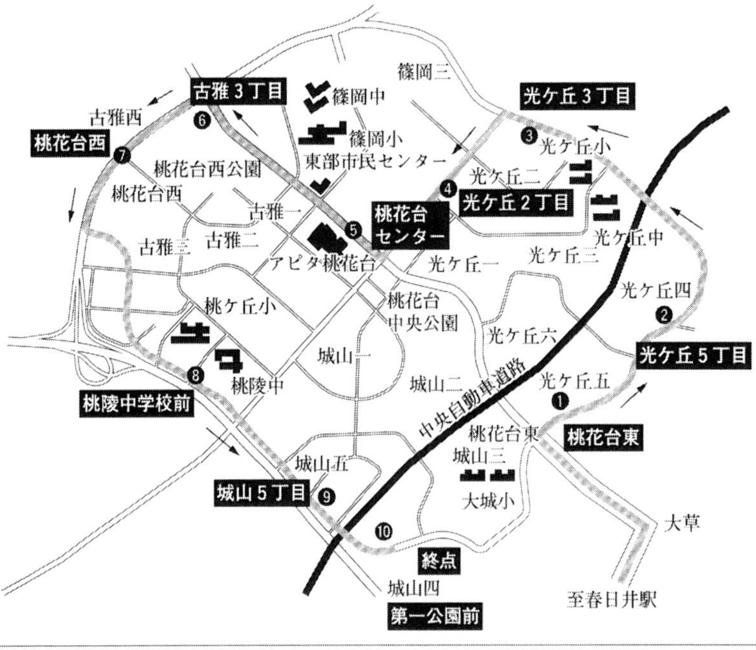

(3) 他の地区・地域への示唆：都市近郊における住民組織の有効性

乗合バス事業の規制緩和以後，都市近郊など潜在需要が多い場所で，事業者主導型の住民組織によるバス運営の事例が新たに出現する可能性はそれほど高くはない。ダミーの住民組織との契約にこだわらなくても，規制緩和によって事業者の自由な参入が保証されているからである。

だが，このような地区でも，住民組織によるバス運営の意義が完全になくなるとは限らない。例えば，団地から最寄り駅以外の鉄道駅（最寄り駅は各駅停車しか止まらないが，隣りの駅には急行が止まるような場合）へのアクセス交通や，「終バス終了後，終電までの間，タクシーに利用者が集中するが，その運賃に不満がある」時間帯といった，空間的・時間的ニッチマーケットである。

このようなニッチマーケットでは，小型バスや乗合タクシーの運行は，ダイヤの安定や運賃の低下など，住民に便益をもたらすことが暗黙のうちに理解されていても，実際にはなかなか困難である。というのも，こうした新サービスが従来のタクシーから乗客を奪うことになるため，複数の地元タクシー事業者のうち1社が抜け駆け的に新サービスの開始を意図すると，事業者間に摩擦が生じる恐れがあるからである。小型バスや乗合タクシーを運行する構想は，全国各地のバス・タクシー事業者がそれぞれ温めているものと考えられ，実際に前述の「ミゴン」のような例も見られる。しかしながら，規制緩和に伴って増加しているとはいい難い。その要因の一つとして，このような事業者間の摩擦，あるいはバスとタクシーの境界領域（定員10名）でのモード間競争への懸念があると思われる[13]。

このようなとき，住民主導型の住民組織が小型バスや乗合タクシーによる新サービスを提案し，実際に運営することは可能であろう。具体的には，会員制によって会費収入を確保し，実際の運行は民間に委託することで，運行受託をめぐる事業者間の競争をうまく機能させることができると思われる。入札制あるいはこれに準じた見積り合わせや提案型入札を導入して，受託者選定のプロ

---

13) 同一事業者がバスとタクシーを兼業する場合（企業グループに両方の事業者がある場合も含む）に，バス部門が小型バスを導入して稠密な路線網を設定することにタクシー部門が反対する，あるいはバス部門がタクシー部門に対して遠慮する，という可能性もある。境界領域のサービス開始には，敵が内側にも外側にもいるのである。

168

セスを明確にすれば，例えば複数の地元タクシー事業者のうち1社が乗合タクシーの運行を受託することも，地区住民の意思として受け容れられるであろう。

4.1.5 住民組織による会員制交通の活用

本節で取り上げた住民組織によるバス運営については，ふれあいバスが自治体主導型，桃花台バスが事業者主導型といわば対極的であり，運行開始のきっかけも大きく異なる。だが，その運行開始時の共通点として，会費・運賃体系の違いはあるにせよ，会員制交通であったことが挙げられる。そこで，この会員制について，「会費収入の確保」というメリットと「閉鎖的であるゆえの乗りにくさ」というデメリットのジレンマを指摘し，今後の展望を示したい。

会員制のメリットは，会費収入の確保である。会費の設定を通じて，住民個人が持つ，バスの利用可能性や存在価値に対する支払い意思を引き出し，これを運行経費に充当することができる[14]。一方でデメリットは，会員制に特有の閉鎖的なイメージが定着しかねないことである。こうしたイメージには，利用可能性の議論と異なり理論的な裏づけはないが，例えば「非会員は乗車拒否されるのではないか」「会員でも，会員証を忘れると乗車できないのではないか」「バスに乗るために個人のデータを登録し年会費を払うのは面倒」「地区外からの訪問客の目には，排他的でベールに包まれた存在に映る」といったものが推測される。ふれあいバスの回数券の人気や，桃花台バスの4条バス移行後の乗客増の背景に，こうした閉鎖的なイメージの打破があることは，すでに指摘した通りである。

このジレンマに対しては，選択的二部料金制（selective two-part tariff）の導入が解決策の一つとなりうる。二部料金制とは，公共料金一般に見られる，基本料金と従量料金の組み合わせからなる料金体系である。選択的二部料金制では，基本料金と従量料金の組み合わせが複数用意されており，会員・乗客が

---

14) 利用可能性や存在価値に対する支払い意思を引き出すにあたっては，非市場財の金銭的価値を評価する仮想市場評価法（Contingent Valuation Method）といった手法が洗練されつつあることが追い風となっている。次節の過疎地域における住民組織の事例や，湧口・根本（2000），湧口・山内（2002）の実証研究を参照されたい。試行錯誤の積み重ねによって全国各地での経験を取りまとめ，市場調査と会費・運賃体系設定のためのマニュアルに活かすことが求められている。

その組み合わせ方を選ぶことができる。例えば，基本料金のみ・従量料金なしの「賛助会員」制を設け，存在価値に対する支払い意思を持つがバスを利用しない住民にも入会を促す。また，地区外からの訪問者には，基本料金を払わなくても高めの運賃を支払えばバスを利用できる仕組みを用意することで，非会員でも利用できることをアピールする。これらは選択的二部料金の中でも極端な形態であるが，沿線住民だけが利用する場合でも，会費と運賃のさまざまな組み合わせの選択を可能にすべきであることはいうまでもない。例えば，乗車回数に応じた特典を用意することも，その一環となりうる。

　一口に「沿線住民」「地区住民」といっても，住民個人の支払い意思は多種多様である可能性が高い。単一の会費・運賃体系に統一することは，単純明快という点では意義が大きいが，統一までの合意形成に大きなコストが生じる懸念がある。選択的二部料金制の導入による会費・運賃体系の多様化を通じて，住民個人が可能な範囲でバスの運営に貢献する仕組みを実現することが重要である。その意味では，通信や航空の分野は参考になる。というのも，こうした分野では，規制緩和下の競争への対応のため，常顧客優遇制度（Frequent Flyer Program）などによって事実上の会員制を導入し，顧客・価格戦略に活用しているからである。

4.1.6　本節のまとめ

　以上本節では，住民組織によるバス運営を，都市近郊の事例に焦点を絞って検討した。こうした事例は，高度成長期以後に断片的に見られたが，都市近郊での高齢化が急速に進展する現在，また同様の事例が見られるようになった。そこで本節では，これら住民組織の組織形態（町内会，任意団体，NPO法人）と役割（住民個人，自治体，事業者，沿線施設とのパートナーシップ）を整理し，愛知県内の最近の事例を検討した。

　豊田市の「ふれあいバス」は自治体主導型の事例であり，バス運営に特化した住民組織の結成を，自治体が地区住民に対して提案したものである。とくに，収支率に関する「2分の1ルール」を設けて，バス運行の成果の目安を明らかにしている点が注目される。

　これに対して，小牧市の「桃花台バス」は事業者主導型の例である。愛知県，

名鉄，桃花台新交通がバス交通の充実に関して「三すくみ」の状態になっている間隙を突いて，あおい交通が住民組織との契約を通じてバス路線の開設を果たした。今後，規制緩和によって新規参入や新規路線開設が容易になると，事業者主導型住民組織の役割は小さくなると考えられるが，住民組織（特に住民主導型）が小型バスや乗合タクシーを用いた新サービスを企画・運営する可能性は残る。

　ふれあいバスと桃花台バス（運行開始当初）の共通点として，会員制をとっていることがあげられる。会員制交通には，「会費収入の確保」と「閉鎖的であるゆえの乗りにくさ」という２つの側面の間のジレンマがある。選択的二部料金制は，このジレンマの解決策の一つとなりうることから，今後一層の研究を進め，実行案を探る必要があろう。

4.2　過疎地域の交通ニーズと新路線開始—青森県鰺ヶ沢町の事例を中心に—

4.2.1　はじめに

　地域公共交通の規制緩和時代を迎え，全国各地で不採算のバス路線の見直しや廃止，鉄道路線の廃止が議論され，一部はすでに実施されている。しかも，規制緩和に伴い，同じ交通機関どうしだけではなく異なる交通機関どうしの競争も各地で起こり，「風が吹けば桶屋が儲かる」式に思いもかけない所に思わぬ影響が生ずる場合すらありうる。このような状況の中で不採算路線の廃止を免れるためには，それぞれの不採算路線の収支を少しでも改善する必要がある。

　不採算状況の改善のためには，運行経費の削減は言うまでもなく重要であるが，同時に収入の確保にも特段の注意を払わなければならないだろう。経費削減の結果，サービスの品質が低下し，結果として利用者の減少に伴う減収を招いてしまったら，経費削減の意味が薄れてしまう。また，現在の利用者は自家用交通に代替し難い，どちらかと言えば需要の価格弾力性が低い利用者といえるが，それでも増収のために過度の運賃値上げを行えば，利用者の減少を招き，減収につながりかねないであろう。とくに過疎地の公共交通の場合，利用者が限定されているため，１人の常連利用者の減少が乗車密度や収入の減少に与える影響が大きい。この点を考慮すれば，サービスの品質を低下させるよりも，

運賃以外の広く薄い収入源を確保して，サービスの品質を維持・向上させていくほうが良い結果をもたらすのではないかと考えられる。

このような仕組みとして注目される制度が，公共交通機関を地域の「公共財」として位置付け，地域の自助努力により運賃以外の収入源を確保し，路線を維持していく方法である。このような方法の一つとして，路線バスや鉄道を利用するしないにかかわらず，当該路線の存続のために，地域住民が一定の金額を現金または回数券購入という形で負担する形態が全国各地で見られる。例えば，青森県津軽地方の鰺ヶ沢町，浪岡町および相馬村では，既存路線の延長や廃止予定路線の存続に回数券購入という方法が用いられてきた。これらの路線では，回数券購入によるバス路線維持に対する住民の意向を確認した上で，自治体からの補助金も併せて投入されて運行が継続されている。

地域住民の協力を得る際に考慮すべき事項の一つとして，回数券購入などを通じて協力してもらう金額は，全世帯一律か，世帯構成員を考慮した金額か，あるいは自由意思額かという選択問題が挙げられる。本節では，この問題について公共財の自発的供給理論と津軽地方の実例をもとに考えてみたい。なお，以下に示すデータは，1999年秋に(財)運輸政策研究機構，青森県西津軽郡鰺ヶ沢町および地元の方々のご協力を得て実施した，弘南バス深谷線に関する質問票調査の結果をもとにしている。関係者の方々に改めて御礼を申し上げると同時に，調査結果および分析については，山内（2000），湧口・山内（2002）を参照されたい。

4.2.2 地域の「公共財」としての公共交通

⑴ 公共財の最適供給の難しさ

経済学において，「公共財」は，非競合性（共同消費性）および非排除性（対価の支払いの有無にかかわらず誰にでも等量供給される性質）を備える財として定義されている。そのため，その供給にあたり，資源配分の効率性の観点に立った無料供給の必要性と，費用負担の観点に立った「ただ乗り」の問題が議論の対象とされてきた。とくに各個人が費用負担額との関係で真に必要とする公共財の数量（公共財に対する需要曲線）を正直に申告してくれなければ，公共財の供給者たる政府は，最適な供給量を決定し，各個人の需要曲線に照ら

して等量の最適需要量が達成されるような費用負担割合を決定することができない。それゆえ，公共経済学では，正しく需要を申告するインセンティブを与え，同時にそれに基づき最適量の公共財を供給できるような仕組みづくり，すなわち誘因両立性と資源配分の効率性を共に満たす公共財の供給メカニズムづくりに大きな努力が払われてきた。

(2) 公共財の自発的供給理論

しかし，一方で別の考え方もできよう。ある程度の公共財の供給を望む個人は，たとえ他人に「ただ乗り」されようとも，自分が負担との関係で必要だと思う数量の公共財供給に協力するのではないか。このような個人は，他人の協力によって供給される公共財の数量を予測して，自分の必要とする数量との差の分だけ，自らの努力によって公共財を供給するのではないか。このような考え方が，公共財の自発的供給理論の出発点になっている。この個人が，他人の協力によって供給される公共財の予測量に対して悲観的に考えるのか楽観的に考えるのか，公共財供給への協力を社会的規範として考えるのか，予測量に対して危険回避的に行動するのか危険愛好者的に行動するのかなど，これらの選択肢の組み合わせに応じてさまざまな分析や帰結が提案されてきた。これら一連の議論を総称したものが，公共財の自発的供給理論である。湧口（1999）は，これらの代表的な議論を紹介している。

排除性のある準公共財の場合には，供給に協力しない個人を消費から排除することにより，この財の消費を希望する個人をみな供給に協力させることができる。このような財の典型例はクラブ財である。多くの場合，協同組合，会員制クラブなどを設立して，組合員又は会員のみに財を供給するという供給形態をとる。クラブの参加者全員が，クラブを形成する便益を感じ続ける限り，クラブ財の供給は永続することになろう。

他方，純粋公共財や，制度的に排除性を行使できない準公共財の場合には，「ただ乗り」が可能であり，一見すると直ちにあるいは最終的に自発的供給に失敗するように思われる。これは，ゲーム理論を適用するならば，いわゆる「囚人のジレンマ」に陥る場合である。

しかし，ゲームのクラス（型式），状況およびペイオフの設定次第では，公

共財の完全もしくは部分的な自発的供給に成功することが知られている。「部分的」とは，社会的最適量に比べて少ないという意味である。最も簡単な例は，2×2の標準型ゲームで2人のプレーヤー双方にとって公共財の供給に参加することが共に支配戦略（常に望ましい戦略）となる場合である。この場合，ナッシュ均衡解はパレート最適解となり，公共財の安定的な自発的供給に成功する。

　また，双方のプレーヤーにとって公共財供給への参加が支配戦略とならない場合でも，他のプレーヤーからの威嚇や牽制に対してきわめて不安定であるという課題は残されるものの，部分的に公共財の自発的供給に成功する可能性が示されている。これは，Lipnowski and Maital（1983）が，「チキン」および「イイ奴が3番目に良い選択肢を選択する」と呼んだ状況で，一方のプレーヤーのみが公共財供給に参加する例である。さらに，標準型ゲームに時間の要素を加え，「消耗戦争」（war of attrition）ゲームとして公共財の自発的供給問題を分析することにより，Bliss and Nalebuff（1984）は，選好に関して均質的な個人間で公共財供給費用に差がある場合には，供給費用が最小の個人が公共財供給を行うことを，Bilodeau and Slivinski（1996）は，公共財供給に最も高い便益／費用比率を持つ個人，最も高い時間選好率を持つ個人および公共財から最も長期的な利益を得る立場にある個人が，直ちに公共財を自発的に供給することを明らかにしている。これらの部分的に公共財の供給に成功する事例は，有体にいえば，公共財が供給されない状態を見るに見かねた個人やそれを危惧した個人がやむをえず公共財供給に協力するという状況を表している。

　伝統的なミクロ経済学の枠組みにおいても，消費者の効用関数に強い仮定を置くことにより，公共財の自発的供給に部分的に成功することが示されてきた。例えばShogren（1987）は，他人の協力の程度が明確になる前に自分自身の協力の程度を決めなければならないために，公共財の供給量に不確実性が存在することを前提とした分析モデルを提示している。またSugden（1984）は，互恵性という観点から，「ただ乗り」を禁止するような道徳的制約のもとで効用を最大化するモデルを用い，各構成員が共同体の一員として最低限の協力だけを行うことを示した。Andreoni（1989），（1990）は，不純な利他主義という観点から，公共財供給への協力から得られる自己満足や見栄のような効用に注目

し，公共財の総供給量のみならず自分自身の協力度合を考慮して効用を最大化するところに，公共財の自発的供給に成功する鍵があることを明らかにした。

⑶　他人の協力の不確実性と自分自身の貢献

上述のような公共財の自発的供給理論の中で本節が注目する考え方は，公共財供給の不確実性が自発的供給を生む可能性である。なぜなら，利用実態から見る限り，過疎地域において公共交通機関はいつ廃止になっても不思議ではない存在であるからである。また，地域住民の広範な協力によって過疎路線を守る場合でも，住民の大多数が自家用交通を利用できる状況の中で，これらの住民からどの程度の協力が得られるかわからない状態だからである。

先に触れた Shogren (1987) は，他人が行う公共財供給への協力の程度に関して，主観的な予測（確率密度関数）を持つ危険回避的な個人を想定する。そしてこの個人が，自分自身が公共財の供給に積極的に協力するほど他人は公共財供給に非協力的になる（すなわち協力の程度が減少する）と考えていても，公共財供給の不確実性が個人の効用に及ぼす直接的効果が間接的効果に勝る場合には，公共財供給のために自発的に協力するという結論を得ている。ここでいう「直接的効果」は，自分自身の協力により公共財供給の不確実性が減少し，一定程度の供給量が確保されることから，公共財の供給に協力しようとする効果を意味している。それに対し，「間接的効果」は，自分の協力が他人に「ただ乗り」されてしまうことから協力を惜しもうとする効果を意味している。つまり，Shogren (1987) は，「ただ乗り」されることを嫌って協力を控えようとする行動を上回るくらい，公共財供給の不確実性を回避しようとするインセンティブが強ければ，結果的に公共財供給のために自発的に協力することを理論的に示したのである。

それでは，このような危険回避的な個人が，他人も協力的である，すなわち自分自身がより一層協力すれば他人もそれに合わせてより一層協力してくれると考えている場合は，公共財の自発的供給に成功するのであろうか。成功する場合もあるが，これも結果は条件付きである。もし各個人が，他人が協力してくれるから安心と思い「ただ乗り」することを決め込んでしまえば，結果として公共財の自発的供給に失敗してしまうのである。

4.2.3 住民参加型供給の可能性―鰺ヶ沢町深谷線の事例―

⑴ 弘南バス深谷線

　津軽半島の付け根，日本海に面した青森県西津軽郡鰺ヶ沢町では，地域住民全体が運行経費の一部を負担する形で1993年8月7日に運行を開始した，弘南バス深谷線が運行されている。住民参加型のバス路線として知られる深谷線は，その後，同じ津軽地方の浪岡町の弘南バス細野線の存続（2003年廃止），および相馬村の弘南バス藍内線の開設のきっかけをつくった。深谷線の場合，深谷地区の約60世帯が，バス利用の有無にかかわらず，毎月一律2000円（当初は1000円）の弘南バスの金券式回数券を購入する。バス利用者は購入した回数券を利用することも可能である。

　深谷地区は白神山地を後ろに控えた山間部の集落で道路事情が悪く，採算面での懸念もあったために，深谷集落在住の町議会議員滝吉栄蔵氏（故人）らの長年の陳情にもかかわらず，バス路線が開設されずにいた。そのため，自家用交通を持たない住民は，既存バス路線の「深谷入口」バス停から最も近い深谷集落で約3km，細ヶ平集落まで約5km，最奥の黒森集落まで約8km，狭くて急な山道を歩かざるをえなかった。その結果，「深谷入口」から町の中心部まで20km弱，バスで25分程度の距離にもかかわらず，積雪や安全上の懸念のために高校生は下宿しなければならなかった。

　しかし，道路整備が進んだのを機に町が弘南バスに路線開設を要請した結果，津軽28市町村から構成されていた津軽地域路線バス維持協議会（当時）のワーキング・チームが開設の可否を検討することになった。ワーキング・チームは1993年2月，一種の「基本料金」として住民による運行経費の一部負担案を提案，4月に住民側が同意したことから，ワーキング・チームが運行費用，各世帯の負担額を計算，6月の住民集会で路線開設を最終決定した。1日3往復の運行で年間約1400万円の経費が見込まれ，このうち約1000万円を運賃収入で回収することとし，赤字分を住民の回数券購入代金と運行経費の最大4分の1を限度とする町の補助金で埋めることで運行開始に漕ぎ着けた。

　運行開始後も，住民たちは3集落の代表，弘南バスおよび町から構成される「鰺ヶ沢町深谷線バス運営協議会」を組織し，3カ月に1回程度，バスの運行実績や時刻表などについて話し合いを持った。弘南バスも年数回，地域住民の

交流ツアーを開催するなど，地域住民が「自分たちのバス」という意識を継続して持ち続けられるような工夫が行われた。1999年2月から回数券購入額が1カ月2000円に引き上げられたほか，2000年からは黒森集落の奥に位置するブナ原生林体験ゾーン「ミニ白神」まで路線を延長し，観光客の取り込みによる増収を図っている。詳細は，鯵ヶ沢町企画課企画係のウェブサイトや湧口・根本（2000）を参照されたい。

(2) 深谷地区の住民に対する質問票調査

　弘南バス深谷線のオプション価値（不確実性回避のために見出す増分的な支払意思額）と路線存続に向けた自発的協力の関係を調査するために，1999年10月に，青森県西津軽郡鯵ヶ沢町深谷地区の全世帯を対象とする質問票調査を実施した。回収率の向上と回答時のバイアス抑制の観点から，質問票の配布を地区代表者の方々に依頼する一方，記入済み用紙は各世帯から東京へ直接郵送してもらった。質問票には，深谷線の利用状況，利用区間の運賃に関する知識の有無，オプション価値の導出や自発的協力の状況を知る手掛かりとなる質問，世帯属性などに関する計25問の質問を挙げた。約4分の3の世帯から回答が得られた。当初，各世帯が，自世帯の深谷線維持に向けた協力度合（回数券購入額）が，他の世帯の協力度合にどの程度影響を与えると予測し，それに基づいて各世帯は実際にはどの程度協力するのかという観点からオプション価値を算出することを目的とした。しかし，有効回答数が不足したために，最終的には他の世帯への影響部分を抜きにしてオプション価値を導出した（湧口・山内（2002））。この調査で得たデータから，他の世帯への影響に関する予測と実際の協力度合との関係を見ることができる。

　質問票調査では，各世帯が，自世帯の深谷線維持に向けた回数券購入額が他の世帯の回数券購入額にどの程度影響を与えると予測しているかを調べるために，表4-1のような質問を設定した。質問が重層的で煩雑であるために，回答世帯数の約4分の3からしか有効回答が得られなかったが，表4-1の4題の設問中2題以上の回答が得られると，回答世帯が自世帯の協力に対し他の世帯から「ただ乗り」されると思っているのか，自世帯が「ただ乗り」できると考えているのか，それとも影響はないと考えているのかを判断することができる。

第4章　住民組織によるバスサービスの確保　　177

　有効回答が得られない別の要因として，自分自身が利用しないバス路線の維持
のために協力することに強く反対する世帯がいることも考慮しなければならな
いだろう。

　いずれにせよ，有効回答を得られた31世帯中，自世帯の回数券購入額に応じ
て他の世帯の購入額が変化すると予測している世帯数は20，変わらないと予測
している（「ナッシュ的仮定」）世帯数は11で，ほぼ2：1（65％：35％）の比
率になっている。また，前者の世帯のうち，自世帯の購入額の増加が他の世帯
の購入額の増加につながると予測する（「正の仮定」）世帯が12（60％），逆に
他の世帯の購入額の減少につながると予測する（「負の仮定」）世帯が5（25
％），「U字型の仮定」世帯が3（15％）であった。「U字型の仮定」とは，自
世帯が回数券を購入しない場合には他の世帯は購入してくれるが，自世帯が少
し購入するときには他の世帯はほとんど購入してくれない，しかし自世帯がた
くさん購入すると他の世帯もたくさん購入するという予測である。

　次に，各世帯がどの程度積極的に深谷線を維持するために自発的に協力して
いるのかを調べるために，表4-2のような質問を設定した。1999年2月から1
世帯あたりの回数券購入額が1000円から2000円に増額されたことを利用した質
問である。

　表4-2の質問への回答のうち，選択肢1を「乗車」のために回数券使用，2
を「積極的」協力，3および4を「消極的」協力，5を「一律（の回数券購入
に）反対」，6および7を「その他」として結果を整理した（表4-3を参照）。回
答があった43世帯中，約半数の21世帯が乗車のために回数券を購入しており，
バスの維持のために実質的に寄付する形となっている積極的または消極的協力
世帯は約3分の1の14となっている。積極的に協力している世帯数と一律強制
に反対している世帯数はそれぞれ6ずつで，全体の14％ずつを占めている。な
お，複数回答に関しては，1と2の複数回答世帯については「乗車」，2と3
の複数回答世帯については「消極的」に加えている。

(3)　他の世帯の協力に関する予測と自分自身の協力

　これらの回答結果をもとに，他の世帯の協力に関する予測と自世帯の協力と
の関係を分析すると，表4-3のような結果が得られる。表4-3の行は予測の種類

表4-1 自世帯の回数券購入額が他の世帯の回数券購入額に与える影響を調べる設問

【質問17】 仮に，全世帯が毎月購入する回数券の冊数（金額）が全世帯一律ではなく，各世帯が好きな冊数（金額）だけ購入する方式に変更になったとします。この時，もしあなたのご家庭が全く回数券を購入しないならば，ほかの世帯は平均して何冊回数券を購入してくれると思いますか？　以下の選択肢の中からあなたのお考えに一番近い選択肢を1つ選んで「〇」をつけてください。 　　　1．全く購入しない。　　　　　　　　　6．平均4〜5冊購入する。 　　　2．平均1冊未満しか購入しない。　　　7．平均5〜6冊購入する。 　　　3．平均1〜2冊購入する。　　　　　　8．平均6〜7冊購入する。 　　　4．平均2〜3冊購入する。　　　　　　9．わからない 　　　5．平均3〜4冊購入する　　　　　　　10．その他（　　　　　　　　　　　　）
【質問18】 【質問17】と同じ想定のもとで，あなたのご家庭が回数券を1冊（1000円）購入するならば，ほかの世帯は平均して何冊回数券を購入してくれると思いますか？　以下の選択肢の中から，あなたのお考えに一番近い選択肢を1つ選んで「〇」をつけてください。 　　　1．全く購入しない。　　　　　　　　　6．平均4〜5冊購入する。 　　　2．平均1冊未満しか購入しない。　　　7．平均5〜6冊購入する。 　　　3．平均1〜2冊購入する。　　　　　　8．平均6〜7冊購入する。 　　　4．平均2〜3冊購入する。　　　　　　9．わからない 　　　5．平均3〜4冊購入する　　　　　　　10．その他（　　　　　　　　　　　　）
【質問19】 【質問17】と同じ想定のもとで，あなたのご家庭が回数券を2冊（2000円）購入するならば，ほかの世帯は平均して何冊回数券を購入してくれると思いますか？　以下の選択肢の中から，あなたのお考えに一番近い選択肢を1つ選んで「〇」をつけてください。 　　　1．全く購入しない。　　　　　　　　　6．平均4〜5冊購入する。 　　　2．平均1冊未満しか購入しない。　　　7．平均5〜6冊購入する。 　　　3．平均1〜2冊購入する。　　　　　　8．平均6〜7冊購入する。 　　　4．平均2〜3冊購入する。　　　　　　9．わからない 　　　5．平均3〜4冊購入する　　　　　　　10．その他（　　　　　　　　　　　　）
【質問20】 【質問17】と同じ想定のもとで，あなたのご家庭が回数券を3冊（3000円）購入するならば，ほかの世帯は平均して何冊回数券を購入してくれると思いますか？　以下の選択肢の中から，あなたのお考えに一番近い選択肢を1つ選んで「〇」をつけてください。 　　　1．全く購入しない。　　　　　　　　　6．平均4〜5冊購入する。 　　　2．平均1冊未満しか購入しない。　　　7．平均5〜6冊購入する。 　　　3．平均1〜2冊購入する。　　　　　　8．平均6〜7冊購入する。 　　　4．平均2〜3冊購入する。　　　　　　9．わからない 　　　5．平均3〜4冊購入する　　　　　　　10．その他（　　　　　　　　　　　　）

第 4 章　住民組織によるバスサービスの確保　　　179

表4-2　深谷線の維持のためにどの程度自発的に協力しているのかを調べる設問

【質問7】　今年の2月から回数券購入額が1カ月1000円から2000円に上がりました。購入額が増加したことに対し，あなたのご家庭ではどのようにお感じになりましたか，またお感じになっていますか？　以下の選択肢の中からあなたのご家庭のご意見に近いものに「○」をつけて下さい（複数回答可）。
　　1．普段から月2000円以上バスに乗っているので何も変わらない。
　　2．回数券は余るが，回数券2冊でバスがなくならないなら安いものだ。
　　3．回数券は余るが，みんなのためだからやむを得ない。
　　4．回数券が余るから，出来れば月1000円以下に戻して欲しい。
　　5．バスに乗らない世帯もあるのだから，一律に定額の回数券購入を強制するのはやめて欲しい。
　　6．わからない
　　7．その他（　　　　　　　　　　　　　　　　　　　　　　　　）

表4-3　他の世帯の協力に関する予測と自世帯の自発的協力

	乗車	積極的	消極的	一律反対	その他	小計
正の仮定	6	1	1	4		12
負の仮定	2	2	1	1		5
U字型の仮定	2		1			3
ナッシュ的仮定	5	2	3			11
その他	6		2	1	2	12
小計	21	6	8	6	2	43

を表し，列が自発的協力の程度を示している。「一律反対」は，各世帯がすべて同額の回数券購入を行うことに反対しているのであって，この回答は必ずしもバス路線の廃止や自発的協力システムの撤廃を求めるものではないことに注意を要する。

　表4-3から見る限り，統計的に有意な形で予測の種類と自発的協力（「乗車」，「積極的」）との関係を見出すことはできないが，「正の仮定」の世帯に「一律反対」の回答が多いように見受けられる。この事実は，地域の人々が協力的であることを期待しながらも，回数券購入による路線バス存続システムを維持していく上で，バスの利用の有無にかかわらず一律の協力を求めることに疑問を抱く世帯が多いことを意味していると思われる。別に質問したバスの利用状況から見る限り，このような回答はバス利用世帯に多いように見受けられる。ま

た，同様に「ナッシュ的仮定」の世帯に「消極的」協力の回答が多いように見受けられる。「ナッシュ的仮定」は，自世帯の回数券購入額は他の世帯の購入額に影響を及ぼさないという予測を表しているので，このような回答を行う世帯は，地域住民として最低限の義務を果たす互恵的側面から深谷線維持のために協力しているように思われる。

4.2.4　本節のまとめ

　利用者のみならず地域住民全体の幅広い支援を得ることは，過疎地域において公共交通機関を開設・維持するための1つの有力な方法であるといえよう。しかし，弘南バス深谷線での調査結果が示すように，このような幅広い支援を得ることに成功しているとしても，地域住民全体が純粋な意味で自発的に協力しているとはいえないようである。過半数の世帯が公共交通機関の開設・維持のために協力するとしても，多くが家族の一部だけが公共交通利用者である世帯であったり，地域住民の義務として協力したりしていることがわかる。このような事実を考慮すると，自由意思額による協力では，結果的に回数券購入額は増加するものの，各世帯が利用する分の回数券購入にとどまってしまい，路線を維持するための協力というよりも利用の対価という側面が強まってしまうであろう。同様の観点から考えると，全世帯一律の協力ではなく，世帯人員や利用者数に応じた協力額方式では，協力額に利用の対価性を与えることになろう。地域住民の幅広い支援を得る目的が，地域の公共財として公共交通機関を位置付け，運賃という利用の対価では回収できない便益に対してなにがしかの支払いをしてもらう点にあったことを思い出すと，自発的協力は対価性から常に切り離されていなければならないだろう。

　津軽地方で2番目の住民参加型路線であった浪岡町の弘南バス細野線は，1995年4月に住民参加型路線になってから8年余りで幕を閉じた。2003年6月3日付けの東奥日報の連載記事「『はやて』時代の胎動　東北新幹線八戸開業から半年」の「⑮課題／並行在来線，バス不振」によれば，東北新幹線の八戸開業に伴い，仙台・東京方面との連絡が，弘前〜盛岡間を高速バス「ヨーデル」号を利用するルートから，弘前〜八戸間を在来線特急「つがる」号を利用するルートに変わった。このため弘南バスの高速バス路線全体の売上げが20%

第4章　住民組織によるバスサービスの確保　　181

も落ち込み，住民参加を得てもなお赤字であった細野線を維持することができなくなった。このことが細野線の廃止理由である。細野線の住民参加型路線としてユニークな点は，各世帯の回数券購入額が世帯割の部分と人数割の部分から構成され，全世帯一律ではなかったことにあった。この違いが廃止の遠因になったかどうかは明らかではない。しかし，地域住民の協力を得る際の負担方法を検討する上で，この事実は慎重に考慮されるべきであろう。

参考文献
[4.1]
磯部友彦（2003），「住民主導で開業した路線バスの意義」『土木計画学研究・講演集』第27巻。
岩井義男・中村隆行・中川大（2004），「住民主体型交通サービスの実現とNPOの役割をめぐって」『運輸と経済』第64巻第8号。
大熊実（1973），「鶴川団地の深夜バスボイコット・プラス・自主運行車運動」岡野行秀編『市民生活と交通』都市交通講座第4巻，鹿島研究所出版会。
佐藤信之（1985），「団地住民の足を守るミニバス会社の成り立ちと現状」『Bus Media』11月号。
高須賀大索（2003），「規制緩和後の自律的な地域公共交通形成のためのボトムアップ型運営方式に関する研究」修士論文（名古屋大学大学院環境学研究科）。
髙橋愛典（2003），「乗合バス市場の構造変化と政策対応」『商経学叢』第49巻第3号。
髙橋愛典（2004），「非営利組織によるバス運行の展望」『交通学研究／2003年研究年報』日本交通学会。
寺田一薫（2002），『バス産業の規制緩和』日本評論社。
中村賀英（近刊），「桃花台ニュータウンをめぐる新交通システムの経営悪化問題と路線バス新規参入」関西鉄道協会都市交通研究所「規制改革と運輸事業」委員会研究報告書。
森田優己（2001）「世帯会員制『ふれあいバス』は地域が育てる」『住民と自治』第459号。
湧口清隆・根本敏則（2000），「低需要地域における路線バス維持の試み─津軽地方の事例から─」『道路交通経済』第90号。
湧口清隆・山内弘隆（2002），「交通サービスにおけるオプション価値の理論と現実─弘南バス深谷線におけるオプション価値計測の試み─」『運輸政策研究』第5巻第3号。
[4.2]
山内弘隆（2000），「公共輸送サービスの自発的供給：青森の事例から（運輸政策研究所研究報告会2000年春）」『運輸政策研究』第3巻第2号。
湧口清隆（1999），「交通サービスの自発的供給は可能か？─理論的フレームワーク─」『交通学研究／1998年研究年報』日本交通学会。
湧口清隆・根本敏則（2000），「低需要地域における路線バス維持の試み─津軽地方の事例か

ら―」『道路交通経済』第90号。

湧口清隆・山内弘隆 (2002),「交通サービスにおけるオプション価値の理論と現実―弘南バス深谷線におけるオプション価値計測の試み―」『運輸政策研究』第5巻第3号。

J. Andreoni (1989), "Giving with Impure Altruism: Applications to Charity and Ricardian Equivalence," *Journal of Political Economics* , Vol. 97.

J. Andreoni (1990), "Impure Altruism and Donations to Public Goods: A Theory of Warm-Glow Giving," *The Economic Journal* , Vol. 100.

M. Bilodeau and A. Slivinski (1996), "Toilet Cleaning and Department Chairing: Volunteering a Public Service," *Journal of Public Economics*, Vol. 59.

C. Bliss and B. Nalebuff (1984), "Dragon-slaying and Ballroom Dancing: The Private Supply of a Public Good," *Journal of Public Economics* , Vol. 25.

I. Lipnowski and S. Maital (1983), "Voluntary Provision of A Pure Public Good as the Game of 'Chicken'," *Journal of Public Economics* , Vol. 20.

J. F. Shogren (1987), "Negative Conjectures and Increased Public Good Provision," *Economics Letters* , Vol. 23.

R. Sugden (1984), "Reciprocity: The Supply of Public Goods through Voluntary Contributions," *The Economic Journal* , Vol. 94.

東奥日報　http://www.toonippo.co.jp/

鰺ヶ沢町企画課企画係　http://www.ajigasawa.net.pref.aomori.jp/page/kakuka/kikaku/kikaku/hukayabus.htm

第5章　自治体コミュニティバスと乗合タクシー

5.1　群馬・栃木県の自治体コミュニティバス

5.1.1　はじめに

　1990年代に入ると，全国で自治体主導の巡回路線バス[1]が次々に誕生する。その中で1995年に始まった武蔵野市の「ムーバス」が好評だったことも大きな契機になって，自治体コミュニティバスが全国各地に普及していく。その理由は，バス空白地域や道路の狭隘な住宅地内等での路線バスの運行が要望されたことなどによる。また，従来からバス運賃が割高なことが問題になっていたため，運賃については100円・200円均一運賃を採用する都市が多くなった。群馬・栃木両県と接する埼玉県内では無料の都市も多かった。

　折しも，群馬県は，国の補助対象外だった廃止後1年以上経過したバス路線，および新規のバス路線を対象に，1992年に小型乗合タクシー，93年に小型乗合バスの導入促進費補助金交付要綱を策定した[2]。本書の2.4で記した群馬・栃木県にまたがる両毛地方の諸都市では，従来からの乗合バスネットワークが空白になりつつあった。そうした背景や制度の改編にも刺激されて，乗合バスの急速な縮小に歯止めをかけて活性化すべく，その一環として，1990年代半ばから自治体コミュニティバスが次々に誕生していくのである。過去に廃止代替されなかったたままの路線が復活したケースもある。全国的に路線バスを復活させる意欲が地域社会に芽生え，従来からの廃止代替バスに加えて，都市部さら

1）　一般的にコミュニティバスと呼ばれており，従来からの廃止代替バスが改編されたものや，乗合タクシー・デマンドバス等でそれに類似したものも含めて，本節では以下自治体コミュニティバスと記す。

2）　群馬県では，1996年度には，従来の廃止代替バスと自治体コミュニティバスを含めた市町村主導のバスは，市町村乗合バスと称して，補助制度が1本化された。

に山間地域においても，従来の乗合バスや廃止代替バスとは別のフレームで，自治体コミュニティバスが各地で誕生していく傾向にあった。この傾向は群馬・栃木県でも全国でも共通している。

本節では，短期間に相次いで誕生した自治体コミュニティバスに関して，従来からのバスがほとんど空白となっていた両毛地方の近況を概観する。その上で，全国的なコミュニティバス全体の問題も含めて，課題を整理する。調査方法としては，群馬・栃木県庁等での全般的な資料・聞き取り調査を基本にして，できる限りの現地調査を行って，運行事情や諸問題を検証した。

5.1.2 両毛地方における自治体コミュニティバス運行の動向

(1) 群馬県伊勢崎市とその近郊

群馬県伊勢崎市では，1990年代初頭より市内循環バスが検討されるようになっていたが，1996年10月17日より市街地に南・北循環バス「ふれあい」を，運賃無料で運行開始した。これが，群馬県内では最初の，在来バスのルートと距離制運賃にとらわれないバスであり，その後の自治体コミュニティバス普及の契機となったともいえる。同市は，翌年7月1日より郊外の3路線で，市内循環バス「ふれあい」を追加運行した（全路線とも片廻り運行で十王自動車[3]が運行を担当する。以下運行事業者は括弧で記載）。

2.4で記したように，伊勢崎市周辺では，当時まだ都市間の放射状のバス路線網がかろうじて存続していたので，「ふれあい」のルートは基本的には従来バスのルートと重複しなかったものの，近接道路を同等の頻度で走る区間が多かった。しかし運賃が無料であり，また自治体が「ふれあい」を広報したので自治体コミュニティバスが優位になってしまい，すでに相当少なくなっていた在来バスの利用者を一層減少させていった。

群馬中央バスは，1998年3月21日に伊勢崎〜香林（赤堀町）線の廃止と伊勢崎から本庄行を大幅に減回したのに続き，太田行を99年7月1日に廃止した。また2000年8月25日には，前橋・高崎行も朝の通勤利用者が乗る便や入出庫をかねた便以外を廃止し（群馬中央バスは伊勢崎が最大の営業所），朝夕の2〜

---

3) 2004年1月1日，十王自動車と国際ハイヤーが合併して国際十王交通となる。

3回のみの運行となった（十王自動車の本庄行の運行回数は維持されたが）。こうした都市間バス路線網の縮小の要因の一つとして，伊勢崎市内の無料循環バス運行の影響が挙げられよう。

　周辺の佐波郡内町村では，玉村町を除いて廃止代替バスは運行されなかった。一時期路線バスはほとんどなくなったが，各地でコミュニティバスが運行開始されたことに刺激されて，1999年4月8日から，境町で町内循環バス2系統（東観光バス），赤堀町で伊勢崎市との連絡バス（群馬中央バス，約1年前に廃止された伊勢崎〜香林線と同一ルート）を運行開始した（いずれも無料）。東村でも，コミュニティバスの運行が模索される中で，1999年には試行的に老人福祉施設（みやまセンター）の送迎バスを週3日，伊勢崎市民文化会館まで延長運行し，さらに2000年10月10日より，伊勢崎市内の病院通院も重視した送迎バスに発展させた（無料）。その後，境町は伊勢崎病院へのシャトルバス（東観光バス），赤堀町と東村は町村内循環系統（直営自家用）を開設した。

　また，玉村町は，2001年9月26日より5路線で乗合タクシーを運行開始し，2003年4月1日より伊勢崎病院連絡便を運行した（永井運輸）。こうして佐波郡内町村は，伊勢崎市との連携と自町村内の足双方の充実をはかっていった。しかし，いずれの路線も1日10回以下の運行で片回り循環であった。利用状況から見て，住民のニーズに合ったサービスでなかったと考えられる。

(2)　群馬県太田・館林市周辺

　廃止代替バスが走らないまま乗合バスのネットワークが急速に縮小する中で，太田市は，1996年4月1日より「シティーライナー太田・そよかぜ」と称したコミュニティバス2路線を運行開始した。その後，同年12月14日より3路線が新設され，98年8月1日には運行系統・経路を変更して，市域全体を網羅するようになった。また，当初の距離制運賃を，97年7月20日に200円均一運賃（高校生以下100円）とした。

　周辺町村でも，廃止代替バスは全く運行されなかったので，乗合バスは皆無になりつつあった。その中，99年7月1日の太田〜伊勢崎線廃止時に，太田市と周辺市町村を連絡する3路線のコミュニティバス（「広域公共バス・あおぞら」と呼称）が運行開始され，かつての主要乗合バス路線の一部が復活してい

表5-1 両毛地方の自治体コミュニティバス・廃止代替バスの運行状況

平成14年8月26日現在

市町村	路線名	起点	主な経過地	終点	区間キロ(往復/2)(km)	運行回数	車両数(定員×台) 常用	予備	開始日	運行事業者・運行方式	備考
伊勢崎市	北循環線	文化会館	市民病院・伊勢崎駅	文化会館	6.950	11.0	56×2	1	8.10.17	十王自動車	貸切バスチャーター(運賃無料)
	南循環線	市役所	木田町・市民病院	市役所	6.700	11.0					
	嬬運・三郷循環線	文化会館	太田町・伊勢崎駅	文化会館	5.000	8.0	44×3		9.7.1 (試験運行)		
	茂呂・豊受循環線	市役所	子供の森・山王町	市役所	10.750	8.0					
	宮郷・名和循環線	市役所	山王町・市民病院	市役所	9.050	8.0			(試験運行)		
	計 5				42.100			1			
境町	南巡回線	社会体育館	保泉・島村	社会体育館	20.000	8.0	28×1	5	11.4.8	東観光バス	貸切バスチャーター(運賃無料)
	北巡回線	社会体育館	伊与久・渕名	社会体育館	22.500	7.0	28×1		〃		
	中巡回線	社会体育館	境町駅	社会体育館	22.000	9.0	29×1		12.5.1		
	シャトル便	社会体育館	伊勢崎市民病院	社会体育館	26.000	3.0			12.5.1		
	計 4				90.500			3			
赤堀町	香林伊勢崎線	香林上組	役場前・華蔵寺公園南	JR伊勢崎駅	11.900	10.0	35×1	1	11.4.8	群馬中央バス	貸切バスチャーター(運賃無料) 伊勢崎市乗入
	計 1				11.900			1			
東村	南循環線	役場	五目牛	役場	9.600	4.0	35×1	1	11.11.1	自家用直営(運行は群馬スクールバス委託)	朝夕は園児送迎(運賃無料)
	北循環線	役場	香林	役場	9.850	4.0					
	計 2				19.450			1			
佐波東村	伊勢崎線	みやまセンター	文化会館	文化会館	5.000	2.0	29×1	1	11.4.7 (試験運行)	自家用直営(運行は平井運輸委託)(運賃無料)	林檎運行 志鏡 伊賀嘉村入
	西部循環線	みやまセンター	国定郵便局・三堂女会議所	みやまセンター	14.500	1.0 / 1.0					水金運行 みやまセンター送迎
	東部循環線	みやまセンター	東国定・小泉神社	みやまセンター	18.500	1.0 / 1.0					水土運行 みやまセンター送迎
	計 5				38.000			1			
玉村町	玉村循環北コース	玉村町役場	老人福祉センター	玉村町役場	8.800	6.0	10×3	1	13.9.26	永井運輸	100円均一・乗換1回まで無料 H13.12.16北コース路線変更
	玉村循環西コース	玉村町役場	角田病院	玉村町役場	6.350	6.0					
	玉村循環南コース	玉村町役場	グランドゴルフ場	玉村町役場	5.700	6.0					
	玉村循環東コース	玉村町役場	南部眼科	玉村町役場	9.050	6.0					
	玉村循環東コース	玉村町役場	海洋センター	玉村町役場	7.850	6.0					
	計 10				217.950			3			
大胡町	町営牧場線	大胡駅	金丸・循環器病センター	町営牧場	13.200	5.5	29×1		62.10.1	赤城タクシー	休日循環器センター乗入しない
宮城村	赤城高原牧場線	大胡駅	苗ヶ島	町営牧場	14.600	3.5			3.4.17		
	赤城高原牧場線	大胡駅	苗ヶ島・鳥	赤城高原牧場	8.300	7.5 / 1.5	10×1		63.10.5		
	赤城神社線	大胡駅	フラワーパーク	赤城神社	11.100	8.0	10×1		5.4.21		
粕川村	実験器・実業センター線	深津集センター	粕川温泉ランド	中之沢美術館	11.800	6.0	10×1		7.4.1		
		深津集会センター	中之沢美術館		11.200	1.5					
	計 4				81.300			4			
新里村	赤城集会所線	赤城東・赤城集会所	新里駅	福祉センター	13.000	1.5	46×1		7.4.8	日本中央バス	H11.9.1路線延長 H12.9.1変更 一部路線
		赤城集会所	新里駅	福祉センター	7.400	4.5					
		新里駅		福祉センター	3.900	1.0					

第5章　自治体コミュニティバスと乗合タクシー

自治体	路線名		起点	経由	終点		便数	車両	開設	備考
新川市	新川線		越戸		新川駅	8.900	0.5	47×1	10.4.1	H10.9.15路線延長 H12.3.1路線変更 系統追加
			越戸	新川駅	福祉センター	15.600	1.5			
			新川駅		福祉センター	4.800	0.5			
			越戸	新川駅	喫沢集会所	14.000	0.5			
			越戸		カリビアンビーチ	6.000	0.5			
			新川駅		カリビアンビーチ	3.900	0.5			
			新川駅	新宮	カリビアンビーチ	15.100	0.5			
			越戸	新宮	福祉センター	3.400	0.5			
				新川駅	福祉センター	3.900	0.5			
				新川駅	福祉センター	14.500	1.5			
計	2	14				125.700		2	1	
桐生市	梅田・境野線		一本木会館	桐生駅	石鴨	30.700	1.0	29×3	7.10.1	桐生ハイヤーセンター 平成12年より 桐生朝日自動車
			一本木会館	桐生駅	梅田ふるさとセンター	25.400	3.5			100円・200円均一
			桐生駅	三渡	桐生駅	9.600	2.5			
			桐生駅		石鴨	21.100	1.0			
					梅田ふるさとセンター	21.800	1.5			
	川内・広沢線		一本木会館	本町・四丁目集会所	吹上	25.800	3.5	29×1	7.10.1	H11.4.1変更 H12.5.1変更 100円・200円均一
			一本木会館	本町・四丁目集会所	吹上	27.500	1.0			
			広沢	桐生駅南口	吹上	13.100	1.0			
			桐生駅南口	四丁目集会所	吹上	12.700	1.5			
				本町・四丁目集会所	吹上	10.500	1.0			
	新桐生・女子高線		新桐生駅	市役所	桐生女子高	5.600	5.5	53×2	8.4.1	100円・200円均一 H12.5.1追加
			新桐生駅	桐生駅北口	桐生女子高	5.900	15.0			
					桐生女子高	6.6	1.0			
	菱館環線		桐生駅南口	右回り(観音堂)	桐生女子高	10.400	4.0	37×1	9.4.1	100円・200円均一 H12.5.1変更
			桐生駅南口	左回り(観音堂)	桐生女子高	10.400	5.0			
	相生線		桐生駅南口	右回り(相生団地)	桐生駅南口	12.450	4.0	37×1	11.10.1	100円・200円均一
			桐生駅南口	左回り(相生団地)	桐生駅南口	12.450	3.0			
	名久木・梅田線		名久木	自然観察の森	梅田ふるさとセンター	26.700	2.0	37×1	12.5.1	100円・200円均一
			名久木	自然観察館前	桐生駅北口	11.300	3.0			
			名久木	小倉会館前	桐生駅口	8.300	0.5			
			桐生駅北口	桐生女子高前	梅田ふるさとセンター	23.700	0.5			
					梅田ふるさとセンター	15.400	4.0			
	岡ノ上女子高線		桐生女子高	岡ノ上	岡ノ上	11.500	4.0	37×1	12.5.1	100円・200円均一
			桐生女子高北口	西桐生駅	桐生駅北口	3.200	1.0			
			新桐生駅	桜木中学校	岡ノ上	8.300	1.5			
					岡ノ上	3.8	0.5			
	新桐生・上毛線		新桐生駅	幸橋・穴切橋	新桐生駅	12.900	3.0	37×1	13.5.1	100円・200円均一
			新桐生駅	小松橋・穴切橋	新桐生駅口	12.400	1.0			
			新桐生駅	上菱団地	梅田ふるさとセンター	20.300	1.0			
				普沢	梅田ふるさとセンター	24.900	1.0			
				鍛町十字路	桐生駅北口	3.500	1.0			
計	8	31				442.200		11	1	

表5-1 つづき

市	路線名	起点	主な経過地	終点	区間キロ(往復)(2)(km)	運行回数	車両数 常用(定員×台)	予備	開始日	運行事業者・運行方式	備考
太田市	九合線	太田駅	運動公園入口	がんセンター	8.500	5.5	53×1		8.4.1	矢島タクシー	200円均一 H13.8.27ダイヤ改正
		太田駅	城山病院前	がんセンター	6.000	2.0					
		がんセンター	城山病院前	太田駅	5.400	1.5					
	沢野線	太田駅	下浜田町	がんセンター	8.400	4.5	53×1		8.4.1		H13.8.27系統再編
		太田駅	第一老人福祉センター	西部消防署	9.900	1.5					
		西部消防署	第一老人福祉センター	太田駅	9.400	1.5					
	毛里田線	太田駅	丸山町	一本木会館	12.200	2.5	53×1		8.4.1		200円均一 H13.8.27系統再編・路線短縮
		太田駅	丸山町	太田駅	12.900	2.5					
		一本木会館	原宿町	太田駅	14.000	1.0					
		原宿町		太田駅	14.700	1.0					
	韮川線	太田駅	高瀬町	毛里田小学校	15.400	0.5	44×1	1	8.12.14		200円均一 H13.8.27系統再編 予備車は共通
		高瀬町	高瀬町	毛里田小学校	3.900	0.5					
		毛里田小学校	富若町	太田駅	12.800	1.0					
		太田駅	富若町	太田駅	10.300	1.0					
		富若中央会所	上小林町	太田駅	7.700	1.0					
		富若中央会所	上小林町	太田駅	2.800	1.0					
				太田駅	10.200	3.5					
	休泊線	太田駅	総合ふれあいセンター	カワシマプラザ	17.600	3.0	44×1		8.12.14		200円均一 H13.8.27系統再編 環状線から往復線へ変更
		太田駅	総合ふれあいセンター	毛里田小学校	17.600	2.0					
		太田駅	八重笠地区集出荷	いちご集出荷	9.900	2.5					
	強戸線	太田駅	治良門橋駅入口	双葉ヶ丘	11.600	1.5	44×1		8.12.14		200円均一 H13.8.27系統再編 環状線から往復線へ変更
		双葉ヶ丘	治良門橋駅入口	太田駅	12.900	2.0					
		八王子山公	下強戸	八王子山公園	13.100	1.5					
					13.000						
	宝泉線	太田駅	本島病院前	西部消防署	10.700	2.5	44×1		8.12.14		200円均一 H13.8.27系統再編
		西部消防署	本島病院前	太田駅	10.300	2.5					
		太田駅	勤労会館前	西部消防署	10.900	1.5					
		西部消防署	勤労会館前	太田駅	10.500	1.5					
太田市（路線名）（乗り入れ）	太田・新田線	太田駅	新田町診療所前	新田暁高校	10.200	2.0	55×1		11.7.1		200円均一 H13.8.27系統追加 ダイヤ改正
		新田暁高校	新田町診療所前	太田駅	11.100	1.5					
		新田暁高校	大光院入口	新田暁高校	13.300	2.0					
		新田暁高校	大光院入口	太田駅	13.500	2.0					
	太田・尾島線	太田駅	清徳寺前	尾島歴史公園	15.500	3.0	55×1		11.7.1		200円均一 H13.8.27系統再編
		尾島3丁目	尾島歴史公園	太田駅	4.900	3.0					
		尾島歴史公園		尾島歴史公園	16.300	3.0					
		尾島歴史公園	1丁目交差点南	千代田町役場	5.400	0.5					
	太田・大泉・千代田線	太田駅	運動公園・大泉町役場	千代田町役場	15.300	5.5	55×1		11.7.1		200円均一 H13.8.27系統追加 ダイヤ改正
		千代田町役場	福島	太田駅	16.200	2.5					
		千代田町役場		新田福祉会館	4.400	4.0					
	計	10	39		433.800			10			
新田町	新田循環線	勧能自治会		木崎駅	14.200	7.0	38×1	1	12.10.6	尾島自動車	100円均一 200円均一
	計	1	1		14.200						

館林市（路線各）〔乗入表〕

市町村	路線名	起点	経由	終点	距離(km)	便数	運行回数	運行開始	運行事業者	備考
館林市	館林板倉北線	板倉東洋大	細内町	館林駅	19.000	2.0	29×1	5.9.21	つゝじ観光バス	H12.6.1変更 / 200円均一
		板倉東洋大	細内町・市役所	館林駅	19.600	2.5				
		板倉東洋大	細内町・市役所・厚生病院	館林駅	23.400	0.5				
		板倉東洋大	四ッ谷町・市役所・厚生病院	館林駅	24.900	1.0				
		板倉東洋大	四ッ谷町・市役所	館林駅	21.100	1.0				
	館林千代田線	赤岩	小桑原町	館林駅	13.100	3.5	29×1	5.9.21		H13.7.1変更 / 200円均一
		赤岩	厚生病院	館林駅	16.900	1.5				
		赤岩	入ケ谷	館林駅	18.300	1.0				
		赤岩	入ケ谷・厚生病院	館林駅	14.500	1.0				
	館林板倉線	館林駅	館林インター	板倉東洋大駅	14.400	9.5	38×2	9.4.1		H12.6.1変更 / 200円均一
		厚生病院	館林インター・館林インター	板倉東洋大駅	16.200	2.0				
			東洋大前・館林大前	板倉東洋大駅	13.900	1.0				
			館林インター・東洋大前	板倉東洋大駅	15.000	1.5				
			館林インター・東洋大前	板倉東洋大駅	15.400	1.0				
			インター・パークイン	板倉東洋大駅	14.900	1.0				
	多々良巡回線	館林駅	館高前・厚生病院	館林駅	5.350	3.0	27×1	10.12.1		200円均一 / H13.4.1変更
		館林駅	館高前・福祉センター	館林駅	5.850	4.0				
		館林駅	館高前・関学前	館林駅	7.900	1.0				
		館林駅	厚生病院・関学前	館林駅	5.700	1.0				
		館林駅	厚生病院・館高前	館林駅	6.200	2.0				
		館林駅	館前・厚生病院・館北高	館林駅	7.800	1.0				
		館林駅	館前・厚生病院・県立美術館前	館林駅	7.150	3.0				
		館林駅	館前・厚生病院・関学前・県立美術館	館林駅	7.500	1.0				
	渡瀬巡回線	館林駅	消防団第9分団	館林駅	7.600	8.0	10×1	13.4.1		H13.10.1追加 / H13.10.1追加
		館林駅	厚生病院	館林駅	9.050	6.0				
	館林・明和・板倉線	板倉東洋大駅	厚生病院	館林駅	17.600	5.5	35×1	13.4.1		200円均一→ H14.1.25キロ程証 / H14.4.1路線変更
		板倉東洋大駅	厚生病院	館林駅	21.400	1.5				
	館林・邑楽・千代田線	館林駅	邑楽町・新福寺	千代田町役場	17.600	2.0	35×1	14.10.1		200円均一 H14.1.25キロ程改訂 / 新設
		館林駅	邑楽町・くらかけ	千代田町役場	15.200	3.0				
		館林駅	厚生病院・赤岩渡船	千代田町役場	19.300	1.0				
		館林駅	厚生病院・くらかけ	千代田町役場	16.200	4.0				
		館林駅	邑楽町・赤岩渡船	千代田町役場	18.300	1.0				
計	32	7			455.850		8			
	館林・明和・千代田線	館林駅	川俣駅	千代田町役場	17.600	5.0	35×1	13.7.1	館林観光バス	200円均一 / H14.1.25キロ程改訂
		館林駅	川俣駅・厚生病院	千代田町役場	21.200	1.5				
計	1				38.600					
黒保根村	本宿・上田沢線	本宿		上田沢	9.700	7.0	55×1	61.8.20	沼田屋タクシー	
		本宿	水沼車庫	水沼車庫	3.200	1.0	56×			
		水沼車庫		上田沢	6.500	3.0	1			
	黒保根循環線	水沼車庫	左回り	水沼車庫	10.600	6.5	55×1	61.8.20		
		水沼車庫	右回り	水沼車庫	10.600	0.5	1			
計	2				40.600		2			
大間々町	小平線	小平	大間	赤城駅	11.100	10.0	60×2	元.4.8	赤城観光自動車	一台は6人乗り
	大間々町内循環線	赤城駅	神梅	赤城駅	8.700	10.0	60×1			

表5-1 つづき

	路線名	起点	主な経過地	終点	運行回数	区間キロ(往復/2)(km)	常用	予備	開始日	運行事業者・運行方式	備考
勢多東村	春場見線	神戸駅 神戸駅 神戸駅 神戸駅	富弘美術館 国民宿舎 沢入駅 沢入駅・沢入駅	沢入駅 沢入駅 国民宿舎 春場見	4.5 1.5 2.0 1.0	9.200 13.000 11.000 14.800	38×1		48.6.26	10.4.1 勢多東村直営から 赤城観光自動車へ切替	H10.9.7ダイヤ改正 H11.12.4系統追加
	小中線	小中橋 追付橋 角屋前 神戸駅 神戸駅 あずま小 追付橋 関寺	腰越 三ヶ郷 花輪局前 花輪橋 小中橋 小中橋 小中駅	追付橋 角屋前 花輪前 関寺 花輪駅 一区集会所 花輪駅 小中駅 小中橋	4.0 0.5 1.0 1.0 1.5 0.5 1.0 0.5 0.5	4.300 5.700 4.900 7.300 5.700 5.800 7.800 2.200 5.100	29×1		55.4.1		H10.9.7ダイヤ改正 H11.3.16ダイヤ改正 H11.12.4系統追加 H14.3.26変更
	横川線	神戸駅 神戸駅 神戸駅 神戸駅	神戸宿 神戸宿 座間 童園ふるさと館	国民宿舎 下爺木 富弘美術館 国民宿舎	1.0 0.5 6.5 6.0	8.100 4.200 5.100 8.100	58×1 休日のみ		5.4.6		H12.9.27系統変更 H14.3.26変更
	計 5	19				142.100	6				
足利市	小俣・行道線	小俣北町	東武足利町	行道山	4.0	26.800	29×2		7.10.1	足利中央観光バス	内往1回東武足利市止
	松田・富田線	松田町	東武足利駅	岡城山	4.0	33.800					内1回JR足利駅発着
	計 2	2				60.600		2			
田沼町	佐野・野上線	小戸口 小戸口	田沼町役場・県南病院	佐野市文化会館 佐野市文化会館	2.0 2.0	26.200 28.600	1		62.1.4 63.8.1	自家用直営（運行は両毛自動車に委託）	
	佐野・飛駒線	寺沢入口 寺沢入口	閑馬 鶴鳥・田沼町役場・県南病院	佐野市文化会館 佐野市文化会館	2.0 2.0	32.900 35.300			62.1.4 63.8.1		
	足利・入名草線 飛駒線	寺沢入口 寺沢入口・下彦間明神前	入名草 入名草	東武足利駅 東武足利駅 東武足利駅	2.0 2.0 2.0	26.700 19.100 20.300	2		62.3.1 62.3.1 13.4.1		
	計 3	7				189.100	4				
小山市	小山駅東口循環線	小山駅東口 小山駅東口	城南小学校 中山公園	小山駅東口 小山駅東口	14.0 14.0		1 1		14.2.1	関東自動車	
	計 1										

（注）
※区間キロ……片道におけるキロ程であり、循環路線や往復のキロ程が異なる路線の場合のキロ程を2で割った数値を記載。
運行回数……原則として平日の運行回数を掲載（往復線は往復数、循環線の場合は便数（巡回数））。
「ぐんまの交通」（平成15年 群馬県企画部企画課）、「2002とちぎのバス路線」（栃木県バス協会）などより筆者作成。

る。また新田町は，2000年10月6日より，コミュニティバス「コスモス」を運行開始した（いずれも，運賃は「そよかぜ」と同じ）。

　以上の太田地区の自治体コミュニティバスは，新田町のものを尾島自動車が担当するほかは，矢島タクシーが運行している。路線や運行系統は時刻改正毎に見直されているが，放射状と循環系統が半々，循環系統はほぼ交互の両回り方式となっている。

　なお，東武バスで存続してきた太田〜熊谷線と西小泉〜熊谷線は，99年10月1日，朝日自動車に肩代わりされている。また，乗合バスが規制緩和された2002年以降は，矢島タクシーが新幹線連絡を目的として途中ノンストップの太田〜熊谷間シャトルバスを運行し（2003年1月14日開始），両市間の利便は向上している。

　館林市では，1993年，群馬県の小型乗合バスの要綱の導入にあわせて，市域の東西を結ぶ路線バス（鞍掛工業団地〜観音間）を復活した（東武バス時代のの2路線沿線をカバーし，後に館林・千代田線と館林・板倉北線）。その後，東洋大学が板倉町に設置されたことを契機に，東武鉄道板倉東洋大前駅へ路線を拡大（1997年3月26日）したのに続いて，1998年12月1日より，館林・千代田線として赤岩渡船への延長と多々良循環線運行が開始された。さらに，2001年に板倉町南部を迂回する路線（館林・明和・板倉線，前身の東武バスが一部乗り入れていた埼玉県北川辺町は経由しない）と渡瀬巡回線，2002年に館林・邑楽・千代田線と館林・明和・千代田線を運行開始し，館林駅を起点に放射状に8路線のバスが運行されるようになった。かつての主要バス路線のかなりが復活し，広域圏を網羅するようになった。

　館林市主導のコミュニティバスは，多々良・渡瀬両巡回線が片回りであるほかは，放射状の主要道路を走って市町間連絡機能を有している。運賃は1993年のコミュニティバスとしての開始当初は距離制であったが，近隣都市に合わせて，1998年12月の路線拡大を契機に200円均一となった。運行は，館林・明和・千代田線が館林観光バスであるほかはつゝじ観光バス[4]である。

4）　創業当初の路線は館林合同タクシー，後に開業した路線はつゝじ観光バスが運行していたが，前社は2000年1月1日に後社に合併された。

⑶　群馬県桐生市とその周辺

　桐生市内では，1992年からの同市主導の2路線については廃止代替バスとしての要素が強かった。しかし，1994年，市民からバスの愛称を募集して「おりひめ」と決定して市民へのアピールも計った後，95年3月28日に広沢線，1995年10月1日に東武バス桐生〜足利線が廃止されるのに際して境野線が運行開始された（このとき従来の2路線と後発2路線を直通2路線とする）。さらに，96年4月1日に東武バスの桐生市内廃止に際して市内線を運行開始，路線拡大を行った（計3路線となる）。こうして市域の広範囲をカバーするようにし，自治体コミュニティバスとしての性格を強めていった。このおりひめバスは，全路線が桐生ハイヤーセンター（2000年に桐生朝日自動車に合併）による運行である。運行開始当初は，東武バス時代の割高な距離制運賃が継承されたが，1999年4月より100円・200円均一制に改正され，その後利用者は増加した。おりひめバスは，その後もバス空白地域へ路線を増やし，2001年には8路線に増強され，桐生市の全市域をほぼカバーするようになった。

　なお，わたらせ渓谷鉄道線沿線の市町村と新里村では廃止代替バスが運行され，長らく大きな状況変化はなかったが，98年に新川線（新里村），2004年に高津戸線（大間々町）がそれぞれ開始され，車両も増車された。薮塚本町と笠懸町では，路線バスの走らない状況が続いている。

⑷　栃木県西部の自治体コミュニティバス（足利・佐野・栃木・小山市周辺）

　1995年10月1日，桐生〜足利線が廃止される際，廃止代替バス（足利中央観光バス）として，足利市の東西を横断する2路線（過去に廃止されたローカル3路線に代わるサービス）が運行された。しかし，2路線とも，割高な距離制運賃を採用していたと同時に，1日に数回だけの利便性の悪い運行であった。自治体循環バス的な運行はされてこなかった。2003年1月10日より，足利市南部地区で，市役所主導の循環バスが運行開始された（運行は国際ハイヤー）が，2系統各4回のみの運行で，利便性が大きく向上したとはいい難い。

　佐野市内でも，定期運行されるバスとしては，田沼町による直営方式の代替バスが2路線乗り入れたのを除くと，佐野日大高校のスクールバス（関東自動車の貸切バスチャーター，当初は一部東武バス）だけとなった。周辺市町村に

刺激されて路線バス復活の要望は強まり，一部の路線が検討されたが，バス復活は実現しなかった。一方で，市の郊外には関東各地に先駆けて大規模ショッピングセンター（佐野プレミアムアウトレット）が建設され，2003年3月14日より，佐野駅と同所を結ぶ循環バスが運行されている（関東自動車の専用車両による乗合バスで，自治体の補助はない）。

小山市では，2002年より小山駅東循環バスが試験運行された。市が関東自動車と協力して，運賃100円とする一方で運行時間や系統等を試行錯誤して，独立採算をめざしてきた。従来からの関東自動車の市内路線は，利用者の減少のため，2004年3月限りで過半の路線が廃止された。その代替もかねて，2004年3月1日より小山駅西循環バスが試験運行開始された（運行は友井タクシー）。

5.1.3　自治体コミュニティバスの問題点

住民・自治体とも，初期には乗合バスの廃止に淡泊な態度をとり，一部に仕方なく廃止代替バスを走らせるところがある程度であった。ところが，その後ここ両毛地方でも，伊勢崎・太田・桐生・館林等の都市部のほか一部町村でも，公共施設を結んだり，従来の乗合バス主要路線をかなりカバーする自治体コミュニティバス路線の開始が相次いだ。その利用者数が順調にのびているという自治体広報・新聞等の記事も目立つ。しかし，この地域のコミュニティバスの利用者は，従来の乗合バスに比べると極端に少ない。公共施設や広報等での懸命なPRによってバスの運行を住民に周知させたことや，運賃を無料または低水準の均一運賃に抑えたことによってかろうじて利用者をキープしている状態である。

群馬県内の市町村乗合バスに関する運行実績[5]によると，補助金決定や路線存廃の指標にされている平均乗車密度は，一部に利用者の多い路線はあるとはいえ，乗合バスであれば将来廃止へ向かう5人未満（従来の第3種生活路線）である。両毛地方の自治体コミュニティバスについては，0〜2人台の路線が大半である。乗車密度の低さは当然収支率の低さにつながり，収支率が50%を超えている路線はわずかで，ほとんどは30%未満である。一方で，収支率・乗

5）　2002年度市町村乗合バス運行実績（群馬県交通政策課が集計）による。

車密度とも，新桐生〜女子高線（83％・24人）をはじめ，館林〜板倉線や太田〜新田線等，ある程度通学に利用されている路線ではかなり良好である。それ以外の多くの路線では，相当額の税金と補助金を注ぎ込んで，少ない需要に甘んじた運行となっている。

自治体コミュニティバスの乗車密度水準が低い理由としては，在来の乗合バスがなくなった後，しばらくバスの空白期間があったことによる影響が非常に大きいと考えられる。従来の乗合バスが廃止されても，それを直ちに継承する形で，自治体が相当額の助成をして最小限の運行を行っていたら，違った結果になっていたかもしれない。

一方で，各市町村とも，利用実態にあわせた運行時刻や経路等を総合的に検討することが不十分であったと思われる。例えば，できる限り多くの集落や公共施設を通るルートということばかりを考え，集落と駅や病院等，目的地間の直結性がない。したがって，時間的余裕のある高齢者の利用割合が高い反面，通勤通学も含めた一般市民が生活交通として毎日利用するにはほど遠い状況にある。もともと，各路線とも限られた車両と乗務員でまかなうため，頻繁に運行することや朝夕の増発は不可能になってしまう。乗務員の休憩時間（昼休み）や夜間に運行されない路線が多いのも，利便の悪さにつながっていよう。

伊勢崎市および佐波郡内では，運賃無料の自治体コミュニティバスが多く，従来からの乗合バスを圧迫して，縮小・廃止に追い込んできた傾向にある。伊勢崎市のバスは，当初，伊勢崎市役所と文化会館を起点にしていたが，2001年6月1日から，全便が新たに公共バスターミナルとして建設された「まちかどステーション広瀬」発着に変更された。しかし同時に減回（北・南循環は11→10回，郊外3路線は8→6回）されている。まちかどステーション広瀬には，佐波郡内各自治体コミュニティバスも乗り入れるようになったものの，鉄道駅，市街地の商店街，郊外の大型ショッピングセンター，病院，市役所，いずれにも徒歩では行けない中途半端な場所に位置する。しかも，そこでの各方面へのバスの乗り継ぎは悪い。伊勢崎市の自治体コミュニティバス利用人員は，2001年度を境に減少傾向に転じるが[6]，こうした減回や路線設定にも問題があった

6）　伊勢崎市環境交通課提供資料による。

と考えられる。

　伊勢崎市に限らず，両毛地方のコミュニティバスは，総じて一周の所要時間がかかりすぎることや，運行方式に工夫がない（乗客の流れにあわせて午前と午後に回り方を変える等の利用状況に即した運行が必要と思われる）等，市民の生活交通ニーズに合わないものも多く，いろいろ改善の余地がある。

　ルートの見直しはもちろん，時刻設定に際しては，鉄道との接続をはかることも重要であろう。この地域の列車本数は，日中は毎時１本程度になるので，列車との接続を確保することはあまり難しくない。ところが，行政が作成したバス案内のチラシには，列車との乗り継ぎや接続がわかるものは皆無である。

　地域一帯でのバス利用者減少の大きな要因として駐車場政策がある。北関東では，郊外大規模店や行政機関は無料の広大な駐車場を有する。むしろ駐車場設置を義務づけてきた。太田市には，高速バスの拠点として，「BUS ターミナルおおた」が建設され，名称の通り，低料金でパークアンドバスライドに供されている。しかし，高速バス利用が主体で，熊谷へのシャトルバス以外の一般の路線バスや太田からの鉄道利用には不向きという問題がある。公共交通利用がより効率的に促進できるような施設設置が望まれる。

　5.1.2で見てきたように，群馬県内と栃木県内でのバスネットワークの密度に差があることも問題である。すなわち，群馬県内では，多くの自治体でコミュニティバスが導入されたため，広範囲にわたって一応路線バス利用が可能である。ところが，栃木県内では，多く町村でバスが全く走らない状況が続いているし，人口の多い佐野・足利市でも特定の路線のみである。小山市の循環バスについては，自治体とバス事業の主体である関東自動車いずれもが独立採算をめざしてきたが，市場環境から見て合理的な目標といえるか疑問がある。

　群馬県は，2003年度以降，収支率がバスの場合に20％，乗合タクシーの場合に10％以下が２年続いた路線は，県の補助を打ち切ることを決めた[7]。運賃体系や統計処理の方法にもよるが，平均乗車密度２人未満では収支率が20％未満になることが多い。自治体に実際にできることとして，バス利用に対する広報を積極的に行うのはもちろん，運行時刻の工夫，鉄道との接続やパークアンド

7）　伊勢崎市等運賃無料のバスは，県の補助対象とならないし，収支率そのものも算定できない。

ライド駐車場関係の政策が課題である。

自治体コミュニティバスを委託運行される事業者は，他県では，従来からその地域を運行していた乗合バス事業者であることが多い。しかし群馬・栃木県では，従来からの乗合バス事業者は，あまりこのようなサービスに参入していない。タクシー・貸切バス事業者が主体になっている。それは，従来のバスの主役だった東武バスが撤退をめざすだけだった一方で，群馬県北部の関越交通や埼玉県下の朝日自動車のように，広範囲に東武バスの路線を肩代わりできる事業者が，急速なバス縮小期に育成されなかったことも理由になっていると考えられる。このことは，この地域のコミュニティバスが，路線バスの運行に十分精通していない自治体や事業者によって運営されるということにもつながり，そのことが地域特有の公共交通問題の根元になっていると思われる。

5.1.4　本節のまとめ

本節では，近年の両毛地方各地で走り始めた自治体コミュニティバスに関して，自治体毎に変遷や取り組みを考察してきた。

自治体コミュニティバスは，全国的に普及しつつあるが，実は自治体・地域によって特性や利用状況に差がある。地方都市では，自家用車がますます普及する中で，自治体コミュニティバスがまとまった需要を確保することは難しい。しかし，コミュニティバスの運行継続や利便性向上は要求されよう。ここ両毛地方については，運行効率性や運賃問題，鉄道や在来バス（スクールバスや福祉バスも含めて）との接続等，多くの課題をかかえている。費用対効果が最大限発揮できるように，路線バス全体を考えながら，コミュニティバスの意義・役割・在り方を検討していくことが各自治体とも急務であると考える。

5.2　中国地方の自治体コミュニティバス

5.2.1　中国地方におけるコミュニティバスの開設状況

中国地方では，国土交通省中国運輸局の資料によるコミュニティバス[8]は，

8）「主に市町村が主体的に関わり，既存のバス事業者だけではカバーしきれない，きめ細かな路線を設定し，利用者のニーズ，利便性を最優先に考慮し，福祉サービス，低公害等環境に与える影響

2004年10月現在，表5-2に掲げた27市町で29路線が運行されており，19路線が100円均一運賃を採用し，＊印を除く25路線が自治体からの補助を受けている。山口県光市で中国JRバスの子会社が1998年3月に運行開始したのが最初で，今後も路線増が見込まれる。

　本節では，2003年3月に市街地循環バスを新設した地方小都市である広島県庄原市を事例として取り上げる。①過疎・中山間地域の地方小都市でのコミュニティバス開設であること，②コミュニティバス導入が全市的な生活交通ネットワークの見直し・再編成の一環として位置付けられる施策であること，③い

表5-2　中国地方におけるコミュニティバス一覧 (2004年10月現在)

人口区分	自治体名：事業者名				
	鳥取県	島根県	広島県	岡山県	山口県
1万人未満	淀江町：日本交通		廿日市市 (旧・吉和村エリア)：津田交通		
			安芸高田市(旧・美土里町エリア)：備北交通		
1万人以上5万人未満			庄原市：備北交通	灘崎町：両備バス	美祢市：船木鉄道
			三次市：備北交通	真備町：井笠鉄道	萩市：防長交通
				井原市：井笠鉄道	光市：西日本バスネットサービス
5万人以上10万人未満		出雲市：一畑バス (＊)	府中町：広島電鉄	総社市：総社バス	
			廿日市市 (旧・廿日市市エリア)：広島電鉄	玉野市：両備バス	
				津山市：中鉄美作バス	
10万人以上	米子市：日本交通・日ノ丸自動車	松江市：一畑バス (＊)	呉市：呉市交通局	倉敷市：下津井電鉄 (＊)	岩国市：岩国市交通局
			福山市：中国バス・鞆鉄道・井笠鉄道		山口市：防長交通
	鳥取市：日本交通・日ノ丸自動車	松江市：松江市交通局	広島市：第一タクシー		周南市：防長交通(＊)
					宇部市：宇部市交通局

(注)　＊印は自治体からの補助を受けていない路線。
(出所)　中国運輸局資料に基づき作成。

――――――――――――――――――――

　の軽減を視野に入れたシステムのバス（道路運送法80条の市町村自家用バスを除く）」と定義されている (http://www.cgt.mlit.go.jp/)。

わゆる産学官の連携による取り組みで運行開始後のフォローも行っていること，などを特徴として挙げることができよう。

5.2.2　広島県庄原市における市街地循環バスの運行

　庄原市は広島県北部に位置する典型的な過疎・中山間地域で，少子高齢化が進み，人口は約2万人で，1954年の合併当時の3分の2にまで減少している。2005年3月末に周辺6町と広域合併することが決定した（本節では当該合併前の状況を論じる）。路線バスは，同市に本社を置く備北交通が主に運行し，各路線は庄原バスセンターを起終点として市域内および三次市や比婆郡等市外を結んでおり，路線網が放射状に形成されている。中国バスも甲奴郡総領町方面からJR芸備線・備後庄原駅へ乗り入れている。

　庄原市では，バス交通等を中心とした市域内における生活交通の現状と充実のための方策についての調査研究に取り組むため，2001年5月に広島県立大学と備北交通，庄原市および市民団体などで構成する任意団体「広島県立大学生活交通研究会」を立ち上げた[9]。乗合バスの規制緩和が行われたということも研究会設置の背景の一つに挙げられ，地域レベルでの生活交通体系の総合的な検討作業を行うことが研究会の目的である。初年度の活動では，計画策定の背景として次の4点を挙げた。

① 　バス利用者の減少と補助制度の改正；自家用車の普及や過疎化等に伴って，路線バスの利用者の減少が続いていることに加え，2002年2月に改正道路運送法が施行され，将来的には，不採算路線からバス事業者が撤退する事態も予想されること，国が，広域的・幹線的な路線バスについて助成措置を講じ，補助対象外の路線については県と市町村が役割分担を明確にしながら維持していくことを求めていること，そのため広域的・幹線的な路線バスはもとより，市域内で完結する路線バスも少なくない庄原市において，その維持方策を検討することが必要。

② 　路線バスの確保と利用促進；自家用車を自ら運転できない市民にとって，

9）　2004年6月現在，会員19名で構成し，これまでに23回の研究会を開催し，市街地循環バスや地域生活バスの実験運行などを行って，地域交通システムの現状評価・分析と再編整備・改善等に向けた具体的な共同研究に取り組んでいる。

通学や通院をはじめ日常生活を送る上で，公共交通の確保が切実な問題であることに変わりはなく，また，中心市街地の活性化や交流人口の拡大を目指す庄原市にあって，路線バスを活用して，市民誰もが気軽に利用でき，市外からの観光客にも使いやすいバス路線網を開発・整備し，利用促進を図ることで得られる効果は小さくない。

③　患者輸送車[10]のあり方；庄原市ではへき地医療対策として患者輸送車が運行され，容易に医療機関を利用することができない地区の住民の通院の足を確保しているが，患者輸送車の運行対象地区以外の住民は利用できないこと等から，その改善を求める声も挙がっている。患者輸送車については，当該地区において患者輸送に支障がないこと等一定の要件を満たした場合，混乗化・有料化が可能となる等規制も緩和されているが，さらに総合的な見直しが必要。

④　過疎化・少子高齢化の進行；過疎化・少子高齢化が進んでいる庄原市では，エンゼルプラン等による保育所の統廃合が計画されており，将来的には，小学校の統廃合の必要性も想定されるなど，行政施策の一環としてもこれらを見通した交通政策のあり方が課題。

　その上で，短期・長期にわたる生活交通の将来の確保方策を検討しておくことが必要であり，全体としてみんなが使いやすく，そして効率的な公共交通の運営が求められている。そのことを前提に，バス交通を中心とした庄原市における総合的な生活交通のあり方について，今後の基本的な方向性と市域内地区毎の具体的な方策を検討した。

　バス交通についての基本的な方向性としては，以下の3点に集約される。

(1)　現行路線バスの維持・整備

　　①運行経路の改善

---

10)　庄原市では，1972年の「僻地患者輸送車運行規程」により，同年4月から高茂地区および須川地区において患者輸送車の運行が開始された。「庄原市へき地患者輸送車運行及び管理規程」等に基づいて，保健医療課所管の医療対策事業としてへき地の医療を確保するため，へき地患者輸送車運行事業や医療タクシー事業を実施し，医療機会の充実の努力がなされている。患者輸送車は2003年6月で廃止されたが，それまでの運行は，(社)庄原市シルバー人材センターへの委託により，市内5コースにそれぞれ週2日，1往復運行されていた。

②効率的な運行系統の設定

③運賃体系の見直し

(2) 市街地循環バスの運行

かんぽの郷や国営公園等[11]と結んだ市街地循環バスの運行を検討し，市街地住民および市外からの観光客等の利便性向上と利用の促進を積極的に図っていく必要がある。

(3) 結節点へのフィーダーバス（連絡バス）の運行の検討（周辺地区での生活交通の拡充）

輸送需要に応じて，小型路線バスや乗合タクシー等の運行も含めて検討する。

(1)～(3)の結節機能を高めることによる統合的な生活交通ネットワークの構築，すなわち市域内の生活交通体系をシステム化して考え（図5-1），その事業計画を検討した。その中で，「中心市街地においては，市街地循環バスを運行し，市街地住民および観光客等の利便性の向上を図るものとする。また，市域内各

図5-1 生活交通のシステム化についての概念図

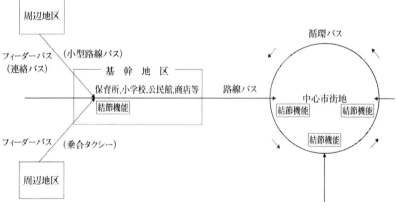

(出所) 広島県立大学生活交通研究会（2002），p.33。

---

11) 国営備北丘陵公園は1995年4月，かんぽの郷庄原は2001年4月にそれぞれ庄原市内にオープンし，多数の観光客を集めている。

方面からの路線バスとの結節機能の整備・強化を図る必要がある」とした。

したがって市街地循環バスについては，その具体化を図る方向で実験運行を行うこととし，広島県立大学生活交通研究会を主管団体とする「市街地循環バス実験運行実行委員会」が，2001年11月8日から11日までの4日間，循環バス（愛称「わくわくバス」）の実験運行を行った。その結果，延べ約600人の市内

表5-3 市街地循環「ひまわりバス」の概要

期　　間	2003年3月22日〜11月15日	2003年11月16日（改正）〜
運行経路	かんぽの郷〜市街地循環〜かんぽの郷	庄原バスセンター〜市街地循環〜庄原バスセンター
停留所数	22	26
便　　数	10便／日 （上記の他，庄原バスセンター〜かんぽの郷系統4便／日）	12〜3月：13便／日 4〜11月：12便／日（左記の他，庄原バスセンター〜備北丘陵公園系統2便／日）
所要時間	（1周）32分	（1周）34分
運行時刻	8時発〜18時32分着	8時50分発〜17時24分着
運 行 日	毎日運行	
運　　賃	1乗車100円（小学生未満は無料）	

図5-2 市街地循環「ひまわりバス」の路線図

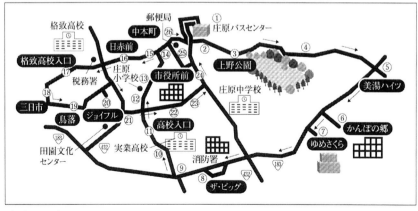

(出所) 庄原市ホームページ。

外の方々の利用があり，同研究会では「好評を得た」と評価して，2002年3月，庄原市長へ市街地循環バスの具体化の方向性を含むマスタープラン（広島県立大学生活交通研究会（2002））を提言した。提言を受け取った庄原市では，生活交通対策を担当する市民生活課が2002年度事業として実施の準備に入った。

　そして，2003年3月22日より「ひまわりバス」の愛称で，市街地循環バスの運行が開始された。道路運送法4条による乗合バスとして備北交通が運行し，庄原市が車両購入の上，同社に貸与し，運行経費の赤字部分を補填する方式を採った。運賃は100円均一であり，年間運行収入約383万円に対し運行費が約904万円かかり，差し引き約520万円の財政負担が見込まれている（広島県立大学生活交通研究会（2002），p. 46）。

　実際の「ひまわりバス」の運行に関しては，起終点であるかんぽの郷庄原で一旦運行が途切れることが利用者に不便を生じていた。また，路線延長（対象地区拡大）の要望も出されていた。そのため，庄原市と備北交通では，運行開始から8カ月経過後の2003年11月16日から庄原バスセンター発着による連続運転に切り替えることとし，三日市地区への路線延長などを含めたルートとダイヤの改正を行った（表5-3，図5-2）。幸いに奏功し，利用人員は上向きに転じている（図5-3）。

　2003年12月に広島県立大学生活交通研究会が，庄原市民500人を対象とした「市街地循環『ひまわりバス』に関する市民アンケート調査」[12]を実施した。その結果を一部紹介する。まず，これまでの利用の有無については，全体の74.8％の人は「利用したことはない」と回答し（男女とも7割を超えている），その理由として，自家用車が便利であり，自分で運転しているからという内容が多数であった[13]。

　対して，「『利用している』または『利用したことがある』」と回答した人の割合は12.4％で，性別では男性より女性の方が約5％高く，年齢別では60歳代

---

12)　同調査は，2003年12月17日〜30日に実施し，いわゆる中心市街地に相当する地域（東・中・西本町と三日市町）に250，その他の庄原市内の地域に250の調査票を郵送で配布・回収した。対象者は住民基本台帳に基づく無作為抽出で選び，回収率は42.4％（回収数は210）であった。

13)　調査対象者・回答者の中に市街地循環バスのルート沿線とは離れた市域内周辺地域の居住者が含まれていることもあるため。

図5-3 市街地循環「ひまわりバス」の利用人員の推移

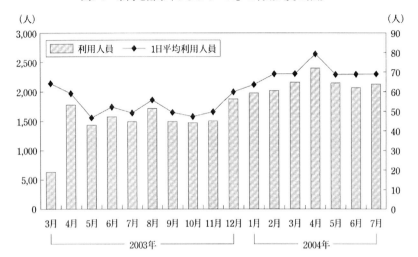

が13.3%，70歳代以上が21.7%で全体割合の12.4%を上回っている。それらのうち，利用頻度について，「ごくたまに利用する程度」と回答した人の割合が73.1%で最も多く，「1カ月に2〜3回程度」が19.2%でそれに次いでいる。利用理由としては，「運賃が安いので」が50.0%で，100円というワンコイン運賃が評価されている。次いで，「目的地まで運行されているので」が26.9%であり，既存の路線バス等でアクセスが難しいかんぽの郷や大型ディスカウントストア等が運行ルートに組み込まれていることの利便性を反映したものといえる。外出回数などについては，「ひまわりバス」ができてからもあまり変化は見られない。

今後，導入すべきだと思われる施策については，「逆回りの運行を行う」，「特にない」（ともに20.0%），「割安な一日乗車券などを発行する」（18.1%），「買い物での値引きなどが受けられる特典を付ける」（17.6%），「夕方遅くや夜間の便を運行する」（16.2%）などが比較的高い割合となっている。逆回りの運行に関しては，増車対応などに財政的な困難さが伴う。

運行ルートが複雑な現状での逆回りには難もある。ただ，用事が済んだら遠回りせず早く帰りたいという心理が働くのは当然のことである。夜間便の運行

要望などを含め多様なニーズが寄せられていることがわかるが，限られた資源を最大限に活かしながら，利便性を向上させ，持続性と地域活性化を両立することが課題である。一層のPRも必要であろうし，"安価な運賃"以外にも「ひまわりバス」の魅力を付与することなどの課題があり，また行政と民間との協働や市民の知恵と協力も必要であろう。

　コミュニティバスの導入は行政主導でなされるケースが多いが，多様な地域の循環系交通システムが競い合って，市民の本音のサービスシステム[14]を構築すること，便利で付加価値の高い交通システムを追求することが肝要であろう。

5.2.3　本節のまとめ

　「ひまわりバス」を含む今後の市域内の生活交通体系の課題を，これまでの経過とともに表5-4にまとめた。残された課題の一つである現行路線バスの維持・整備を含む地域交通体系の再編成については，2005年3月の新「庄原市」発足後も，少子高齢化の進行や地理的条件，財政事情などから，より大きな検討課題になるものである。

　地方小都市である庄原市では，規制緩和等の政策変化を背景にして，自治体が市域内の生活交通体系の総合的な見直し・再編成の検討を行った。その中で市街地循環バスが具体化されたのである。

5.3　中国地方の乗合タクシー等の新しい交通システム[15]

5.3.1　デマンド型乗合タクシー：島根県掛合町（現・雲南市）[16]

　島根県掛合町では，高齢化率が高く，車を持たない高齢者などの交通弱者のための交通手段の確保が行政課題の一つであった。町民生活バスの運行を検討

---

14)　1991年に計画され，1995年11月から運行を開始した東京都武蔵野市の「ムーバス」は成功事例としてよく紹介されるが，計画から運行開始に至るまでの間に，高齢者をターゲットにした徹底的な調査が行われ，50mくらい歩くと腰を下ろし，「まるで絶壁をよじ登るように」苦労してバスに乗っている実態や，シルバーパスは使わず「100円払って大威張りで乗った方がいい」など，「本音と建前は全然違う」ことをつかんだのが成功要因として指摘できる（山本（2002））。

15)　本節で紹介する事例は，中国地方中山間地域振興協議会の共同研究事業として，広島県立大学と島根県中山間地域研究センターおよび各県担当課等により調査・検討を行ったものである。その成

第5章　自治体コミュニティバスと乗合タクシー　　　　205

表5-4　庄原市域内の生活交通体系に関する経過と課題

市域内における生活交通の基本的な方向（2001年度）	広島県立大学生活交通研究会および庄原市の施策（2002〜2003年度）	生活交通ネットワークの活性化に向けた諸課題
(1)現行路線バスの維持・整備 ①運行経路の改善 ②効率的な運行系統の設定 ③運賃体系の見直し		◎路線バス，市街地循環バス，地域生活バスの利用促進のための方策の検討
(2)市街地循環バスの運行	2001年11月：かんぽの郷から市街地を一周する循環バスの実験運行 ↓ 2003年3月：庄原市の事業として市街地循環「ひまわりバス」の運行開始（運行は備北交通）	・広域的な路線を含む現行路線バスの維持・整備のあり方（路線，運賃，利用促進策等） ◎市街地循環バス，地域生活バスの「品質管理」 ・利用状況やニーズの把握，改善策の提案等 ◎市民の意識啓発活動の実施
(3)結節点へのフィーダーバス（連絡バス）の運行の検討 　（周辺地区での生活交通の拡充） ※(1)〜(3)の結節機能を高めることによる統合的な生活交通ネットワークの構築	2002年9月：高門〜庄原地域生活バスの実験運行 ↓ 2003年7月：庄原市が，65歳以上の僻地通院者限定の患者輸送車を廃止し，誰もが有料で乗れる「地域生活バス」（当初6路線）を新設（運行は備北交通）	・産学公民連携によるまちづくりへの取り組みやシンポジウム等の開催

する中で，全国的に市町村営バスの利用が低調であることがわかった。また中山間地域という地理的ハンディや高齢者が停留所まで歩行しなくてはいけない点などの問題を解決しなくてはならず，福島県小高町のドアツードア送迎が基本の乗合タクシーを参考に，デマンド（需要応答）型乗合タクシー（愛称「だんだんタクシー」）を導入した。試行運転の開始は2002年3月である。

　　果の一部は，中国地方中山間地域振興協議会（2003），（2004）に収録されている。また，『中国新聞』2002年2月13日付〜2月20日付連載の「中国山地　明日へのシナリオ：第2部　暮らしと交通」の中でも一部取り上げられている。同連載は，中国新聞社編（2003）に再掲されている。

16)　本項は，以下の資料を参考にしてまとめた。『だんだんタクシー　業務のご案内』（掛合町役場），『「だんだんタクシー」に関するアンケート調査実施報告書』（広島大学大学院国際協力研究科交通工学研究室・掛合町役場・島根県中山間地域研究センター，2002年11月）。

ジャンボタクシーが呼び出した利用者の自宅まで迎えに行き，乗降場所が異なる複数人の乗合で目的地まで運ぶものである。町内を南北２エリアに分け，ジャンボタクシーを１台ずつ配車して，上り６便・下り５便を運行している。利用者は，乗車したい便の発車30分前までに予約センターに電話で予約する。「だんだんタクシー」は，その便の予約者の乗降地点から最適ルートを選択して運行される（予約センターのパソコン画面上のGIS（地理情報システム）に予約者の所在地が表示され，タクシーに搭載してあるナビゲーションシステムへ配車情報が送信される仕組み）。利用料金は一律で１回300円で，予約が入らなかった便および土曜・休日は運休となる。

2002年３〜９月の試行運転で延べ4404人（１日平均約30人）の利用があり，アンケート調査によれば，利用者はおおむね満足している（料金と予約に関する項目で満足度が高く，運行ダイヤに関してやや不満足との回答が多い）。

同町では，行政は民間資源の有効活用による運行コストの低減ができ，タクシー事業者は受注によって安定的な収益の確保ができ，住民・利用者は安い料金で便利な交通手段の利用ができ，それぞれがメリットを得る「三方一両得」が成立していると評価している。福祉サービスとの連携など様々なサービスが安価に提供できる可能性もあり，検討を進めるとしている。

掛合町は，今日注目されているデマンド型乗合タクシーの導入事例として中国地方では最初（全国で２例目）であるが，その後，同県斐川町，広島県大和町（町内循環バスの試行を経て，商工会が実施主体となっている），岡山県高梁市（路線バスの撤退を受けて，市が実施主体となる）など導入事例が増加している。2004年２〜３月には中国運輸局が，中山間地域型デマンド乗合タクシー「あなたく」（広島県加計町修道・安野地区）と都市近郊団地型デマンドバス「高取コールバス」（広島市安佐南区高取第一・第二団地）の運行実験も行っている。

なお，全国レベルのデマンド型乗合タクシーの動向については，早川（2005）に詳しい調査がある。その内容を表5-5に再掲している。

5.3.2　高齢者等地域巡回タクシー運行事業：広島県三次市[17)]

広島県旧三次市は，2000年４月に「公共交通機関が運行していない地域にお

第5章　自治体コミュニティバスと乗合タクシー　　207

表5-5　デマンド型乗合タクシーの導入事例（2004年10月現在）

	自治体名	運行開始年月	実施主体	愛　称
1	福島県小高町	2001年6月	商工会	おだかeまちタクシー
2	**島根県掛合町**	**2002年3月**	**町**	**だんだんタクシー**
3	福島県保原町	2003年3月	商工会	のってみっカー
4	石川県志雄町	2003年3月	町	（愛称なし）
5	福島県浪江町	2003年6月	商工会	ぐるりんこ
6	福島県双葉町	2003年11月	商工会	ふたばふれあいタクシー
7	**広島県大和町**	**2003年12月**	**商工会**	**大和ふれあいタクシー**
8	岐阜県白鳥町	2003年12月	商工会	デマンドバス
9	福島県大熊町	2004年1月	商工会	おおくま！まちタクシーあいくる
10	**島根県斐川町**	**2004年2月**	**町**	**まめながタクシー**
11	長野県富士見町	2004年3月	商工会	すずらん号
12	千葉県酒々井町	2004年3月	社協	しすいふれ愛タクシー
13	福井県高浜町	2004年4月	町	デマンド乗合タクシー
14	長野県中川村	2004年4月	村	NPOタクシー
15	宮城県一迫町	2004年10月	商工会	一迫ふれあいタクシー
16	**岡山県高梁市**	**2004年10月**	**市**	**ふれあいタクシー**

（注）　太字は，中国地方での事例を示す。
（出所）　早川（2005）に基づき作成。

いて，交通手段を有しない高齢者等の外出支援事業として，高齢者等が集団で，定期的にタクシー等を利用した場合，その経費の一部を地域の利用者の団体に

---

17) 2004年4月から三次市・双三郡6町村・甲奴町が合併して新三次市が発足した。三次圏合併協議会では新市生活交通体系計画小委員会を設置し，議会代表と民間委員計17名で計画策定に向け7回に及ぶ調査検討を重ねた。当初，各市町村の現行サービスをそれぞれ維持すべきという主張が多かったが，中盤以降，筆者が過疎・中山間地域での先進的な交通の事例などを紹介する中で，各委員の意識も前向きなものに変わっていった。そして2003年11月，「みんなで創る　便利でふれあいのある　地域（ふるさと）の交通」というキャッチフレーズと4つの柱からなる提言書をまとめた。第1，路線バスと地域内福祉バスの役割分担の明確化，誰もが利用できる生活交通の確保，現行サービス水準の維持を前提とした新たな交通システムの導入。第2，乗り継ぎや待ち時間の快適性向上，マーケティング強化。第3，地域内福祉バスの有料化。第4，提言の実効性の担保である。時間的な制約もあり，具体的な実行計画までは示せなかった（加藤（2004））。新市発足後，2004年11月に三次市生活交通体系実施検討委員会が設置されている。

補助し，もって高齢者等が健全で安らかな生活を営むことができるよう援助すること」（「三次市高齢者等地域巡回タクシー運行事業補助金交付要綱」第1条）を目的とした高齢者等地域巡回タクシー運行事業を，実態を後押しする形で制度化した。各町内会が地元ニーズを集約し，民間タクシー事業者と直接契約して，地域住民が集団でタクシーを利用した場合の配車代金の半額を公費助成するものとして，現在まで市内8地区に拡大し，2002年度の利用者数は2293人，市補助額は115万円となっている（三次市資料による）。

　『中国新聞』（2002年2月13日）では「集落ハイヤー」と題して紹介されている。同記事によると，1998年4月，三次市上田町内会（100戸，250人）がジャンボタクシー（定員9人）のチャーター便を開始した。金曜日の午前7時30分，上田小学校前を出発し，約20km先の三次市街地で病院や駅を回りながら住民を降ろす。そして午後2時，帰り道は買い物や昼食でショッピングセンターに集まった客を拾い，自宅まで送る。利用者は免許のない高齢女性が多く，これまでは片道4000〜5000円のタクシーか，気は重いが知り合いを呼んで連れて帰ってもらうかであった交通がこの集落ハイヤーに転換しているという。

　このサービスの発端は，上田町内会などからの三次市に対する路線バス（1日1往復）の増便要望が採算を理由に受け入れられず，そこで地元が，「集落ハイヤー」を考えついたことにある。町内会が全戸にアンケートし，運行必要日数や曜日，巡回コース，払える金額に関するニーズを集約した。その結果に基づき，三次市内のタクシー会社と交渉し，往復1万5000円での配車契約を結んだ。運賃は1人1000円に設定し（往復で延べ15人が利用すれば収支が合う勘定），乗客が少ない週は中型タクシー（同1万2000円）を頼むこととした。運行にあたっては，窓口となる住民を決め，前日までに乗客数や送迎地点をタクシー会社に連絡する。運賃は乗客同士が集め，集落内の事業所（農園）を通じて専用の口座に一時預ける。配車代金は1カ月毎の精算で，赤字が出れば町内会の積立金から補填する。収支は「トントン」という。三次市の制度化後は，隔週運行を毎週に，運賃1000円を800円に値下げした。町内会の強い組織力が運行の成功に結び付いたケースといえる。

5.3.3 福祉移送サービス事業：岡山県備中町（現・高梁市）

　岡山県備中町では，自家用車両による有償運行を，事業として町が社会福祉協議会に委託し，さらに運転業務および運行調整等を各地区「福祉のむら」（「備中町福祉のむらづくり事業補助金交付要綱」に基づいて1994年4月から施行の制度）に委託し実施している。車両は町が所有する軽ワゴン車を各地区に1台配置して使用し，運転業務受託者と契約している。町内居住の75歳以上の高齢者等（障害者には年齢要件なし）で所得税非課税，自家用車での移送が困難な世帯の人が対象である。病院や診療所への通院等を目的とし，原則として町周辺の高梁および新見圏域での利用となる。会員制（入会金1000円）で，利用料は30分につき500円（利用券による支払い）に設定されている（図5-4）。

　同町の公共交通の現状としては，備北バスの路線バス6路線11往復と，町営バス3路線8往復が運行されている[18]。鉄道を利用する場合は，町外にあるJR伯備線・備中高梁駅が最寄り駅である。町内は集落によって標高差が400mもあり，地形の制約等から県道・町道とも十分な改良整備が進んでいるとはいい難い状況にある。

　同町内の不便な地区では路線バスの停留所までの距離が長いため，地区むらづくり団体が自家用車でのボランティアによる無償の移送サービスを始めた。このことが端緒となり，社会福祉協議会から町に福祉移送事業導入が持ちかけられ，町が2000年2月，中国運輸局の許可を得た。有償でのサービス事業として2001年5月の西山地区でのサービス開始後，町からの働きかけもあって，7月に平川地区，翌02年6月に湯野地区，9月に長谷地区，11月に布瀬地区，03年9月に布賀地区，05年1月に田原地区と拡大した。それに伴い，登録者数，利用者数とも大幅に増加して，2003年5月現在で会員登録者数は約160人，1カ月当たりの利用者数は約140人となっている。地区レベルまで降りた（住民が事業に参画している）サービスとしては，岡山県で最初のプロジェクトとして注目されている。

　住民に公共交通機関が不便という根本的認識はあったものの，かといって以

18）　やや古いが，道路経済研究所（1984）および，成田（1984）は，一帯における交通状況と市町村代替バスの具体的事例を詳細紹介している。

図5-4 備中町の福祉移送サービス事業体制

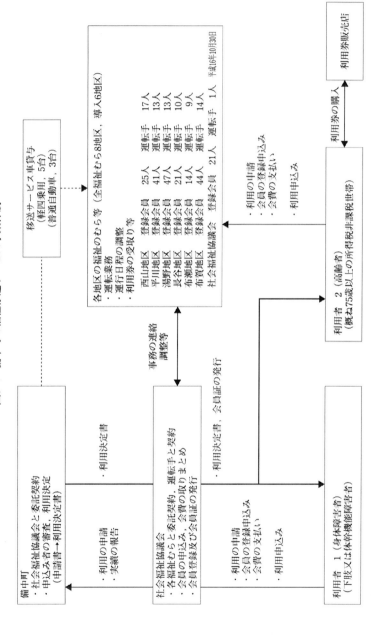

(出所) 高梁市備中地域局住民税務課資料。

前は近所の人の車に同乗させてもらうことには気兼ねもあったという。同乗を町が公式に認めるような形になったことで，通院などに大変便利になったと喜ばれている。ただ，運転できる者がいる家庭ではサービスが利用できないというジレンマがある。また，対象者を75歳未満にも拡大してほしい，移送サービス以外での車両使用を認めてほしい，という要望もある。

　備中町としては，国の外出支援サービス事業による資金援助を活用しているが，単価や補助率等の充実を求めていた。市町村合併後の事業存続が要望されていたが，2004年10月，高梁市と有漢・成羽・川上・備中の４町が合併して新「高梁市」が発足した後も，新市の事業として継続されている。

5.3.4　福祉公用車レンタル制度：鳥取県日南町

　鳥取県日南町に事務局を置く中国山地県境市町村連絡協議会（「県境サミット」；鳥取・島根・岡山・広島各県の計15市町村で構成）は，高齢者等の交通弱者の外出・移動を支援する方策を検討するため，2000年10月から2002年３月まで「福祉公用車レンタル」の社会実験を行った。

　町の公務に支障のない時間や休日等に，要介護高齢者や障害者等を対象に，車椅子が搭載可能な福祉公用車（４人乗り四輪駆動の軽自動車で，後部座席が電動で回転・上下する）を貸し出す制度であり，「福祉公用車（役場の車）は住民との共有財産である」という考え方に基づくものである。

　希望者は前日までに申込みをし，当日に貸出契約書に署名する。基本的に無料であるが，事故補償のため保険料の一部（１日250円）を負担し，車両を借りる。運転者は利用者が自ら確保する。利用後はガソリンを満タンにして返却する。利用目的は限定されていない（図5-5）。

　１年半の実験期間中に，日南町では18件の貸し出し（実人数５人，利用者１人当たり平均3.6回）があった。通院目的での利用が圧倒的で，隣接する日野町や米子市への通院である。運転者は実際には，要介護者の家族・知人等や町シルバー人材センターの運転ボランティアが担当した。後者の場合，料金表を決めて対価が払われた。ボランティアによる運転は利用者のニーズに合っているということで，満足が得られているという。車両貸出による経済的負担軽減は大きく，今後の利用希望も多く出されている。

図5-5 日南町における福祉公用車貸出システム

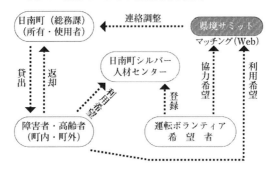

(出所) 中国山地県境市町村連絡協議会 (2003), p.17。

　福祉公用車を基本的に無償で貸し出す制度は，道路運送法（第80条第2項）に抵触しないが，公用車の貸し出しに対する対価をどう決めることが適正かについては多少の論議を呼びそうである。有償化が課題になるかもしれない。福祉公用車レンタル制度を，新たな過疎・中山間地域の福祉・交通政策として位置付ける抜本策が必要である。道路運送法上の正規の規定として位置付けることなども今後の課題になろう。その上で日南町としては，国・県からの半額補助等の支援策や利用者負担の「実費」部分の増額などを要望としている。

5.3.5 本節のまとめ

　自家用車が普及し交通ニーズも多様化している過疎・中山間地域では，定時定路線型のバス路線を維持することに限界がある。利用の有無，将来の意向などを根本的に見極める必要があろう。実際，本節で紹介したような，地域住民側の自生的な動きに端を発したものや，地元自治体の発意によって具体的に導入されたものなど，過疎・中山間地域の特性にも合致した新しい交通システムが出現し始めている。そのことを契機として，規制緩和を活かした異種輸送統合が進むことを期待したい。

参考文献

[5.1]

大島登志彦 (1991)，『バス交通の地域的研究』群馬工業高等専門学校。

大島登志彦 (1993)，「上毛電気鉄道の地域社会との関係とその変遷」『鉄道史学』第12号。

大島登志彦 (2001)，「両毛地方における路線バスの変遷と地域社会」『産業研究』第36巻第2号。

大島登志彦 (2002)，『群馬県における路線バスの変遷と地域社会―第二次世界大戦後の東武バスの変遷を中心に―』上毛新聞社。

[5.2]

広島県立大学生活交通研究会 (2002)，『庄原市における生活交通の充実を目指して―バス交通等の現状と充実のための方策―』広島県立大学生活交通研究会。

広島県立大学生活交通研究会 (2003)，『庄原市における生活交通ネットワークの活性化のための提言』広島県立大学生活交通研究会。

山本雄二郎 (2002)，「規制緩和の潮流とバス・タクシー事業の活力創造」『規制緩和時代のバス＆タクシー』地域科学研究会。

[5.3]

加藤博和 (2004)，「中国地方における高速バスの展開と地域交通の再編」『運輸と経済』第64巻第2号。

中国山地県境市町村連絡協議会 (2003)，『福祉公用車レンタル制度にかんする報告・提案書』中国山地県境市町村連絡協議会。

中国新聞社編 (2003)，『中国山地　明日へのシナリオ』未来社。

中国地方中山間地域振興協議会 (2003)，『「中山間地域における新たな交通システム」シンポジウム報告資料集』中国地方中山間地域振興協議会。

中国地方中山間地域振興協議会 (2004)，『平成14・15年度中国地方知事会共同研究事業報告書　中山間地域における新たな交通システム』中国地方中山間地域振興協議会。

道路経済研究所 (1984)，『過疎地域における市町村代替バス輸送についての調査』。

成田英子 (1984)，「過疎バスの現状と課題」『高速道路と自動車』第27巻第10号。

早川伸二 (2005)，「ルーラルエリアにおける非在来型輸送サービスの現状と課題―デマンド型乗合タクシーと自家用車によるボランティア輸送を中心に―」『交通学研究／2004年研究年報』日本交通学会。

第6章　総括：市場変化と自治体の対応

本書の各節での内容と主張をまとめると以下の通りである。

⑴　乗合バスの規制緩和と市場変化

乗合バス市場では2002年に規制緩和が行われた。しかし，乗合バス市場での新規参入は活発とはいえない。2年先行して行われた貸切バス市場では参入が多かったものの，そのごく一部しか乗合バス市場に参入しなかった。規制緩和による退出ルールの明確化が休廃止を増加させた傾向はなく，乗合バスの市場構造は規制緩和後にもあまり変化していない。これらのため，当初懸念されたようなバス市場での不安定は起きていない。

一方で，新規参入の不活発のために自治体などのサービス委託の価格が低下せず，地方自治体の財政難から，委託サービスを増やすことで段階的な乗合バス市場への参入を促進することもできないという悪循環に陥る恐れが出てきた。

規制緩和と関連した2001年度からの地方バス路線維持費補助の修正は，おおむね好ましい方向であったと評価できる。規制緩和後のサービス改善の中には，補助制度の変更がきっかけとなっているものが多いと考えられる。

運賃については，すでに規制緩和前から部分的値下げという対応が続いている。既存事業者の参入阻止行動は，運賃体系の柔軟化という面で好ましい結果につながっていると見られる。しかし，今のところ，短距離運賃値下げなど，過去の運賃体系の歪みを是正するにとどまっており，運賃に関するイノベーションがあまり進んでいない。

⑵　新規参入乗合バス会社の経営戦略

一般に交通分野で規制緩和を行うとき，最も期待されるのが競争促進を通じての運賃低下，および運行回数の増加を通じての消費者便益の増大である。し

かし，乗合バスの需要自体は縮小傾向にあり，総じて事業者の経営は厳しい環境にある。このため，乗合バス事業への新規参入企業は，規制緩和実施から2年強で25社とあまり多くない。

25社の参入前の事業や本業は，多くが貸切バス事業であった。全体的には，新規参入者の多くが初期投資負担を和らげるための助成を求めている。また，自治体を中心とした地元主体と連携をはかる事業者がある一方，本当に採算見通しを持った上での参入か否か，地元自治体が疑問視しているケースもあった。一層の参入促進政策によって参入者の数を増やすことのみならず，参入者の事業見通しを確実にすることも課題になっている。

(3) 既存バス会社の経営戦略としての分社化—北陸鉄道の事例—

最近15年間強にわたり既存バス会社が行ってきた合理化の中心は，複数の完全子会社を設立し，本社からそれらの会社にバス運行業務を移管するというものであった。このような慣行を分社化と称している。

その大規模な一例として，北陸地方の大手バス会社である北陸鉄道（石川県）は，比較的早い時期から，バス事業の地域子会社への分社化を行ってきた。北陸鉄道は1990年の能登中央バス設立から分社化を始め，90年代を通じ100%出資の子会社10社への営業移管を行った。

北陸鉄道の場合，大部分の分社化子会社は，資産としてバス車両のみを所有し，営業所・車庫等は親会社から賃借している。分社化子会社の職員については，子会社のうち1社のケースを除き，新規採用者と同じ条件で再雇用される形態がとられている。結果的に，分社化後の車両走行キロ当たりの費用は半分以下になった。一方，石川県のバス路線維持のための県単独補助制度（石川県生活バス路線維持費対策補助金）には，効率化に関する基準が含まれている。このため，北陸鉄道本社によるバス運行を維持していたのでは基準を満たせなかった。このことも分社化を促進する要因になったと考えられる。

一般的に，分社化によってバス路線維持の可能性は高まる。しかし，それによってすべての問題が無条件に解決するわけではない。分社化は企業の経営戦略の一つにすぎない。しかし，北陸鉄道の事例では，分社化が自治体の補助政策と結びついて事業効率化を誘導するものになっている。このようなケースが

あることは，自治体の交通政策を考える上で重要と思われる。

(4)　規制緩和で変わる過疎地域の交通体系—中国地方—

　中国地方は，中国山地と山陰側に広大な過疎地域，中山間地域を抱えている。一部の場所では，集落自体の維持すら困難になっている。そのような中国地方の交通体系は，乗合バス規制緩和と前後してある程度の変化を経験した。

　当該地域において，とくに地元が問題視しているのが，広島電鉄，中国 JR バスという大手バス会社がまとめて行った路線廃止である。その中心は，県境越えなどの比較的路線距離の長い生活路線である。その結果，島根県が県単独の生活バス補助（生活バス路線確保対策交付金）制度を大幅に改正せざるをえなくなるなどの問題も起きている。結果的に同県は，財源額を考えて補助対象サービスの範囲を狭めた。規制緩和が生活交通体系再編成の契機になっていることは間違いない事実である。

(5)　自治体財政の危機と生活交通の確保

　地方バス問題とそれに対する自治体の対応を考える前提として，わが国は，地方自治体が中央政府に依存する財源が大きく，特定補助金が地方歳入に大きなシェアを占める行政的分権と呼ばれる状態にある。このシステムでは，価値観が多様化した人々の行政ニーズに応えることが難しいため，地方の行財政運営に関する権限を国から地方へと移す作業が進められている。

　国と地方にとって限られた財源を効果的に使うために，国として保障すべきナショナル・ミニマムの行政サービスを限定し，どの程度まで国が関与すべきかについての議論が必要となる。国庫補助制度が改正され，国の関与が次第に弱められる一方で，地方の責任はいっそう重くなりつつあり，バスサービスの維持もその典型例である。

　地域社会での活動に不可欠なセーフティ・ネットとしてのバスサービスは，自治体が確保する必要がある。そして，それが税金の投入に見合う支出かどうかについては事後的な点検をすべきであろう。

⑹　国と地方による乗合バス廃止後の足の確保制度

　地方バスに関しては，2002年の規制緩和とそれに先立って行われた旧運輸省の地方バス路線維持費補助の制度変更によって，自治体が自ら判断を行い，主体的に住民の足の確保対策を講じる責任が増した。しかし，関係支出に特別交付税措置がなされているとはいえ，依然として地方財政は厳しい。このような中で，乗合バス廃止後の代替交通を，さまざまな交通手段を組み合わせて最小のコストで確保する必要が増している。

　このように考えた場合，既存乗合バスに対する代替的交通手段を確保する上で有力な選択肢となるのが，スクールバス，福祉バスなどへの一般客混乗策である。国による補助の枠組みや補助水準を工夫することを通じ，混乗の可能性を高めなくてはならない。

　実際にも，スクールバスや福祉バスへの混乗によって，市町村代替バスなどの路線維持，路線網拡大を行っているケースがある。同時に町村財政からの負担を減らすことができた例もある。しかし，これらの例から見て，混乗促進や異種輸送統合を進めるにあたってはまだ課題が山積している。2001年度からの補助制度変更によって，かえって統合に支障が起きているケースもある。

⑺　県の補助制度と地域協議会─北陸地方─

　道路運送法改正とそれに先立つ補助制度の改正により，バス路線維持に関する国の関与が大幅に限定されるようになった。国が路線維持に責任を持つ路線は幹線的・広域的路線に限定され，それ以外の路線については自治体に路線維持の責任が課されることになった。また，路線廃止にあたっては，地域協議会の場で退出後の対応策が話し合われるようになった。規制緩和が社会的に正の効果をもたらすかどうかは，地域協議会がどれだけ機能するか，ならびに地域の実情に合わせた県単補助制度を構築できるかどうかに依存する面が強い。

　北陸地方における各県独自の路線維持方策を比較したところ，北陸地方という限られた範囲の中でも，各県が地域の実情に応じた制度設計を行っていることがわかった。具体的には，対象路線の範囲や補助対象バス事業者の決め方，補助額等に差異がある。各県が地域特性を踏まえられるかが地方バス対策にとって重要である。

⑻　群馬・栃木県における路線バスの変遷

　これまで，北関東の群馬県から栃木県西部にかけての地域では，バスサービスの多くをわが国最大級の私鉄である東武鉄道が供給してきた。同社は，比較的ネットワーク密度の高いサービスを供給していた。しかしかつての国庫による地方バス路線維持費補助制度では，他地域のバス事業や兼業を含む全事業黒字の会社には補助金が出ないという問題があった。

　一方，当初は自治体も，国の制度を補完するための適切な単独補助政策をとらなかった。自治体は，積極的に路線廃止に対して同意書を提出することはしなかったが，サービスの廃止が進む傾向について，単純にやむをえないと見ていた。そのような中で地元住民自身も，熱意を持ってバスを存続させるという意志は持ってこなかった。

　東武鉄道は，モータリゼーションの進行に合わせて，順次，不採算路線の廃止を進める一方，利用度や採算性が中程度の路線での運行を関連会社に肩代わりさせることも行ってきた。その結果，東武鉄道本社は，1999年に群馬・栃木両県のバス事業から撤退している。ただし栃木県日光地区でのサービスだけは例外的に残した。

　大まかに見ると，東武の路線撤退は当該地域の乗合バス問題を象徴している。また，当該地域は，地方都市圏としては鉄道ネットワークが残されているほうである。鉄道利用促進策をとるとその分バス利用が減ってしまうという形で，公共交通の中でバスと鉄道が両立できないという問題も現れつつある。

⑼　島嶼地域の公共交通体系―北海道奥尻島の事例―

　離島における公共交通として，フェリーに代表される海上輸送，航空輸送，バス輸送，タクシーの4つが想定される。離島は，その多くが条件不利地域であることから，何らかの補助がなければ公共交通を維持することが難しい状況にある。

　海上輸送については，1952年に施行された離島航路整備法の下，早くから公的補助が講じられ，離島における輸送手段の中心として位置付けられてきた。一方，バス輸送については，同じ過疎地域である山間部などと比べて好条件の公的補助があっても，その維持が非常に難しい状況にある。

⑽　廃止代替バスと越境対応─岐阜県─

わが国における地方の路線バスの利用者は1965年頃をピークに減少し，バス事業者は不採算路線からの撤退を進めている。その民営バス路線の廃止後は，住民の足を確保するために，市町村が「廃止路線代替バス」（岐阜県では「自主運行バス」と呼ぶ）を運行するケースが多い。

この自主運行バスには問題点がいくつか存在するが，とくに問題になることは，市町村界を越えて複数市町村にまたがる運行が確保しにくいということである。このような観点から，バスの運行に係る補助金増加の問題，および複数市町村にまたがる路線における補助金の按分の問題について検討した。その結果，市町村による様々な工夫が行われていることがわかったが，同時に複数市町村にまたがる系統では県が，県境をまたいで運行される系統では国（地方運輸局）が調整機関となり，利害関係者の意見を集約することが重要ということもわかった。

⑾　第三セクターによるバス運営─広島県能美島の事例─

鉄道をはじめ，複数自治体による現業サービスの供給においては第三セクター方式がとられることが多い。近年，第三セクターについては，組織上の問題が指摘され解散するケースも増えている。しかしバス運行の分野では，最初から第三セクター形態を活かした事例が全国的に少ない。その中で，広島県能美町に本社を置く能美バスは，1987年に複数自治体等の出資により設立されたもので，第三セクター形態による広域的なバス運営を長期にわたって行った数少ない事例である。

能美バスのケースでは，明快な欠損補助配分ルール（均等割3割・走行キロ割7割）について3町間でコンセンサスが得られ，この基本ルールが継続されてきた。そのことで比較的安定的なバスサービスの供給が行われていると考えられる。

⑿　広域自治体による単独補助の試み─青森県津軽地方の事例─

青森県の津軽地方では，ネットワークを持つバス事業者の事業区域全域という広域にわたる市町村が，約10年間にわたり共同でバスに対する単独補助制度

を運用してきた。その経験から，市町村による広域的なバス政策に関し，さまざまな問題点が明らかになっている。

まず，広域行政圏の枠組みによって域内の政策課題に取り組むためには，共通の認識，明確な目的，取り決めを遵守させるための強制力を持つことが前提になる。また，意思決定のルール，費用負担の決め方などについてルールを整える必要がある。今後は，地方分権の推進と共に，自治体が複数の行政圏にかかわる地域交通計画に取り組む機会が増えると考えられるが，広域行政圏に加われば自動的に問題が解決するわけではないという点に注意すべきである。

⒀　都市近郊での住民組織によるバス運営―愛知県の事例―

住民組織がバスサービスを自発的に確保する試みは，都市近郊では，宅地開発が急速に進んだ高度成長期から断片的に見られた。このような住宅地でもその後住民の高齢化が進み，同時に規制緩和による制度環境の変化が起こった。このため，同様の供給形態が再び注目されるようになった。愛知県内の名古屋近郊地域にパイオニア的なケースが複数ある。

豊田市の「ふれあいバス」は自治体主導型のサービスであるが，バス運営に特化した住民組織の結成を自治体が地区住民に対して提案したものという側面もある。とくに，収支率に関し「2分の1ルール」というルールを設けて，バス運行に対する受益と負担の関係を明らかにしている点が注目される。

これに対して，小牧市の「桃花台バス」では住民主導とというのは形式的で，事実上は事業者主導の側面が強い。自治体と既存交通事業者がうまく調整を図れない中，新規参入乗合バス会社の「あおい交通」が住民組織との契約を通じてバス路線を開設した。

規制緩和による新たな制度環境と結びついて，住民組織が小型バスや乗合タクシーを用いた新サービスを企画・運営する可能性はますます高まると考えられる。ふれあいバスと桃花台バス（運行開始当初）の共通点として，会員制システムを採用していることがある。このことは交通分野で比較的少ない選択的二部料金制採用の事例として，経済学的にも注目されるものである。

⒁　過疎地域の交通ニーズと新路線開始―青森県鰺ヶ沢町の事例を中心に―

　バスが不採算状況を改善するためには，運行経費の削減はいうまでもなく重要であるが，同時に収入の確保にも注意を払わなければならない。このような観点から，公共交通機関を地域の「公共財」として位置付け，地域の自助努力により運賃以外の収入源を確保し，路線を維持していく政策が考えられる。路線バスを利用するしないにかかわらず，当該路線の存続のために，地域住民が一定の金額を現金または回数券購入という形で負担する形態は各地で見られる。青森県津軽地方の鰺ヶ沢町，浪岡町および相馬村では，既存バス路線の延長や廃止予定路線の存続に回数券購入という方法がとられてきた。これらの路線では，回数券購入によるバス路線維持に対する住民の意向を確認した上で，自治体からの補助金も併せて投入されて運行が継続されている。

　地域住民の協力を得る際に考慮すべき事柄の一つとして，回数券購入などを通じて協力してもらう金額は，全世帯一律か，世帯構成員を考慮した金額か，あるいは自由意思額かという選択問題がある。直接の利用者のみならず地域住民全体の幅広い支援を得ることは，過疎地域において公共交通機関を開設・維持するための一つの有力な方法である。しかし，鰺ヶ沢町の弘南バス深谷線での調査結果では，地域住民全体が純粋な意味で自発的に協力しているとはいえない面も判明した。

　津軽地方で 2 番目の住民参加型路線であった浪岡町の弘南バス細野線は，住民参加型でのサービスを 8 年間しか維持できなかった。細野線では，各世帯の回数券購入額が世帯割の部分と人数割の部分から構成され，全世帯一律ではなかった。この面での鰺ヶ沢町深谷線との違いが，廃止の遠因になった可能性もある。

⒂　群馬・栃木県の自治体コミュニティバス

　群馬・栃木両県においては，人口10〜20万人の都市を含めて乗合バスの廃止が進んだ。また，乗合バス廃止と代替バスサービス開始との間にタイムラグがあるケースもあったため，市町村代替バスと自治体コミュニティバスとがあまり区別されない形で増加してきた。2001年度以後，国の制度も廃止代替バスとそうでない自主運行バスとを区別しなくなったので，両県の展開は全国的な傾

向を先取りしたものともとらえられる。

　両県における自治体コミュニティバスの需要は，在来の乗合バスと比較して少ない。低運賃設定を行うものが多く，場合によっては無料化を行っているが，平均乗車密度は0～2人にすぎない。補助金額が大きいことから見て，補助金負担がそれに見合う効果をあげていないと考えられる。運行形態，運賃体系，鉄道・在来乗合バスとの接続に問題があるが，これらは全国的に自治体コミュニティバスが抱えている問題と共通している。

⒃　中国地方の自治体コミュニティバス

　国土交通省の集計では，2004年10月の時点で，中国地方においては27市町村で29路線の自治体コミュニティバスが運行されている。うち19路線で100円均一運賃が採用され，25路線が自治体からの運営補助を受けている。

　その中で広島県庄原市の自治体コミュニティバスは，全市的な生活交通計画見直しの中に位置付けられて運行されている。また，関連したフォローアップ調査も多く行われている。自治体コミュニティバスが費用に見合う効果をあげ，存続していくためには，市民がそのサービス内容について本音で意思表明を行うこと，それらを吸い上げるためのアンケート調査等を惜しまないこと，ならびに運行計画の適切な改善を続けていくことが必要である。

⒄　中国地方における乗合タクシー等の新しい交通システム

　現在，島根県掛合町（現・雲南市）ではデマンド型乗合タクシーである「だんだんタクシー」，広島県三次市では町内会によるタクシー共同利用に自治体が公的補助を行う「高齢者地域巡回タクシー運行事業（通称・集落ハイヤー）」，岡山県備中町（現・高梁市）では会員制により高齢者一般に福祉移送サービスの利用対象を拡大した「福祉移送サービス事業」，鳥取県日南町では車椅子搭載可能な公用車を一部有償で貸し出しボランティアが運転する「福祉公用車レンタル制度」が実施されている。

　住宅の足の確保のためのこれらの新しい試みには，地域住民の自発的な動きがきっかけになって開始されたものと，自治体の発案によって始まったものとがある。しかし，住民と自治体両方の働きかけが結びつくことが地域に密着し

た「新しい交通システム」の導入と維持のカギになっていることでは共通している。また規制緩和は，これらの新システムの導入や複数の交通システムの統合を進める上での契機になっている。

索　　引

あ行

あおい交通　161,221
石川県生活バス路線維持費対策補助金　78,
　216
異種輸送統合　62,212,218
NPO法人　150
オプション価値　176

か行

会員制　6,155,172,221
改正道路運送法　→道路運送法
回数券購入　6,171,222
貸切バス　4,7,8,126,161,215
貸切バスの乗合許可　→21条許可
合併協議会　134
患者輸送車　65,199
幹線的・広域的の路線　75,218
管理受委託制度　32
基準賃金，基準外賃金　37,38
行政的分権　51,217
クラブ財　172
クリームスキミング防止条項　8
県単補助（制度）　20,75,90,216,218
広域行政圏　122,137,138,221
広域市町村・広域自治体・広域連携　5,135
広域的対応　115
公共財　171,222
高速バス　15,33,78
弘南バス　137,175,222
高齢者等地域巡回タクシー（三次市）　206,
　223
コミュニティバス　6,14,76,78,85,102,149,
　183,196,222,223
混乗　4,62,63,67,218

さ行

最低車両数　26
参入阻止行動　22,215
ＪＲバス　18
自家用自動車の有償輸送　→80条バス
事業区域越境　16
自主運行（バス）　19,101,105,220,222
市町村合併　5,47,109,115
市町村代替バス　→80条バス
自発的供給（理論）　171-173
シビル・ミニマム　5,51,60
地元密着経営　34
社会福祉協議会　66,134,209
住民参加，住民組織　5,149,175,221
集落ハイヤー（三次市）　208,223
需給調整規制，需給調整規制撤廃　3,92,103
新規参入　4,7,8,11,24,163,215,216
随意契約　48
スクールバス　4,62,93,161,192,218
生活交通確保対策協議会（島根県）　45
生活バス路線維持対策事業補助金（福井県）
　→福井県生活バス路線維持対策事業補助金
生活バス路線維持費対策補助金（石川県）　→
　石川県生活バス路線維持費対策補助金
生活バス路線確保対策交付金（島根県）　44
生活路線運行費補助制度（富山県）　77

た行

第3種生活路線　77,104,138
第三セクター　5,114,115,220
第2種生活路線　18,77,104,138
タクシー　8,161,219
ただ乗り（公共財の）　171
短距離運賃　22,215

だんだんタクシー（掛合町，現雲南市）
　205, 223
地域協議会　5, 7, 20, 75, 108, 137, 218
地方交付税　4, 19
地方バス（生活）路線維持費補助　3, 68,
　103, 142, 215, 218
地方分権　51, 221
地方分権一括法　58
中山間地域　4, 40, 197, 217
津軽地域路線バス維持協議会　137, 175
デマンド型乗合タクシー　6, 204, 206, 223
桃花台バス（小牧市）　149, 160, 221
東武鉄道，東武バス　14, 83, 219
道路運送法　75, 103, 218
特定補助金　4, 217
特別交付税　19, 68, 104, 218
特別指定生活路線補助　68

な行

ナッシュ均衡解，ナッシュ的仮定　173, 177
21条許可，21条バス　11, 32, 102, 119, 155,
　162
二部料金制　168, 221
入札制　48, 108
能美バス　5, 220
乗合タクシー　6, 108, 163, 167, 183, 204, 206,
　223
ノンステップバス　28

は行

廃止（路線）代替バス　3, 101, 122, 185, 220
バス運行対策費広島県補助金交付要綱　127
80条バス　32, 103, 222
ひまわりバス（庄原市）　202
100円運賃，100円バス　22, 183, 197
フェリー　5, 15, 92, 95, 117, 124, 219
福井県生活バス路線維持対策事業補助金　79
福祉移送サービス　131
福祉移送サービス事業（備中町，現高梁市）
　209, 223
福祉公用車レンタル制度（日南町）　211, 223
福祉タクシー　131
福祉バス　4, 62, 66, 69, 218
ふれあいバス　149, 153, 221
分社化（子会社）　4, 11, 30, 33, 216
へき地患者輸送車　→患者輸送車
北陸鉄道　4, 30, 216
補助対象事業者　39
補助要綱　19

ら行

離島航路整備法　92, 219
労働協約　15
労働集約型産業　37
労働生産性　35

わ行

わくわくバス（庄原市）　201

執筆分担 (執筆順)

寺田一薫	(東京海洋大学海洋工学部教授)	序章, 1.1, 第6章
田邉勝巳	(千葉経済大学経済学部専任講師)	1.2, 2.2
青木　亮	(東京経済大学経営学部助教授)	1.3, 2.3
加藤博和	(米子工業高等専門学校専任講師)	1.4, 3.2, 5.2, 5.3
寺田英子	(広島市立大学国際学部教授)	2.1, 3.3
大島登志彦	(高崎経済大学経済学部教授)	2.4, 5.1
遠藤伸明	(東京海洋大学海洋工学部助教授)	2.5
早川伸二	(運輸政策研究所研究員)	3.1
高橋愛典	(近畿大学経営学部助教授)	4.1
湧口清隆	(相模女子大学学芸学部専任講師)	4.2

編著者略歴

1957年　千葉県生まれ
1980年　慶應義塾大学商学部卒業
1986年　慶應義塾大学大学院商学研究科後期博士課程修了
徳山大学経済学部専任講師，東京商船大学商船学部助教授等を経て
2002年　東京商船大学商船学部教授
2003年　東京海洋大学海洋工学部教授
商学博士　専門は交通政策，公共経済論，物流経済論
主要著書　『バス産業の規制緩和』，日本評論社，2002年
　　　　　『現代交通政策』，(共著)，東京大学出版会，1992年
　　　　　『バスはよみがえる』，(共著)，日本評論社，2000年
　　　　　『公共料金2000』，(共著)，通商産業調査会，2000年
　　　　　『自由化時代の交通政策』，(共著)，東京大学出版会，2001年
　　　　　『日本の公益事業』，(共著)，白桃書房，2005年，など

日本交通政策研究会研究双書20
地方分権とバス交通　規制緩和後のバス市場

2005年 9月15日　第1版第1刷発行
2006年10月25日　第1版第2刷発行

　　　　　　　　　　　　　てらだ　かず　しげ
　　　　　　編著者　寺　田　一　薫

　　　　　　発行者　井　村　寿　人

　　　　　　　　　　　　　　　けい　そう
　　　　　　発行所　株式会社　勁　草　書　房
112-0005　東京都文京区水道2-1-1　振替 00150-2-175253
　　　(編集) 電話 03-3815-5277　FAX 03-3814-6968
　　　(営業) 電話 03-3814-6861　FAX 03-3814-6854
　　　　　　　　　　　　　港北出版印刷・牧製本

© TERADA Kazushige 2005

Printed in Japan

JCLS　<㈱日本著作出版権管理システム委託出版物>
本書の無断複写は著作権法上での例外を除き禁じられています。
複写される場合は，そのつど事前に㈱日本著作出版権管理システム
(電話03-3817-5670，FAX03-3815-8199)の許諾を得てください。

＊落丁本・乱丁本はお取替いたします。
　　　　http://www.keisoshobo.co.jp

地方分権とバス交通
規制緩和後のバス市場

2016年6月1日 オンデマンド版発行

編著者　寺　田　一　薫

発行者　井　村　寿　人

発行所　株式会社　勁　草　書　房

112-0005 東京都文京区水道2-1-1　振替 00150-2-175253
(編集) 電話 03-3815-5277／FAX 03-3814-6968
(営業) 電話 03-3814-6861／FAX 03-3814-6854
印刷・製本　(株)デジタルパブリッシングサービス http://www.d-pub.co.jp

Ⓒ TERADA Kazushige 2005　　　　　　　　　　AJ725

ISBN978-4-326-98247-9　Printed in Japan

JCOPY　〈(社)出版者著作権管理機構 委託出版物〉
本書の無断複写は著作権法上での例外を除き禁じられています。
複写される場合は、そのつど事前に、(社)出版者著作権管理機構
(電話 03-3513-6969、FAX 03-3513-6979、e-mail: info@jcopy.or.jp)
の許諾を得てください。

※落丁本・乱丁本はお取替いたします。
http://www.keisoshobo.co.jp